1974 - Ceylon

DAS
EINHORN

42 Schriftsteller schreiben für Kinder
Gesammelt und herausgegeben
von Gert Loschütz
Grafik von Heinz Edelmann
Gertraud Middelhauve Verlag

SAGT ZUM ZWEIHORN

Ausstattung und Typographie Heinz Edelmann
Satz Gerhard Stalling AG, Oldenburg
Druck und Verarbeitung Mohndruck, Gütersloh
Printed in Germany 1974
ISBN 3 7876 1200 9

Günter Bruno Fuchs
Geschenke

Mein Hut, mein Esel und meine
Rose gehören euch allen.
So auch mein Uhu, mein Igel,
mein Schmetterling. So auch
die folgende Geschichte:
Ein Fisch geht zu einem Löwen.
Der Fisch und der Löwe gehen
zu einem Bären. Der Fisch,
der Löwe, der Bär gehen zu
einem Baum, und der Baum sagt:
»Jetzt sind wir zu viert und
können alles viermal machen!«
Nun schweigt der Baum, denn der Mond spricht mit einer Gans
über etwas ganz Neues.

Günter Kunert
Zusammensetzspiel

Ein Mosaik aus Ich und Du,
aus Wir und Ihr und Augenzu,
aus Hängtihnauf und
Schießtsietot,
aus Weiß- und Schwarz- und
Kuchenbrot,
aus Himmel, Hölle, Erdensand,
aus Feindesfuß und Bruderhand,
aus Dir und Mir und Mein und Dein,
aus Traurig- und aus Glücklichsein:
Setz zu dein Teilchen lebenslang,
und kitt es mit Zusammenhang.

Peter Hacks
Meta Morfoss

Meta Morfoss war ein kleines Mädchen, welches die Angewohnheit hatte, sich dauernd zu verwandeln.
Manchmal verwandelte sie sich in eine Muschel und lag ganz still im Algenwald und träumte im warmen Unterwasser vor sich in. Wenn dann die Jungens im Teich tauchten und versuchten, die Muschel an die Oberfläche zu holen, klappte sie ihre Schalen zusammen und sagte ein bißchen furchtsam: »Aber ich bin doch die Meta!«
Oder sie verwandelte sich in einen Engel und flog mit langsamen Flügelschlägen durch den Abend. Dann konnte es vorkommen, daß sie einem Flugzeug begegnete und der Kapitän sehr erstaunt zu sich sagte: »Merkwürdig, hier fliegt ein Engel.« Und er starrte so angestrengt zum Fenster hinaus, daß das Flugzeug zu schwanken anfing. Und Meta rief ihm tröstend hinterher: »Aber ich bin doch die Meta!«
Oder sie verwandelte sich in eine Dampflokomotive und wog 100 Tonnen und raste mit ungeheurem Getöse die Schienen entlang. Es ist doch aber so, daß die Eisenbahnschienen für die ordentlichen Züge bestimmt sind, die mit Gütern oder Reisenden unterwegs sind, und die Eisenbahnverwaltung hat schließlich einen genauen Fahrplan ausgerechnet, damit die Züge niemals zusammenstoßen. Die Zugführer erschraken daher nicht wenig, wenn sie, auf dem eigenen Geleise, eine Lokomotive auf sich zudampfen sahen, die nicht im Fahrplan stand und auch vom Bahnwärter nicht gemeldet war.
Natürlich verwandelte sich Meta immer rechtzeitig in das kleine Mädchen zurück, das sie wirklich war, und sie sprang vom Bahndamm und erläuterte mit einem allerhöflichsten Knicks: »Aber ich bin doch die Meta!«

Aber was nützte das denn noch? Wenn es auch mit knapper Not kein Unglück gab, die Zugführer hatten doch einen bösen Schreck bekommen.
Man muß also ehrlich zugeben, daß Meta Morfoss den Menschen eine Menge Schwierigkeiten bereitete. Sie meinte es gewiß nicht böse. Nur verwandeln sich eben die meisten Leute sehr selten in eine andere Sache, und wer das schon unbedingt tun muß, sollte doch gelegentlich darüber nachdenken, ob er nicht stört.

2

Meta lebte zusammen mit ihren Eltern und einer Tante, die einen Schnurrbart hatte und deswegen Herr Maffrodit hieß, in einem kleinen Haus am Rande des Stadtparks.
Metas Eltern hatten sich an die seltsame Eigenschaft ihrer Tochter schon einigermaßen gewöhnt – seit jenem ersten Mal, wo sie, anstatt eines Säuglings, eine Wärmflasche im Kinderbettchen gefunden hatten, die mit einer glucksenden Gummistimme erklärt hatte: »Binna Meta!« (Denn, wie gesagt, Meta war da noch sehr klein gewesen und konnte sich nicht richtiger ausdrücken.)
So wunderten sich die Eltern über gar nichts mehr. Ob nun mitten im Wohnzimmer ein Platzregen niederging, oder ob am Tischbein eine Orchidee wuchs, die, in fremdartigen Farben schillernd, ab und zu eine Fliege verspeiste, oder ob auf Herrn Maffrodits Nähtisch eine wollene Socke lag, die vier Meter lang war und nicht einmal mehr einer Giraffe gepaßt hätte: Frau und Herr Morfoss wußten längst, daß das die Meta war, und achteten überhaupt nicht darauf.
Übrigens kann es auch ein Fehler sein, wenn man alles schon vorher weiß und auf nichts mehr achtet. Eines Abends zum Beispiel ereignete sich eine ganz ungewöhnliche Geschichte.
Es gab nämlich in der Stadt einen besonders schlecht erzogenen jungen Mann, der sich abscheulicherweise in mondlosen Nächten ein schwarzes Halstuch vors Gesicht band, sich einen Revolver (mit dem man zum Glück nicht schießen konnte) in die Tasche steckte und in alleinstehende Häuser einbrach, um

dort Matchbox-Autos und Brillantringe zu rauben. An dem Abend, von dem wir reden, hatte er beschlossen, bei der Familie Morfoss einzubrechen.
Herr Morfoss saß eben vor dem Fernseher, Frau Morfoss las in der Zeitung, und Herr Maffrodit, die Tante, strickte eine Socke, die genauso lang war, wie es sich für eine Socke gehört. Da kam der Einbrecher durchs Fenster gestiegen und sagte:
»Das ist ein Überfall. Keiner bewegt sich!«
Die Familie glaubte natürlich, daß der Einbrecher Meta sei. Wo gibt es denn so etwas noch, Einbrecher? Herr Morfoss ging in aller Seelenruhe zum Fernsehgerät und stellte eine andere Sendung ein, die leider ebenso langweilig war wie die bisherige; Frau Morfoss hob die Augen gar nicht von ihrer Zeitung, und Herr Maffrodit klapperte weiter mit ihren Nadeln.
Der Einbrecher fuchtelte mit dem Revolver und brüllte: »Hände hoch, sonst wird geschossen!« Niemand kümmerte sich um ihn. Der Einbrecher wurde fast närrisch vor Zorn. Er drückte den Revolver Herrn Morfoss in den Bauch und flüsterte heiser: »Das Geld oder das Leben!«
»Schon gut«, sagte Herr Morfoss geduldig, »du bist ja die Meta.«
Da erkannte der Einbrecher, daß sich niemand vor ihm fürchten wollte. Er ging verwirrt weg. Und er zweifelte an seiner Eignung für diesen Beruf und hängte ihn an den Nagel, und er ist dann, wie wir in Erfahrung gebracht haben, noch ein sehr ordentlicher Autoschlosser geworden.

3

Zu Hause also ging es Meta so gut oder so schlecht, wie es kleinen Mädchen zu Hause einmal geht. Aber wie ging es in der Schule? Wir sehen gleich, daß das eine wichtige Frage ist, und wir wollen sie beantworten, indem wir die Sache von ihrem Anfang an erzählen.
Der Lehrer, er hieß Herr Dr. Pauli, hatte Meta aufgefordert vorzutragen, was sie über den Himmel wußte.

Meta war – das kommt bei kleinen Mädchen gelegentlich vor – in einer schauderhaften Blödellaune. Sie stand auf und äußerte mit todernstem Gesicht den folgenden Unsinn: »Der Himmel ist ein großer, runder, blauer Teller. Der Abend ist eine Schokoladensoße, die, vom Rand her, auf den Teller gekippt wird. Wenn der Teller voll ist, ist Nacht. Am Morgen kommt die Sonne und leckt die Schokolade wieder ab; vermutlich ist sie eine Katze.«
»Was erzählst du uns da!« sagte Herr Dr. Pauli.
»Doch«, sagte Meta, »eigentlich bin ich ganz sicher, daß die Sonne eine Katze ist.«
»Sag einmal«, bemerkte Herr Dr. Pauli trocken, »bist du nicht ein bißchen sehr albern?«
An dieser Stelle des Gesprächs verwandelte sich Meta in den Professor Albert Einstein.
Der Professor Einstein, das muß man hier wissen, lebte vor noch gar nicht so langer Zeit und war ein gütiger alter Herr mit wehenden weißen Haaren. Zugleich war er von allen Gelehrten vor oder nach ihm derjenige, der über Himmelsdinge am besten Bescheid wußte.
Meta – oder Professor Einstein, wie man will – erhob sich sehr würdig, schritt zur Tafel und schrieb mit Kreide ein paar schwierige Ausdrücke darauf, die niemand verstehen konnte, nicht einmal der Lehrer. Hiernach räusperte sie sich und sprach: »Meine hochverehrten Damen und Herren! Alle Sterne drehen sich um alle Sterne. Es gibt große und kleine Sterne, helle und dunkle, wichtigere und weniger wichtige, aber es ist keiner unter ihnen, auf den es nicht ankommt. Jeder Stern hat ein bißchen recht. Und was wir Menschen von den Sternen lernen können, ist, wie nett sie, obgleich jeder ein bißchen recht hat, sich am Ende miteinander geeinigt haben. Ich danke Ihnen für Ihre Aufmerksamkeit.«
Nachdem sie das gesagt hatte, ergriff sie eine Geige und spielte eine wunderschöne Melodie.
»Sie sind nicht Professor Einstein«, sprach Dr. Pauli, der Lehrer.

»Hoppla«, sagte Meta verdutzt, »woher wissen Sie das?«
»Erstens«, entgegnete Herr Dr. Pauli, »ist Professor Einstein leider schon vor einer Weile verstorben, und zweitens, was vielleicht noch bedeutsamer ist, hat er bekanntlich überaus schlecht die Violine gespielt.«
»Nein, nein«, fügte er hinzu, »wer so gut geigt, ist kein Einstein.«
»Stimmt«, gab Meta zu, »was das Geigen anlangt, ist mir ein Schuß Oistrach dazwischengekommen.«
»Bleibt also zu klären«, sagte der Lehrer, »wer Sie sind?«
»Aber ich bin doch die Meta!« rief Meta. (Wir haben es schon erwähnt: Sie meinte es wirklich nicht böse.)
»Dann muß ich allerdings diese Ablenkung vom Gegenstande des Unterrichts in mein Merkbüchlein eintragen«, sagte Herr Dr. Pauli mit Nachdruck.
Er zog das Merkbüchlein aus der Brusttasche. Meta aber, die ihr Betragen so sehr tadelnswert nicht fand, wie sie es wahrscheinlich hätte finden sollen, ärgerte sich darüber, und sie verwandelte sich ganz flink in Dr. Paulis Füllfederhalter. Sie hatte die Absicht, beim Eintragen einen mächtigen Tintenfleck zu verspritzen.
Aber wie erstaunt war sie, als sie merkte, daß der Lehrer gar nichts in das Buch eintrug. Er tat zwar so, als schriebe er den Namen Meta Morfoss, in Wahrheit jedoch malte er die Buchstaben in die Luft. Da entdeckte Meta, wie gut Herr Dr. Pauli es mit ihr meinte. Und seit sich dieser Vorfall so begeben hatte, unterließ es Meta, sich während der Schulstunden in irgend etwas oder irgendwen zu verwandeln, so hart es sie auch oft ankam.

4

Nun läßt sich ja verstehen, daß Meta ihrer Angewohnheit am heftigsten nachgab, sobald die Schule aus war. Sie hatte sich fünf oder sechs oder sogar sieben Stunden lang solche Mühe gegeben, unverwandelt zu bleiben. Im Augenblick, wo sie sich verwandeln durfte, tat sie es meistens sofort. Und wenn es ihr besonders schwer gefallen war, einfach bloß immer die Meta zu sein, verwandelte sie sich gern in etwas Unangenehmes.

Zum Beispiel fiel ihr – es muß Ende letzten Sommers gewesen sein – ein, sich in ein Krokodil zu verwandeln, das auf der Straße sitzt und die Zähne fletscht. Sie sah wirklich ziemlich fürchterlich aus; denn Krokodile haben sehr lange und gelbe Zähne. Die Fußgänger drückten sich vorsichtig an den Hauswänden entlang. Und selbst die Autofahrer machten lieber einen Bogen um das Ungeheuer. Da kam der Müllmann, Herr Karsunke, in seinem Straßenreinigungsfahrzeug des Weges gefahren. Als er das Krokodil sitzen sah, sprach er die folgenden Worte zu sich selber: »Hier stelle ich aber eine deutliche Verunreinigung der Fahrbahn fest.« Und er schwenkte seinen Bagger aus und schaufelte das Krokodil kurzerhand in den Behälter, dorthin, wo der übrige Müll stak.
Aber weil Meta sich in ein Krokodil-das-auf-der-Straße-sitzt-und-die-Zähne-fletscht und nicht in ein Krokodil-das-im-Müllkasten-liegt-und-sich-die-Därme-durchrütteln-läßt verwandelt hatte, blieb sie keine Sekunde lang in dem Auto, sondern saß sogleich wieder, nur ein Stückchen weiter vorn, auf der Straße.
»Was Teufel«, sagte Herr Karsunke zu sich, »noch ein Krokodil?« Er hob auch dieses Krokodil in sein Auto. Und wieder saß Meta ein Stück vor ihm und blickte ihn mit bösen Augen an und fletschte die langen gelben Zähne.
Und so ging das denn immer weiter. Und der Vorgang wiederholte sich so oft, daß Herr Karsunke, als er seine Strecke abgefahren hatte, glaubte, er hätte seinen riesengroßen Kasten jetzt bis zum Rand voll mit Krokodilen. Er fuhr den Schuttberg hinauf und stellte sich mit der Rückseite des Müllautos an dessen Rand. Und dann zog er den Hebel, der die hintere Tür öffnet und die ganze Ladung den Berg hinunterkippt.
Doch als er nachsah, war kein einziges Krokodil herausgefallen. Alles, was da die Halde hinabrollte, war ein bißchen Knüllpapier, einige Sofaspiralen und sechs oder sieben Dachschindeln, die, vom letzten Sturm her, auf dem Pflaster gelegen hatten.
Herr Karsunke, der genau wußte, wie viele Krokodile er aufgesammelt hatte, rieb sich ein paarmal mit dem

Handrücken über die Augen. Das half natürlich auch nichts. Er ging verstört zur Fahrerkabine zurück. Neben der Fahrerkabine saß ein Krokodil; es fletschte die langen und gelben Zähne und sagte entschuldigend: »Aber ich bin doch die Meta!«
»Wenn das so ist …«, versetzte Herr Karsunke, »werde ich mich bei deinen Eltern beschweren.«

5

Und noch desselbigen Tages, nachdem er sich gewaschen und zwei Stullen gegessen hatte, ging Herr Karsunke zum Hause der Familie Morfoss und läutete an der Tür. Die Tante öffnete ihm.
»Karsunke«, sagte der Müllmann mit einer Verbeugung.
»Maffrodit«, stellte sich die Tante ihrerseits vor.
»Nun«, sagte der Müllmann, »um ein Wort von Mann zu Mann zu reden …«
»Von Mann zu Frau«, unterbrach ihn die Tante und zwirbelte ihren Schnurrbart.
»Entschuldigen Sie, Frau Maffrodit«, sagte der Müllmann.
»Herr Maffrodit bitte«, verbesserte die Tante.
»Also Herr Maffrodit«, sagte der Müllmann, »von Mann zu Frau, oder sagen wir vielleicht lieber: ganz unter uns zwei beiden, ich habe eine Beschwerde über Ihr Fräulein Nichte vorzutragen.«
»Kommen Sie nur ruhig herein«, sagte die Tante. »Der Lehrer Pauli ist auch schon drin, es ist ein Abwasch.«
Herr Karsunke folgte Herrn Maffrodit ins Wohnzimmer, und Frau und Herr Morfoss und Herr Dr. Pauli gaben ihm die Hand, und Herr Morfoss brachte ein paar Flaschen Bier, und dann saßen sie alle um den Tisch herum und redeten über Meta.
»Ich weiß nicht, von wem sie das hat«, sagte Frau Morfoss. »Geerbt kann sie es nicht haben; denn weder mein Mann noch ich haben jemals die mindeste Lust verspürt, uns in allerlei fremdes Zeug zu verwandeln. Beigebracht haben wir es ihr natürlich auch nicht.«
»Kinder kommen eben manchmal auf Ideen«, sagte Herr Morfoss.
»Ich muß bestätigen«, erklärte Herr Dr. Pauli, »daß sie

sich meistens recht rücksichtsvoll verhält.«
»Außer wenn sie ein Krokodil ist«, rief Herr Karsunke.
»Zugegeben«, sagte der Lehrer. »Das geht entschieden zu weit.«
»Sie ist häßlich«, sagte Herr Karsunke.
»Außer wenn sie ein Engel ist«, widersprach Frau Morfoss.
»Wie?« fragte der Müllmann, »sie ist auch gelegentlich ein Engel?«
Frau Morfoss beteuerte es.
»Aber dann liegt der Fall ja noch schlimmer, als ich dachte«, sagte der Müllmann. »Wenn sie stets ein Krokodil wäre, wüßte man wenigstens mit der Zeit, woran man ist. Ein Krokodil, das ist nicht das Ärgste. Aber nun auch noch ein Engel!«
»Was haben Sie gegen Engel?« erkundigte sich der Lehrer.
»Gar nichts«, sagte Herr Karsunke. »Im Gegenteil. Ich finde Engel ausgesprochen niedlich. Ich verlange nur eins: daß sie sich endlich entscheidet, wer sie sein will, damit man sich daran gewöhnen kann.« – »Wir haben uns auch so daran gewöhnt«, sagte Herr Morfoss. »Es ist doch ganz klar, wer sie ist«, sagte Frau Morfoss. »Sie ist doch die Meta.« Hier erhob sich Herr Maffrodit, die Tante. »Natürlich muß man verhindern, daß sie dumme Streiche macht«, sagte sie. »Aber im übrigen glaube ich nicht, daß man viel an ihr ändern kann. Und wenn ich es zum Beispiel könnte, wüßte ich gar nicht, wo ich das Recht dazu hernehmen sollte.«
Danach schwiegen sie eine Weile. Und dann ging Herr Morfoss in die Speisekammer und holte noch ein paar Flaschen Bier, und die tranken sie zusammen aus und sprachen von Dingen, die minder erwähnenswert sind und die wir deshalb auch keineswegs erwähnen wollen. Und darum sieht es so aus, als würde Meta Morfoss nicht aufhören, sich zu verwandeln: in einen Felsen oder in einen Goldfisch oder in irgend etwas, auf das wir jetzt gar nicht kommen. Vielleicht eines Tages, wenn wir in aller Gemütlichkeit ein Buch lesen, kann geschehen, daß wir das Buch aufschlagen und es überraschenderweise in sehr artigem Tone zu uns sagt: »Aber ich bin doch die Meta!«
Denn möglich ist ja mehr, als wir oft denken.

Friederike Mayröcker
Unikornisch

Das Einhorn sagt zum Zweihorn: Mir war so, als hätte ich eine Schwalbe gehört in der Luft des Oktober, es zwitscherte was so luftig.
Das Zweihorn sagt zum Dreihorn: Mir war so, als hätte das Einhorn mir gesagt, es habe in der Luft des schönen Oktober eine Schwalbe zwitschern hören, es habe so luftig gezwitschert in der schönen Luft.
Das Dreihorn sagt zum Vierhorn: Mir war so, als hätte ich das Zweihorn sprechen hören, es habe das Einhorn über ein Schwalbenzwitschern berichten hören mitten im Oktober, flach über den Dächern in der schönen Luft.
Das Vierhorn sagt zum Fünfhorn: Mir war so, als hätte ich das Dreihorn einen Bericht wiederholen hören, der ihm vom Zweihorn überbracht worden war, darüber nämlich, daß das Einhorn eine Schwalbe gehört habe, flach über den Dächern in der schönen Luft des schönen Oktober, es zwitscherte auch so luftig.
Das Fünfhorn sagt zum Vielhorn (dessen Hörner man kaum mehr mit einem Blick zu fassen kriegt, es sei denn, man säße aufmerksam vor einem eben musizierenden Orchester, in dem ein solches Vielhorn bläst): Mir war so, als ob mir war, so als ob mir da was gezwitschert hat – hast du es auch gehört? Es lag in der Luft des schönen Oktober, in der schönen Luft des schönen Oktober flach über den Dächern und brachte selbst die Fernsehmasten ein wenig zum Erzittern, es war ein Zwitschern in der Luft, in der schönen taubengrauen Luft des schönen taubengrauen Oktober.
Das Vielhorn sagt zum Einhorn: Muß wohl ich selbst gewesen sein bei der heutigen Orchesterprobe am Vormittag, als der Nebel einfiel und mir auf einmal so nach Frühling zumute war und nach Schwalbengezwitscher …

Franz Hohler

Der Pfingstspatz

Viel weniger bekannt als der Osterhase ist der Pfingstspatz. Er legt allen Leuten am Pfingstsonntag ein Grashälmlein auf den Fenstersims, eines von der Art, wie er es sonst zum Nestbau braucht. Das merkt aber nie jemand, höchstens ab und zu eine Hausfrau, die es sofort wegwischt.

Der Pfingstspatz ärgert sich jedes Jahr grün und blau über seine Erfolglosigkeit und ist sehr neidisch auf den Osterhasen, aber ich muß ehrlich sagen, das mit den Eiern finde ich auch die bessere Idee.

Christoph Meckel
Die Geschichte der Geschichten

Ein alter Mann und ein Junge saßen auf einer Kiste und sahen über lange grüne Hügel in den Sommer. Ein weißer Nachmittag ging langsam über den Himmel, und um sie herum war nichts zu hören als ein leises entferntes Brausen von Autostraßen, Bienenschwärmen und tremolierenden Hähnen. Ihre Schuhe standen tief im Sand, und ihre Rücken lehnten gegen die Bretterwand eines verschlossenen Geräteschuppens. Der alte Mann rauchte eine Zigarre, und der Anblick nachmittäglichen Sommers machte seine Augen ruhig und zufrieden. Der Junge bewegte sich unruhig auf der Kiste.
Erzähl mir eine Geschichte, bat er den alten Mann.
Was für eine Geschichte, fragte der Alte und wandte schläfrig den Kopf.
Unsere alte Geschichte, bat der Junge, erzähl sie noch einmal.
Ich weiß nicht, was du für eine Geschichte meinst, antwortete der alte Mann.
Du weißt doch, die Geschichte, die wir schon so oft erzählt haben, sagte der Junge.
So, die Geschichte, die alte Geschichte, sagte der alte Mann, auf seine Zigarre blickend. Der Junge nickte. Meinst du die Geschichte vom Raben, fragte er, oder die vom weißen Elefanten? Vielleicht meinst du die Geschichte vom hohlen Stein oder die vom Hirten der Steine?
Die Geschichte vom Raben, sagte der Junge.
Der alte Mann begann lautlos zu lachen; damit er besser lachen konnte, nahm er die Zigarre aus dem Mund. Seine Augen verengten sich vor Nachdenklichkeit und Behagen.
Die Geschichte vom Raben haben wir oft erzählt, sagte er, sie ist eine gute Geschichte, freilich, und gut zum Anfan-

gen ist der Rabe. Er drehte die Zigarre zwischen den Fingern und spuckte aus.
Also, ein Rabe …, sagte der Junge.
Ein Rabe, bestätigte der alte Mann. Da war ein Rabe, von dem die Geschichte weiß. Stell dir also vor: Da war ein Rabe …
Ein Rabe, bestätigte der Junge.
Ein Rabe, fuhr der alte Mann fort, der ein großer, dicker, schwarzer Rabe war, ein Wüstenrabe, ein hungriger Steppenrabe mit verstaubten Flügeln und harten, kleinen, klugen Schlüsselloch-Augen. Ein weitgereister, moderner, vom Rabenherrgott gut und groß und dauerhaft erschaffener Rabe. Aber auch räuberisch war der Rabe! Und so verfressen, daß er die Steine auf den Feldern verschluckte, bis er so schwer war, daß er nicht mehr vom Boden auffliegen konnte. Ja, ein besonderer Rabe war der Rabe, ein großer Bruder von einem Raben, ein Königsrabe …
Ein Papageienrabe, sagte der Junge. Ein Unkraut- und Brennnesselrabe, ein großer Magier von einem Raben!
Ja, sagte der alte Mann, ein finsteres, hintersinniges, widerborstiges Luder von einem Höllenvogel und langschnäbligem Nachtvieh, ein Weinfaß von einem Raben …
Der Junge nickte.
Und er war schön! Der alte Mann hob die Augenbrauen und sah den Jungen streng und bedeutsam an. Schön war er! Und hatte rote, schlanke Füße wie …
Wie Spinnfäden und Streichhölzer, rief der Junge.
Und seine Krallen waren spitz wie Stecknadeln und scharf wie Rasierklingen, und seine Nasenlöcher waren klein wie Erbsen.
Klein wie Erbsen? fragte der Junge.
Jedenfalls klein wie Kirschkerne, sagte der alte Mann, klein wie Sieblöcher und Kaffeebohnen, wie Zehennägel von Zwergen, wie Fischpupillen und Grillenaugen, wie Sandkörner.
Mit einer Trompetenstimme, sagte der Junge, so laut, daß zehn Kilometer weit jeder erwachen mußte, wenn der Rabe schrie!

Der alte Mann nickte, und beide schwiegen.

Aber, fuhr der alte Mann fort und sah den Jungen an, eigentlich war der Rabe kein Rabe, wie wir glauben, er war in Wirklichkeit …

Der alte Mann dachte nach.

Ein Berg, sagte der Junge schnell. Der Rabe war ein Berg.

Ein Berg, bestätigte der alte Mann. Der Rabe war natürlich ein Berg. Ein großer, breiter, buckliger Berg zwischen sieben Hügeln, auf denen Gras wuchs so lang wie Sonnenstrahlen und so kühl und fest wie Eierschalen. Ein Berg voll von großen, stachligen Ginsterpflanzen und Rosenunkraut, an dessen Stacheln tote Vögel aufgespießt waren, Hagelwolken und blaue kleine Frühjahrsmonde, aus denen nasses Licht auf die Steine tropfte. Da standen würdige Blütenbäume in einem himmlischen Wind, und die Blüten dufteten nach … sie dufteten nach …

Nach Pfeffer und Tinte, sagte der Junge.

Sie dufteten, sagte der alte Mann, vielleicht nach Pfeffer und Tinte, vielleicht aber auch nach Kirschen und Mäusedreck. Tausenderlei Salamander liefen im Gestein spazieren, mit Augen aus Glas und Feuerfunken, das wissen wir, und Schnecken gab es, riesig wie Weinflaschen und Brotlaibe –

Wie Kürbisse, sagte der Junge, wie Regentonnen und Badewannen! Es war, sagte der alte Mann stolz, ein Trumm von einem majestätischen Kardinalsgebirge. Auf seinen Spitzen lag Schnee auf Schnee, weiß, tief und leicht, der süß nach Zucker schmeckte.

Und salzig nach Salz, rief der Junge.

Das war ein Berg! Ganz ausgefüllt mit singenden Steinen, auf denen die dreiäugigen Bergengel saßen und über die Welt blickten mit einem fröhlichen, einem bösen und einem gleichgültigen Auge. Und zwischen ihren Füßen kamen die Quellen aus den Steinhaufen des großen Berges gelaufen.

Mit grünem Wasser, mit dünnem und dickem Wasser, sagte der Junge.

Und die Fische kamen aus den Quellenlöchern gesprungen, denn es gab haufenweise Meere und Ozeane in dem Berg, zum Überlaufen voll. Und in der Nacht wurde der

Schnee immer schwarz wie Teer und Sumpfwasser, wie … wie Kohle und zehnmal schwarze Tinte!
Wie Kohle, wie Teer? Nein, sagte der alte Mann, schwarz wie Tabak und schwarz wie das Auge am Hinterkopf Gottes, schwarz wie die klebrige Finsternis von Rabenblut und das Innere der Sonne. Und der Berg war hoch wie neunstöckige Wolken, hoch wie der Aussichtsturm des Paradieses, aber …
Aber, sagte der Junge. Der alte Mann nickte kleinlaut.
Wenn ich dir sage, der schöne Berg, glaub mir, er war …
Er war wohl ein Haus, sagte der Junge, oder ein Wascheimer?
Ein Wascheimer? Der alte Mann schüttelte den Kopf. Vielleicht ein Haus? Du hast ganz recht, der große Berg war ein Haus. Aber nein, korrigierte er schnell, der Berg war natürlich kein Haus, obwohl, fügte er hinzu, der Berg gut hätte ein Haus sein können. Aber der Berg war schließlich … er war, ich weiß es, ein Fluß!
Ein Fluß! bestätigte der Junge.
Ein Fluß, ein langer, breiter, durch Riesenwälder hinabziehender Fluß, dessen Ufer, wenn man in seiner Mitte auf einem Fisch reiste, nicht zu sehen waren, mit keinem Auge. Ein langsamer, alter, würdevoller Strom, mit Raddampfern und Flößen voller fremder und bekannter Leute, mit Musikschiffen für Delphine und dickbäuchigen Schleppkähnen, die mit höllischen, graulichen Nebelhörnern brüllten, wenn am Abend der Nebel aus dem Fluß gestiegen kam, mit rotbemalten Fähren und schwimmenden Steinen, auf denen die uralten, vom Winter erschöpften Vögel in das Frühjahr reisten, mit vielen Ertrunkenen, die der Fluß in das Meer brachte zu den Sägefischen und verfaulten Schiffen, den ertrunkenen Glocken und Meerkönigshäusern …
Mit fliegenden Fischen, sagte der Junge, die eigentlich Esel und Habichte waren, mit viel schwarzem Treibholz, auf dem die Engel, die in die Ferien reisten, in Regenmänteln, Filzstiefeln und Zylindern saßen und Karten spielten. Und mit Regenwasser, Schneewasser, sagte der Junge, mit numerierten Wellen und Salzschollen.

Ach, das war ein Fluß, sagte der alte Mann. Da standen weiße Hotels am Ufer und hölzerne Mühlen, da waren schwimmende Eisenbahnen und weite, im Wind hin und her schlagende Schilffelder und herrliche Enten darin, die im Morgengrauen kleine, goldene, viereckige Eier legten, die ihnen das Wasser unterm Hinterteil fortschwemmte, ins Meer hinunterschwemmte, ins Meer …

Der alte Mann und der Junge versanken in Nachdenklichkeit.

Der große Fluß rauschte durch ihre Köpfe.

Doch war der Fluß, sagte der Mann nach einer Weile, genaugenommen ein … Buch! Ja, ein Buch. Mit honiggelbem Papier, zehn doppelte Bibeln dick und breit, und mit Gedichten und Geschichten darin, in vielen Sprachen …

In allen Sprachen, sagte der Junge.

In allen Sprachen, du hast recht. Und außerdem in russisch und babylonisch, in chinesisch, orientalisch, europäisch und satyrisch, in sanskritisch …

In türkisisch, sagte der Junge.

In klassisch, sagte der Alte, in bibliofilisch und filomenisch.

Jawohl, so ein reiches Buch war das. Und es enthielt Verse, Verse, sag ich dir! Kein Mensch, kein Fisch und kein Vogel hat solche Verse je gelesen. Der liebe Gott? Er hat keine Ahnung davon. Gereimte und ungereimte, kurze und lange Gedichte, von Dichtern, die wir alle fast nicht kennen, und außerdem von Tante und O–Meer! Von Okolle und Fudschi und Matatschi, Sapantschi, Sapuntschi und allen anderen Dichtern.

Von allen Dichtern überhaupt, sagte der Junge.

Von allen, sagte der alte Mann. Und trotzdem, sagte er, war das Buch, streng betrachtet … ein Garten. Du magst das glauben oder auch nicht, aber ich weiß, das Buch war ein Garten. Wer wüßte das besser als ich! Der alte Mann lachte.

Der Junge überlegte. Dann sagte er: Mit Apfelbäumen, darin hingen Äpfel groß wie Riesenköpfe und Luftballone, mit Pfauen und Waschbären, die darin herumliefen, und allem anderen …

Ein wilder, weiter Garten, sagte der alte Mann. Da wuchsen Schneepflaumen und Feuerbirnen. Da standen Bienenhäuser im Gras und goldene Holzpaläste mit Portalen, in denen Bienenportiers standen in kleinen, braunen Flügelfräcken. Da hingen die Zuckerflaschen voll ertrunkener Wespen in den Ästen, da brannte die Blüte weiß im Frühjahr, da gespensterten Wiesel und Füchse in der Nacht, da lag das rote und schwarze Laub zehn Meter hoch im Herbst, da konnte man ganz verirrt werden, denn es gab keine Wege im Garten, sondern nur Grillen und Mondpfeifer …

Essigsäuferchen, Störche, sagte der Junge, schöne Meereulen, Hasenschnäbler und Hornäuglein, singende Hurnellen und Wasserigel …

Ja, sagte der alte Mann, und ein dicker weißer Wind ging durch den Garten, und unter jedem Nußbaum stand ein Bierlokal.

Aber, sagte er nach einer Weile, der Garten war …

Der Junge sah den Alten fragend an.

Der Garten war, das kannst du nicht leugnen, sagte der Alte, er war ein dicker, fetter Menschenkerl. Ein Tamerlan, ein Räuber und Blutsauger, ein Schweinebursche von Eselreiter und Jesuit, ein Brandstifter …, ein … ein …

Der alte Mann schnappte nach Luft.

Mit stinkenden Füßen, rief der Junge, mit grünen Triefaugen auf Gummistielen, mit abstehenden Ohren!

Ein Glatzkopf, sagte der alte Mann wütend, mit Zahnlücke und Ziegenbart, mit krummen Holzknochenbeinen und Hängebauch. Ein grindiger Iwan. Ein bärenwinkliger Löffelschmied.

Eine Kröte im Nabel, rief der Junge.

Ein rülpsender, schafsnasiger Umstürzler, ein Perückenanbeter, sagte der alte Mann atemlos, ein Räuber!

Ja, flüsterte der Junge, ein Menschenfresser.

Ein Filou, hauchte der alte Mann.

Sie saßen bewegungslos und sahen sich betroffen an.

Ja, flüsterte der alte Mann, ein ganz gewöhnlicher, schweinemäßiger Menschenkerl.

Traurig und schweigsam saßen sie auf der Kiste und

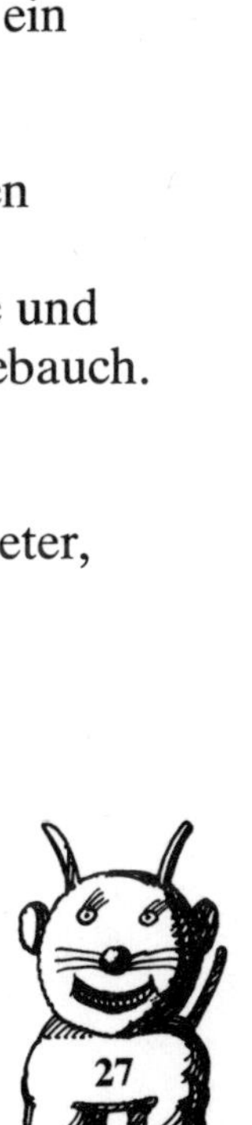

wagten nicht, aufzustehn. Der alte Mann zog zwei Zigarren aus der Kitteltasche, prüfte sie, steckte die schlechtere in die Tasche zurück, zündete die ausgesuchte an und machte eine hilflose Armbewegung. Was sollen wir nun mit so einem Menschenkerl anfangen? sagte er. Nichts, sagte er, die Geschichte gefällt mir nicht.
Mir gefällt sie auch nicht, sagte der Junge.
Was willst du machen, sagte der Alte, das ist nun so herausgekommen, wir können es nicht ändern.
Erzähl eine andre Geschichte, bat der Junge.
Ich hab keine Freude an Geschichten, wenn sie so ein Ende nehmen, sagte der Alte. Hätten wir das gewußt, hätten wir nicht erzählt.
Der alte Mann stand auf und ging vor dem Jungen auf und ab.
Eine andere Geschichte, bettelte der Junge.
Der alte Mann schüttelte den Kopf.
Vom Elefant? fragte der Junge, ein wenig unsicher. Vielleicht vom schwarzen Regen, vielleicht die Geschichte vom Floh im Salzfaß?
Der alte Mann gab keine Antwort.
Von den wandernden Bahnhöfen, sagte der Junge.
Meinetwegen, brummte der Alte. Er setzte sich wieder auf seinen Teil der halb im Sand versunkenen Kiste.
Freilich könnte ich dir alle Geschichten der Welt erzählen, sagte er, die meisten sind mir, glaube ich, bekannt. Sie würden dich, eine wie die andre, in Erstaunen versetzen. Aber das würde niemals ein Ende nehmen, und nähme es schließlich ein Ende, wäre das Ende vielleicht nicht gut. Es wäre vielleicht sogar – fürchterlich! Und noch ein schlechtes Ende ist nicht gut. Noch so ein schlechtes Ende können wir uns nicht leisten, nicht wahr? Aber vielleicht wissen wir etwas, das uns ein wenig fröhlich macht.
Ich weiß doch, sagte der Junge, der Menschenfresser war eigentlich ein Walfisch, ein alter, frommer Walfisch …
Ein Walfisch! Der alte Mann sah den Jungen zufrieden an. Natürlich, ein Walfisch.
Er schlug sich, plötzlich wieder fröhlich, mit den Fäusten auf die Knie. Wir haben es! Es war natürlich ein Walfisch.

Der floß von einem Meer in das andere, den breiten, fetttropfenden Bauch voller singender, flötender, jubilierender Jonasse. Er hatte einen Schwanz wie ein Strauß uralter Zypressen, der schlug einen mächtigen Schaum hinter dem Walfisch her. Seine Augen waren geädert von zahllosen blauen, züngelnden Blitzen, und die weiße Feuchtigkeit darüber spiegelte, was ihm vor Augen kam, Wasser und Himmel, Wasser und Himmel …
Aus seinem Buckel, sagte der Junge, kam ein kochend heißer Wasserstrahl gesprungen, der ging bis in den Himmel, das machte den Engeln die Füße naß, und sie schimpften auf den Walfisch …
Der alte Mann nickte zufrieden.
Und seine Haut war so dick, daß Kanonenkugeln natürlich darin steckenblieben, sagte der Junge. Er schob die Eisberge mit dem Kopf beiseite und fraß die Wurzeln der Inseln durch, bis sie ganz lose waren und auf dem Meer herumschwammen.
So ein Wal war das, sagte der alte Mann. Aber, sagte er, der Wal …
Der Wal? fragte der Junge.
Er war, sagte der alte Mann, natürlich ein Wal, aber er war außerdem auch ein König. Er war ein blinder Passagier, ein Friedhof, ein Ölkännchen, ein Brunnenhaus, vor allem aber war er ein Gemischtwarenladen. Das war er. Ein schöner großer Krämerladen. Da hing der Speck in dicken braunen verschnürten Klumpen von der Decke, die Schinkenbolzen und Wurstketten schwitzten in der Sonne. Da gab es Rosinenbrote, Honigkuchen, glänzende Schwarzbrote, Butterberge und Findlinge von gelbem Käse unter ofengroßen Glasglocken und Füllhörner voller Schokoladen, Cognacflaschen, Kaviarbüchsen, Bierfässer, zum Schwindligwerden viele Zigarren, Bananen und Pflaumen.
Der Junge nickte stumm.
Und vor allem gab es da einen Ladenbesitzer, ein zauberhafter Menschenkerl, ein dicker lachender Engel von Weintrinker und Schokoladenmaul, ein Wanst von einem lieblichen Gastgeber. Alles, was du dir wünschen kannst, wurde dir kostenlos ausgegeben.

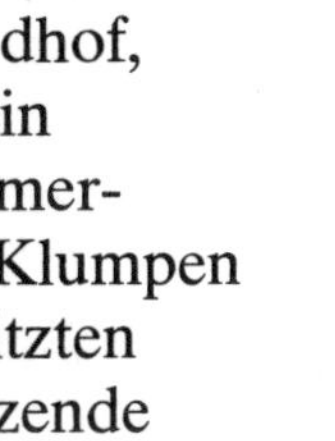

Dir und mir? fragte der Junge.
Uns beiden, das steht fest, sagte der alte Mann. Das war der beste Menschenkerl, den du dir denken kannst. Er hatte immer ein Lachen auf seinem Mund, und seine Augen waren fröhlich.
So einer war das, sagte der Junge.
Ein Liebling und ein Held, sagte der alte Mann.
Ein Liebling und ein Held, flüsterte der Junge.
So ist es, sagte der alte Mann nach einer Weile und stand auf.
Der Junge folgte ihm und kippte den Sand aus den Schuhen. Sie entfernten sich quer durch das feuchte Gras. Es war Nacht geworden, und die Landstraße, die sie schließlich erreichten, war dunkel und leer. Geraschel von Tieren und Bäumen klang zwischen den Hügeln. Und sie gingen auf der Straße tiefer und tiefer in die braune Nacht, die warm und lautlos hinter ihnen zusammenschlug.

Ernst Jandl
Entstehung der Orangen

Der Mantel trägt das Kind
vom dritten Stock in Schnee.

Der Schnee ist in der Stadt
und trägt zur Feier Schwarz.

Das Kind steckt seine Hand
spitz in den schwarzen Schnee.

Es nimmt für einen Ball
und wirft den Ball in graue Höh.

Der Ball nimmt gegen Süd
den unbeirrten Kurs.

Sizilien ist sein Ziel,
weil dort die Sonne steht.

Die Sonne ist ein Großmaul.
Da fällt der Ball hinein.

Die Sonne spuckt sehr aus.
Da fliegen tausend rote Hennen auf.

Die Hennen sind ein Heer.
Das fliegt nach Norden zu.

Sie werden immer mehr
und fallen auf die Stadt,

aus der das Kind den Schnee
hinausgeworfen hat.

Die Kisten stehn bereit,
und der Orangenhändler schreit:
Orangen! Orangen!
Kauft meine Orangen,
schöne rote Hennen
direkt aus dem Stall
unserer lieben Sonne von
Sizilien.

Günter Bruno Fuchs
Begegnung im Frühjahr

in Eislaufkünstler trifft einen Musikclown. »Was macht das Eis?« fragt der Musikclown den Eislaufkünstler.
»Es schmilzt so langsam«, sagt der Eislaufkünstler, »ich habe bald keine Arbeit mehr.«
»Ach«, ruft der Musikclown, »gib mir deine Schlittschuhe! Ich werde aus deinen Schlittschuhen eine Trompete basteln. Wenn ich die Trompete fertig habe, gehen wir in einen Zirkus. Ich spiele Trompete, während du das Geld einsammelst!«
»Schön«, sagt der Eislaufkünstler, »das machen wir! Ich geh bloß mal nachsehen, ob das Eis schon geschmolzen ist!«

Günter Bruno Fuchs
Morgens

er Baum hat ausgeschlafen. Er schüttelt seine Krone. Aus seiner Krone fallen Äpfel herab. Der Baum hebt zwei Äpfel auf und frühstückt Äpfel. Dann trinkt er einen Becher Apfelsaft. Dann ißt er einen Bratapfel. Dann geht er einen Weg entlang. Wohin der Weg führt, das sagt der Baum uns nicht. Aber er pfeift. Ein Lied pfeift der Baum. Das Lied ist ein Apfelbaumlied.

Franz Hohler
Ein schöner Nachmittag

Eine Badewanne und eine Hausapotheke hatten einen freien Nachmittag und machten zusammen einen Spaziergang. Nach einer Weile wurden sie müde und beschlossen, in einen Tea-Room zu gehen, der sich in der Nähe befand. Sie setzten sich an einen Tisch, und die Hausapotheke bestellte zwei Tee mit Zitrone und für jedes einen Apfelkuchen. Den Tee fand die Badewanne nicht besonders gut, aber als sie den Apfelkuchen hinunterschluckte, war sie ganz begeistert und flüsterte der Hausapotheke etwas zu. Diese winkte dem Kellner und bestellte alle Apfelkuchen, die noch da waren. Als er sie gebracht hatte, schluckte die Badewanne einen nach dem andern hinunter, bis das ganze Tablett leer war.

»So«, sagte sie zufrieden, »und jetzt gehen wir nach Hause.«

Da kam der Kellner mit einer Rechnung für
2 Tee und 25 Apfelkuchen,
aber weder die Hausapotheke noch die Badewanne hatten Geld.

»Dann«, sagte der Kellner, »müssen Sie hierbleiben, bis die Rechnung bezahlt ist.«

»Das kommt gar nicht in Frage«, sagte die Badewanne, zog ihre Dusche hervor, spritzte den Kellner von oben bis unten voll und ließ sie so lange laufen, bis der ganze Tea-Room ein einziger See war und die Tische und Stühle im Wasser herumschwammen.

Dann gingen die Hausapotheke und die Badewanne nach Hause, und beide fanden, einen so schönen Nachmittag hätten sie schon lange nicht mehr gehabt.

Heinrich Hannover
Herr Böse und Herr Streit

Es war einmal ein großer Apfelbaum. Der stand genau auf der Grenze zwischen zwei Gärten. Und der eine Garten gehörte Herrn Böse und der andere Herrn Streit.
Als im Oktober die Äpfel reif wurden, holte Herr Böse mitten in der Nacht seine Leiter aus dem Keller und stieg heimlich und leise-leise auf den Baum und pflückte alle Äpfel ab.
Als Herr Streit am nächsten Tag ernten wollte, war kein einziger Apfel mehr am Baum. »Warte!« sagte Herr Streit, »dir werd' ich's heimzahlen.«
Und im nächsten Jahr pflückte Herr Streit die Äpfel schon im September ab, obwohl sie noch gar nicht reif waren. »Warte!« sagte Herr Böse, »dir werd' ich's heimzahlen.«
Und im nächsten Jahr pflückte Herr Böse die Äpfel schon im August, obwohl sie noch ganz grün und hart waren. »Warte!« sagte Herr Streit, »dir werd' ich's heimzahlen.«
Und im nächsten Jahr pflückte Herr Streit die Äpfel schon im Juli, obwohl sie noch ganz grün und hart und sooo klein waren. »Warte!« sagte Herr Böse, »dir werd' ich's heimzahlen.«
Und im nächsten Jahr pflückte Herr Böse die Äpfel schon im Juni, obwohl sie noch so klein wie Rosinen waren. »Warte!« sagte Herr Streit, »dir werd' ich's heimzahlen.«
Und im nächsten Jahr schlug Herr Streit im Mai alle Blüten ab, so daß der Baum überhaupt keine Früchte mehr trug. »Warte!« sagte Herr Böse, »dir werd' ich's heimzahlen.«
Und im nächsten Jahr im April schlug Herr Böse den Baum mit einer Axt um. »So«, sagte Herr Böse, »jetzt hat Herr Streit seine Strafe.« Von da ab trafen sie sich häufiger im Laden beim Äpfelkaufen.

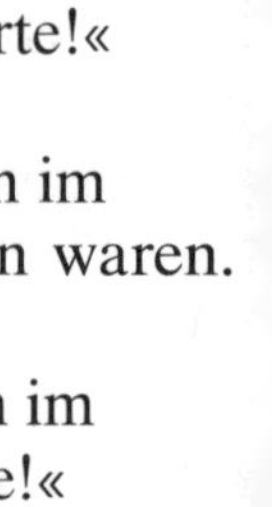

Jeanette Lander
Ninas Fingerspiel

Nina liegt im Bett und schläft nicht. Es ist schon nach acht Uhr. Nina ist müde. Sie schläft nicht. Sie hält die Hände hoch. Das Licht ist aus in Ninas Zimmer, und die Vorhänge sind zu. Von den Laternen und den Autos und den Lichtreklamen auf der Straße kommt genug Licht in Ninas Zimmer, und sie kann ihre Finger sehen. Sie spreizt die Finger. Nina sagt einen Satz, und bei jedem Wort biegt sie einen Finger herunter, so weit sie kann. Nina sagt:

wir	fahren	alle	über	den	See				

Jedes Mal, wenn sie ein Wort sagt, biegt Nina einen Finger herunter. Es soll aufgehen. Wenn Nina alle Wörter gesagt hat, sollen auch alle Finger abgezählt sein. Nina will, daß es aufgeht. Aber vier Finger bleiben diesmal übrig.

»Nein, das geht nicht. Noch mal«, sagt Nina:

wir	fah	ren	al	le	ü	ber	den	See	

Nun steht ein kleiner Finger noch hoch, und Nina hat kein Wort mehr für ihn.

»Nein, das geht nicht. Noch mal«, sagt Nina:

wir	fahren	alle	überden	See					

Jetzt ist noch eine ganze Hand voll Finger übrig, und Nina hat keine Wörter mehr für sic.

»*Uuuuu!*« sagt Nina, »das *geht* nicht!«

Da geht Ninas Tür auf, und der Orgel kommt herein.

Orgel ist Ninas Vater und heißt Georg. Das weiß Nina,
daß Orgel Georg heißt, und sie kann auch gut Georg sagen,
aber sie sagt Orgel.
»Orrrgel«, sagt Nina.
»Na, Notschi?« sagt Orgel. Georg weiß, daß Notschi Nina
heißt, und er kann auch gut Nina sagen, aber er sagt Notschi.
»Kannst du nicht schlafen?«
»Mmmmmm«, sagt Nina.
»Und erzählst du dir was?« fragt Georg.
»Mmmmmm«, sagt Nina.
»Na, dann komm mal zu mir und erzähl mir die Geschichte«, sagt
Georg. Er hebt Nina aus dem Bett und hat sie
auf dem Arm. Er setzt sich in den Schaukelstuhl.
Sie schaukeln langsam hin und her, und Nina erzählt:
»Die Kinder wollen über den See fahren, aber es geht
nicht. Die Kinder wollen alleine fahren. Alle Kinder.
Sie wollen die Erwachsenen nicht mitnehmen. Aber die Kinder
haben nichts, und es geht nicht.«
Nina hört auf zu erzählen. Georg schaukelt.
Dann fragt er: »Warum wollen die Kinder die Erwachsenen
nicht mitnehmen?«
»Die Erwachsenen sagen nichts«, sagt Nina.
»Sie reden immer, aber sie sagen nichts.
Die Erwachsenen sagen nichts, und die Kinder haben nichts.
Die Kinder haben nichts, und darum gehen sie herunter zum Strand
und suchen was, und dann wollen sie ins Boot steigen und
losfahren. Aber
die Kinder finden nichts. Die Erwachsenen haben alles,
und die Kinder haben nichts, und sie finden nichts.
Sie finden nur Schuhe auf dem Strand. Überall Schuhe.«
»Schuhe?« fragt Georg.
»Ja, Schuhe«, sagt Nina. »Die Kinder haben nichts
zum Essen und zum Trinken auch nicht
und keine Röckchen und Strümpfe,

und nur mit Schuhen können die Kinder nicht fahren.
Aber sie *wollen* fahren. Mmmmmm hmmmm«, sagt Nina.
Georg streichelt Ninas Haar.
Er streichelt ihr über die Wangen.
Er schaukelt ganz langsam und streichelt sie.
Er redet nicht.
»Sie wollen nicht immer wegbleiben, die Kinder«,
sagt Nina.
»Das ist gut«, sagt Georg.
»Aber die Kinder wollen auch mal allein verreisen.«
»Sagen die Kinder was, wenn sie reden?« fragt Georg.
Nina sagt: »Die Kinder sagen immer etwas. Die Erwachsenen
reden immer und sagen nichts. Aber es geht nicht auf«,
sagt Nina.
Sie spreizt die Finger, und dann biegt sie die Finger
nacheinander herunter, so wie Georg schaukelt:
einen Finger beim Hinschaukeln und einen Finger
beim Herschaukeln und einen Finger beim Hinschaukeln
und einen Finger beim Herschaukeln,
bis sie alle Finger heruntergebogen hat,
und dann ist sie auch eingeschlafen.

Peter Hacks
Ein Märchen für Claudias Puppe

Ist es nicht zu traurig?
sagt Claudia; meine Puppe kann wieder überhaupt nicht einschlafen.
– Ein wahrer Jammer.
Ich wollte, man könnte etwas dagegen tun.
– Sie können, sagt Claudia mit großer Bestimmtheit.
– Ich? Was denn nur?
– Also erzählen Sie doch schon los, sagt Claudia.

*

Es war ein kleines Schulmädchen. Ihr Vater war Grobschmied in dem Dorf Dümde.
– Ein Schulmädchen? fragt Claudia.
– Ja, sicher.
– Ich denke, sie war eine Prinzessin.
– Aber es geht nicht. Ihr Vater war doch der Grobschmied.
– Es muß gehen, sagt Claudia. Meine Puppe zieht Prinzessinnen allen anderen Berufen vor.
– Na gut. Aber um die Schule kommt sie nicht herum.
– Auf keine Weise? fragt Claudia.
– Auf keine Weise.

*

Die Prinzessin wachte auf, stieg aus dem Bett, wusch und kämmte sich und zog sich an. Sie trank ein Glas Milch und schmierte sich zwei Brote; denn ihre Mama schlief noch. Dann nahm sie ihre Mappe und ging zur Eisenbahn, um, wie alle Tage, zur Schule zu fahren.
– Sie fuhr mit der Eisenbahn?
– Ja, nach Luckenwalde.
– Ich würde annehmen, sagt Claudia, daß sie auf dem Rücken einer Schwalbe flog.

– Warum muß sie denn nun schon wieder fliegen?
– Es geht schneller, sagt Claudia.

*

Als sie, wie alle Tage, um fünf Minuten vor acht Uhr auf dem Schulplatz gelandet war, wunderte sich die Prinzessin sehr. Es war nämlich gar kein Tag wie alle Tage. Es war Sonntag. Die Prinzessin hatte das vergessen. Sie stand ganz alleine in der leeren Gegend, und sie fragte sich, wo nur die anderen Kinder geblieben seien. »Ob sie alle auf einmal Halsweh bekommen haben?« sagte sie zu sich selber.

– Hatten sie wirklich Halsweh? fragt Claudia.
– Natürlich nicht.
– Woher wissen Sie das?
– Verstehst du nicht: Es war einfach Sonntag.
– Man kann auch sonntags Halsweh bekommen, sagt Claudia. Leider.

*

Sie ergriff die Klinke der großen Schultür, aber fand die Tür verschlossen. Sie war ganz verzweifelt. Daran, daß Sonntag war, dachte sie schlechterdings nicht.

– Weshalb heißt eigentlich der Sonntag Sonntag? fragt Claudia.
– Weshalb?
– Ja, es muß doch einen Grund geben.
– Vermutlich, weil da die Sonne scheint.
– Und warum heißt der Montag Montag?
– Da scheint der Mond.
– Und wer scheint am Dienstag? fragt Claudia. Vielleicht der Diens?
– Jedenfalls ist Mittwoch die Mitte der Woche.
– Einverstanden, sagt Claudia.
– Und am Donnerstag donnert es.
– Und am Schneitag schneit es, wie? sagt Claudia ärgerlich.

Ich bitte Sie wirklich, sich nicht über meine Puppe lustig zu machen, bloß weil das arme Ding kleiner ist als wir beide.

*

Da hörte die Prinzessin ein Hämmern oder Klopfen, das irgendwoher aus dem Inneren der Schule zu dringen schien. Sie ging um das Schulhaus herum. Und als sie um eine Ecke bog, entdeckte sie eine Leiter, die an ein Fensterbrett gelehnt stand. Weil sie eine sehr mutige Prinzessin war, stieg sie die Leiter hinauf und blickte in das Fenster. Und da sah sie einen Mann, der sich mit einem Werkzeug an der Zentralheizung zu schaffen machte.

– Aha, sagt Claudia. Der Prinz.

– Das glaube ich nun doch nicht. Er ist wirklich nicht mehr der Jüngste, und er hat einen billigen Anzug am Leibe und Ölflecken an dem Anzug.

– Verstehe, sagt Claudia. Ein Schweinehirt.

*

Die Prinzessin hielt den Mann für einen Einbrecher, denn ganz offenkundig war er nicht auf die richtige Weise ins Haus gelangt. »Was machen Sie denn hier?« sagte sie daher. Tatsächlich bekam der Mann einen roten Kopf und sagte: »Es ist mir aber unangenehm, liebes Fräulein, daß Sie mich hier erwischen. Ich bitte Sie sehr herzlich, es niemandem weiterzuerzählen; es wäre zu peinlich, wenn alles herauskäme.« »Schön«, sagte die Prinzessin gutmütig, »aber sehen Sie zu, daß Sie schnell wegkommen.« – »Ich kann ja nicht«, sagte der Mann. »Ich muß ja noch ein Klassenzimmer weißen.«

– Wie geht denn das zu? fragt Claudia.

*

»Wie geht denn das zu?« fragte die Prinzessin.

– Wer jetzt fragt, bin ich, sagt Claudia. Bevor Sie all das merkwürdige Zeug meiner armen Puppe erzählen, will ich wissen, was für Dummheiten Sie sich da wieder ausgedacht haben.

– Ich habe mir gar nichts ausgedacht. Es war genau, wie ich sage.
– Wie?
– Also, es kam so. Der Mann…
– Der Schweinehirt…
– Er war Handwerker in einer Fabrik. Der Fabrikdirektor hatte dem Schuldirektor versprochen, daß die Fabrik der Schule immer helfen würde, wenn in dem Schulgebäude etwas zu tun sei. Und er hatte den Handwerker mit dem Versprechen zu der Schule geschickt, und der hatte bei einer schönen Feier die Patenschaft übernommen.
– Was ist ein Pate? fragt Claudia.
– Ein Pate ist, wer verspricht, kleine Kinder zu beschützen.
– Das war ein netter Fabrikdirektor, stellt Claudia fest.
– Schon. Nur war ihm dummerweise unterlaufen, daß er sein Versprechen vollkommen vergessen hatte; ein Fabrikdirektor hat ja an so viele verschiedene Sachen zu denken. Der Pate aber, der Handwerker, schämte sich im Herzen für seine wortbrüchige Fabrik. Und damit niemand merken sollte, daß sie sich nicht um die Schule kümmerte, hatte er sich seither an allen Sonnabenden und Sonntagen in die Schule eingeschlichen und heimlich alles geflickt, was während der Woche entzweigegangen war.
– Das ist eine sehr häßliche Geschichte, sagt Claudia.
– Gefällt sie dir nicht?
– Schließlich soll sie meiner Puppe gefallen. Es war wirklich ein Glück, daß ich mich vorher vergewissert habe. Und sie verkündet:
Was jetzt folgt, erzähle ich.

*

Es war einmal ein mächtiger Zauberer, und als in dem Dorf Dümde eine Prinzessin geboren war, wurde er von ihrem Vater, dem Grobschmied, zum Paten geladen. Weil er aber nicht selbst kommen konnte…

– Warum konnte er nicht selbst kommen?
– Er hätte den Zylinder aufsetzen müssen, sagt Claudia.
– Na und?
– Das tut immerhin ziemlich weh, behauptet Claudia.
– Wieso?
– Weil, erklärt Claudia geduldig, alle Zauberer Kaninchen im Zylinder haben. Würden Sie sich etwa wohlfühlen mit einer Masse Kaninchen auf dem Kopf? Die kratzen, sage ich Ihnen. Die ganze Wahrheit zu sagen, hatte der Zauberer schon fast kein Haar mehr am Schädel und stattdessen lauter blutige Schrammen.
– Ja, das sehe ich ein.

*

Der Zauberer schickte seinen Schweinehirten mit einem Brief, worin er versprach, die Prinzessin gegen alle Unglücksfälle und Gefahren zu beschützen. Aber als dann ein Jahr später die Prinzessin von einer Biene gestochen wurde, kam heraus, daß der alte böse Lügenzauberer gar nicht daran dachte, für sein Patenkind zu sorgen. Aber der gute Schweinehirt, der den Brief überbracht hatte, hat seit… Ist die Prinzessin schon alt?
– Sehr.
Also seit dreizehn Jahren hat der gute Schweinehirt alle Felsen aufgefangen, alle wilden Bären getötet und überhaupt jeden Feind vertrieben, der der Prinzessin ein Leid zufügen wollte.
– Das ist keine schlechte Geschichte.
– Sehen Sie.
– Aber meine Geschichte ist wahr.
– Meine Geschichte ist ein Märchen, sagt Claudia, und ich finde sie wahr genug.
Dann fügt sie hinzu:
So wahr wie Ihre schon lange.
Und dann:

Ebenso wahr, aber sehr viel schöner.
Und nachdem sie das alles vorgebracht hat, fragt sie:
Was für einen Schluß hat Ihre Geschichte?

– Nun, das Schulmädchen bedankt sich sehr nett bei dem Paten und fährt mit dem nächsten Zug wieder nach Hause.
– Das soll ein Schluß sein? fragt Claudia höhnisch.
– Hast du einen besseren?
– Das will ich hoffen, sagt Claudia.

*

An dem Tag, an dem die Prinzessin entdeckte, daß es der Schweinehirt und nicht der Zauberer war, der ihr ihr Leben lang Gutes getan hatte, küßte sie den Schweinehirten auf den Mund und heiratete ihn.

– Und dann?
– Dann, sagt Claudia, höre ich so auf:

*

Und da sie nun einmal geboren sind, werden sie sicher noch eine schöne Weile leben.

Hans Carl Artmann
Maus im Haus
Eine Geschichte zum Vorlesen

Ich will euch nun die Geschichte von Ompül erzählen, wie er die Mäuse aus dem Haus gejagt hat, weil sie ihm den guten Speck, den Käse und die Kekse wegknabberten.
Wie, ihr wißt nicht, wer Ompül ist? Ja, das läßt sich leicht denken, denn dieser Ompül wohnt nicht hier bei uns in Deutschland, sondern ganz, ganz weit unten in Amerika, gleich in der Nähe von Feuerland, wo die Bäume im Wald so dicht sein sollen, daß man, ihr glaubt es nicht, sogar über Gipfel und Wipfel spazieren kann, ohne einzusinken. So dicht sind sie. Ja, das sind Wälder! Und Ompül ist ein kleines Robbenmännchen mit einem lustigen, stacheligen Schnauzbart. Früher war er einmal Seemann gewesen, so ein Beruf paßt ja zu einer fröhlichen Robbe, aber dann war ihm das ewige Einerlei auf den Schiffen, und besonders ein böser Kapitän, Gonzalo, ein grimmiger Seebär, leid geworden, er hatte seinen Seemannsberuf an den Nagel gehängt und war in eine kleine Stadt am Meer gezogen, eben nach …, wie ich euch schon sagte, gleich in der Nähe von Feuerland. Dort ist er jetzt Leuchtturmwächter, putzt, wenn ihm die Zeit lang wird, die Scheinwerfer und dreht in der Nacht die Lichter an, damit sich die Schiffe nicht verirren und gar stranden. Soweit ist er also doch noch mit seinem früheren Beruf verbunden. Und das muß wohl so sein – denn ein Cowboy oder ein Bergführer, nein, das wäre er gewiß nicht geworden, dazu hatte er wirklich keine Lust.
Aber nun will ich endlich mit meiner Geschichte beginnen.
Stellt euch also so eine Robbe vor: Ihr habt gewiß schon eine gesehen, im Zoo oder auch nur eine aus Stoff, zum Spielen, wißt ihr? Die mit den schwarzen Stecknadelkopfäuglein und den komischen Flossen. Eines Tages kommt nun Ompül heim

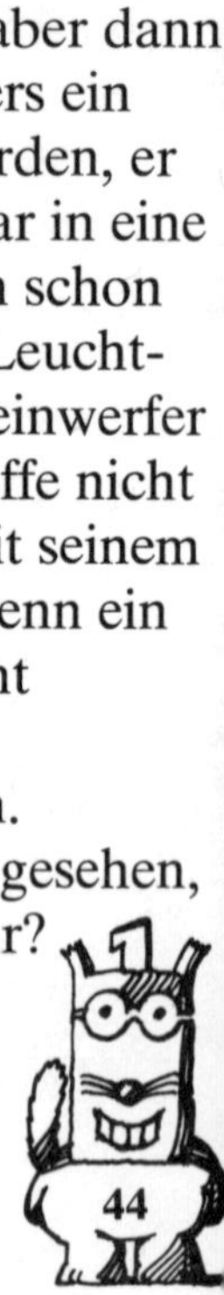

zu seinem Leuchtturm. Er ist in der nahen Stadt einholen gewesen. Er trägt eine alte Matrosenmütze auf dem Kopf, und um den Hals hat er einen dicken Wollschal gebunden, der ist rot und weiß gestreift. So robbt er an die Treppen des Leuchtturms heran, steckt den Schlüssel ins Schloß, krixkrax, schon offen, tritt ein und stellt seine Einholtasche in die Stubenecke. Das ist *so* beim Leuchtturm: Die gute Stube ist immer unten, gleich beim Eingang, und das Dienstzimmer ist ganz hoch oben bei den Scheinwerfern. Aber weil es noch nicht finster ist, hat Ompül da droben nichts zu tun. Er setzt sich in seinen Schaukelstuhl, nimmt seine Tabakspfeife, schmaucht und liest in der Zeitung die neuesten Nachrichten.
– Nee, nee, sagt er sich, nee, Raumfahrer wäre nicht der rechte Beruf für mich! Freilich, wenn ich es überlege, so müßte es eigentlich ganz schön sein, so von den Sternen auf Meere und Berge herunterzugucken... Aber auf das Meer kann ich das ja auch von meinem Leuchtturm aus, und das genügt mir!
Und wie er gerade so dasitzt und in seinem Schaukelstuhl gemütlich schaukelt, macht es plötzlich irgendwo »piep!«.
– Na so was, wer piept denn da so früh am Tag? sagt Ompül – wenn *das* keine Maus ist!
Und er blickt schnell zur Einholtasche hinüber, in der der gute Speck, der Käse und die Kekse sind. Aber gleich darauf liest er schon wieder weiter.
– Kino, sagt er, tja, ins Kino müßte man wieder mal gehn. Aber wie soll ich das hinkriegen? Diese dummen Vorstellungen beginnen ja doch immer erst abends, wenn ich meine Scheinwerfer drehen muß. Warum haben wir denn noch keine automatischen Scheinwerfer angeschafft? Ganz altmodisch sind wir hier! Sind eben am Ende der Welt ... Feuerland! – Wer wird auch schon ein Leuchtturmwächter in Feuerland? Ich und sonst keiner. Aber ich bin nun mal ein tüchtiger Mann, und die Pinguine am Südpol, so feine Herren sie auch sind, können auch niemals Donald Duck anschaun gehn. *Ich* bin's zufrieden, hab meine warme Stube und – piep! – Ja, Dunnerkiel, da piept es ja schon wieder!

Diesmal legt Ompül aber seine Zeitung fort und rutscht, so schnell er kann, aus seinem Schaukelstuhl.
– Ich glaube, es ist doch besser, wenn ich die Sachen in den Schrank hinauftue. Mir scheint, da ist ’ne Maus im Haus!
– Piep! Und Ompül trollt sich hin zur Einholtasche.
– So, und jetzt hinein in das oberste Fach! Da hätten wir einmal den guten Speck, da sind die Kekse, und den Emmentaler wollen wir auch nicht vergessen!
Und Ompül trägt sein Abendbrot zum Schrank, macht das oberste Türchen auf, tut die Sachen ordentlich hinein – aber auf einmal…
– Was ist denn *da* los? Wo steckt denn heute der Schlüssel? Im Schlüsselloch sehe ich ihn nicht – aber vielleicht habe ich ihn in Gedanken zu den Scheinwerfern hinaufgetragen. Deshalb werde ich aber jetzt *nicht* hochklettern!
Und er setzt sich wieder in seinen Schaukelstuhl und liest weiter.
– Tja, murmelt er, so ein Motorroller, wie ihn heutzutage alle jungen Leute haben, das ist schon ’ne feine Sache, da könnte ich vi schneller in die Stadt hinein. Ein guter Fußgänger war ich ja zeit meines Lebens nie. Viel zu langsam mit meinen Flossen. Aber wenn ich dran denke, was so ein Roller kostet, und dann extra noch Benzin und Öl! Nee, nee, bei meinem Gehalt … Piep!
Der gute Ompül fällt diesmal fast aus seinem Schaukelstuhl. Oben im Schrank steht die Türe sperrangelweit offen!
– Na wart nur, jetzt hol ich dich! So eine Frechheit. Und mit einer wirklichen Strickleiter ist mir dieses Biest an Speck, Käse und Keks gestiegen!
Und tatsächlich: Aus dem geöffneten Schrank hängt eine ganz, ganz kleine Strickleiter. Aber ehe noch Ompül aus seinem Schaukelnest heraus ist, kommt eine winzige Maus heruntergeklettert, huscht über die Dielen – und fort ist sie.
Nichts wie zum Speck!
– Ja, seufzt Ompül, jetzt haben wir die Bescherung! Da hat

mir dieses unverschämte Ding tatsächlich ein Loch in den Käse gefressen. Na warte, wenn ich dich erst erwische, dann werfe ich dich durchs Fenster ins Gras, damit du dir nicht weh tust!
Hätte er doch diesen verflixten Schlüssel zur Hand. Aber der, der ist fort, spurlos verschwunden!
– Hat ihn etwa gar die Maus versteckt? Zuzutrauen wär's ihr ja. Wer Käse maust, vor dem ist auch kein Schlüssel sicher! Altes Sprichwort. Aber was nützt das schon? Am besten, ich nehme einmal diese dumme Strickleiter fort … So, in den Schrank mit ihr!
Und nun bequemt sich der faule Ompül doch zu den Scheinwerfern hinauf. Gemächlich robbte er die Wendeltreppe hoch, aber der verschwundene Schlüssel ist auch hier nicht zu finden.
– Also doch die Maus! Sie hat ihn!
Er knurrt mißmutig und schaut auf das Meer hinaus. Und da zieht eben ein großer, großer Dampfer vorbei. – Mensch, ist der aber groß, ruft Ompül begeistert, der ist ja so groß, daß er in unseren kleinen Hafen gar nicht hineinpaßt!
Und er vergißt vor Staunen die diebische Maus im Haus.
Die ist aber inzwischen wieder aus ihrem Loch gekommen und hat eine neue Strickleiter mitgebracht. Von diesen praktischen Dingern besitzt sie ein ganzes Magazin voll, ein reicher Onkel hat sie ihr alle aus New York geschickt. Also keine Not! Mag auch der Herr Ompül ein paar davon wegnehmen, es sind noch immer genug da … Schwupp, die kleine feine Leiter wird hochgeworfen, zwei winzige Haken fangen sich an einem Vorsprung – und nichts als wie rauf! Ja, das ist ein guter Käse, der Herr Leuchtturmwächter kauft keine schlechten Sachen ein!
Und sie knabbert wieder ein ordentliches Stück aus dem Emmentaler.
Als nun der große, große Dampfer wieder fort ist, bemerkt Ompül, daß es schon finster wird, ziemlich dunkel ist es. Und er denkt:
– Nee, jetzt bleib ich lieber gleich oben. Sollte ich zweimal diesen langen Weg machen? Die Strickleiter habe ich weg-

genommen, und damit sind Speck, Käse und Kekse in Sicherheit. Basta, ich schalte meine Scheinwerfer an, ’s ist sowieso schon höchste Zeit!
Und er tut es.
Und die Maus, drunten in der guten Stube, denkt:
– Eigentlich bin ich ein rechter Geizkragen. Ich knabbere mich hier dick und fett, und meine armen Brüder und Schwestern müssen inzwischen darben. Wozu hat der Herr Leuchtturmwächter ein Telephon? Ich will eine gute Tat tun!
Und hops ist das Mäuschen auf dem Tisch, holt den Hörer aus der Gabel, tritt mit seinen Füßchen in die Nummern der Wählscheibe und surr surr – gradeso wie es die weißen Mäuse im Treträdchen tun – drei achtzehn fünfundsiebenzig …
– Ja? Ist dort das Fräulein Knabberlienchen? Ich bin’s, dein lieber Bruder!
Und so ruft die kleine Maus nach und nach die ganze Verwandtschaft an. Der arme Ompül muß dazu noch die Telephonrechnung bezahlen.
Der aber weiß noch nichts von seinem Pech. Während hintereinander an die dreißig Mäuschen, töff töff töff, mit ihren kleinen Autos angefahren kommen, dreht er gemächlich seine Scheinwerfer aufs Meer hinaus und schmaucht seinen Knastertabak.
Und unten, in der guten Stube? Kinder, ich sage euch, ist das ein Gepiepse und Geknabber! Nur zu bald ist von Ompüls Abendbrot nichts mehr über. Sogar Schwarten, Rinden, Frischhaltebeutel und Kekskarton werden weggeputzt! Und in Ompüls Schaukelstuhl sitzt die kleine Maus und hält den Schrankschlüssel in den Händchen. Ja, da sitzt sie und guckt satt und zufrieden dem lustigen Treiben zu. – So, sagt Ompül, jetzt werde ich meine Scheinwerfer auf ein Viertelstündchen alleine lassen, es ist ohnedies kein einziger Dampfer in der Nähe. Ich habe Hunger und werde mir eine leckere Käsestulle machen.
Ja, Käsestullen und Zitronentee, das mag Ompül für sein Leben gern!

Doch was muß er hören, als er unten an seiner Stubentüre anlangt? Piep piep piep piep! Grade als ob die ganze Welt bloß aus Mäuschen bestünde!
Vorsichtig blinzt er durch das Guckloch in die Stube hinein …
– O je, o je, o jemine! ruft er ganz verstört aus, da dachte ich, ich hätte nur eine einzige Maus im Haus, aber derweil sind es mindestens ihrer hundert geworden. Er übertreibt ein wenig, aber er ist ja im Augenblick so baff, daß er alles doppelt und dreifach sieht.
– O weh, die erwisch ich niemals, sagt er sich ganz betrübt, ich bin ja viel zu langsam, die tanzen mir doch nur auf der Schnauze herum, wenn ich es versuchen sollte, sie zu fangen, und lachen mich dazu auch noch aus. Was also tun?
Und die Brüder und Schwestern der kleinen Maus tanzen und singen übermütig ein Lied:

Schnickedischnex,
Käs und Keks,
Käs und Keks und fetten Speck
Knabbern wir dem Ompül weg.
Der Ompül ist ein Dummrian,
Weil er uns nicht fangen kann!

– Ich bin ja gar kein Dummrian, sagt Ompül hinterm Guckloch, nur etwas langsam bin ich.
Und der alte Onkel Maushofer hat sogar seine Gitarre mitgebracht, und die kleine Maus im Schaukelstuhl pfeift mit dem Schlüssel. Ja, da ist guter Rat teuer! Aber in seiner Not kommt Ompül ein rettender Gedanke: Er ist ja doch kein Dummrian, wie die Mäuse meinen! Ompüls Vorgänger, der Seehund Igor, war ein lustiger Herr gewesen. Und nichts hatte er lieber getan, als auf Karnevalsmaskeraden zu gehen.
– Vielleicht gibt es in der Rumpelkammer noch ein paar alte Kostüme? Ich könnte da eines anziehen und solcherart verkleidet diesen frechen Dieben einen heilsamen Schreck einjagen?!

Und während die übermütigen Mäuschen singen und tanzen, robbt Ompül in die Rumpelkammer – und was findet er? Dreimal dürft ihr raten, aber ich sag es euch lieber gleich: Ein Kater-Carlo-Kostüm und einen Kopf dazu, zum Aufsetzen! Und wie das paßt! Ompül erkennt sich im Spiegel nicht wieder …
Und schlurf schlurf geht es zum Hintertürchen vors Haus hinaus. Unterm Stubenfenster steht ein grüner Schemel, auf diesen steigt der verkleidete Ompül und kratzt leise an den Fensterscheiben – miau miau! Die Mäuschen hören noch nichts, sie lärmen zu sehr. Jetzt kratzt Ompül lauter – miau miouu! Und der alte Onkel Maushofer ist gar nicht schwerhörig, er spitzt die Ohren und –
– Du lieber Himmel, eine Maus! Ach, was sag ich? Ein Kater!
Er springt vor Schreck in seine fallengelassene Gitarre.
– Ein Kater?
Und Ompül kratzt noch lauter – miouu miau miouu! Er kratzt ganz schrecklich mit den künstlichen Krallen, die Fensterscheiben zittern, und der Mond scheint auch dazu.
Ach, das hättet ihr sehen müssen! Die kleine Maus läßt den Schlüssel Schlüssel sein, macht einen Kopfsprung aus dem Schaukelstuhl, und schon ist sie auch an der Türe, nur raus mit der Maus aus dem Haus! Und hinter ihr her die ganze Sippschaft samt dem alten Onkel Maushofer, der ja seine Gitarre doch nicht mehr braucht, weil er sie in der Aufregung zertreten hat. Töff töff töff, da sausen sie jetz alle mit ihren kleinen Autos der Stadt zu …
Und Ompül? Ja, der zieht zufrieden seine Katerkluft aus und hängt sie für alle Fälle in den Kleiderschrank, griffbereit, man weiß ja nie, was einem der Abend manchmal für Besucher bringt. Und wenn er auch etwas langsam ist –
– ein Dummrian, nee, das bin ich nicht! sagt er. Und er geht her und brät sich zwei schöne Äpfel auf der Ofenplatte.

Hans Carl Artmann
Ein Hund namens Zottel

Es war ein großer brauner Hund, und der hieß Zottel. Diesen Namen hatte ihm nämlich der kleine Junge gegeben, dem er gehörte. Dieser Zottel war auch wirklich so zottelig, daß er kaum aus den Augen schauen konnte.
Eines Tages aber, bei einem Spaziergang, verlief sich der große braune Hund und vermochte nicht mehr zu seinem Herrchen, dem kleinen Jungen, zurückzufinden. Und was der kleine Junge auch suchte und rief, er konnte seinen großen braunen Hund nicht mehr entdecken, es war, als hätte er Flügel gekriegt und wäre auf und davon geflogen. Endlich ging er sogar zur Polizei und fragte, ob man nicht etwa einen großen braunen Hund namens Zottel gefunden hätte. Aber auch die Polizisten und Detektive hatten nirgends einen solchen gesehen.
Inzwischen war der große braune Hund durch hundert Straßen gelaufen und hatte hundert Plätze überquert, aber leider hatte er dabei die entgegengesetzte Richtung eingeschlagen und war deshalb immer mehr und mehr von seinem Zuhause abgekommen.
Um diese Zeit saß der kleine Junge bereits beim Abendbrot, aber das schien ihm gar nicht zu schmecken. Betrübt sah er auf die Käsestullen und den Kakao und dachte an seinen lieben Zottel, der jetzt allein durch die weite Welt lief und sicherlich großen Hunger litt.
Auf der Polizei hatte man dem kleinen Jungen versprochen, bunte Plakate anzukleben. Darauf sollte zu lesen sein: Großer Hund verlaufen, Name Zottel, Farbe braun, Alter ein Jahr und fünf Monate. Wer ihn findet und bringt, bekommt eine Belohnung von zehn Talern!
Und als es dunkel wurde und die Nacht mit ihren vielen

Sternen kam, gelangte der große braune Hund vor ein kleines Häuschen am Stadtrand. Er stellte sich auf die müden Hinterbeine und pochte an der Türe. So hatte er es immer zu Hause getan, wenn er die Morgenzeitung vom Kiosk brachte. Aber er konnte ja nicht wissen, daß in dem Häuschen ein böser Mann wohnte, der zum Spaß Hunde einfing, um sie vor seinen Ponywagen zu spannen.
»Wer ist denn da draußen zu so später Stunde?« rief der böse Mann, der eben einen Topf mit Fleischsuppe auf dem Herd stehen hatte.
»Bitte, bitte, machen Sie mir auf!« rief der große braune Hund.
»Wer bist du, und was willst du denn?« fragte wiederum der böse Mann.
»Ich bin ein großer brauner Hund, mein Name ist Zottel, und ich habe mich verlaufen. Haben Sie nicht ein warmes Plätzchen für mich, wo ich die Nacht verbringen kann? Ach, ich bin ja müde zum Umfallen ...«, sagte Zottel.
Das natürlich war dem bösen Mann gerade recht.
»Nur hereinspaziert in die gute Stube!« rief er mit falscher Freundlichkeit, schob den Riegel zurück und öffnete die knarrende Türe.
Der kleine Junge aber saß daheim beim Fernseher und dachte: »Vielleicht geben sie in den Spätnachrichten durch, daß irgendein ehrlicher Mensch den armen Zottel gefunden hat ...«
Zum Essen aber hatte er noch immer keine Lust – die Käsestullen standen unangerührt auf dem Tisch. So leid tat es ihm um seinen großen braunen Hund.
Der böse Mann hatte Zottel einen Suppenknochen zum Abendbrot gegeben. Als er aber am nächsten Morgen die Augen aufschlug und in die helle Sonne blinzelte, die durch die Gardinen der Küchenfenster fiel, erblickte er den bösen Mann, der mit einem kleinen Pferdegeschirr vor ihm stand.
»Wer bei mir speist, soll auch bei mir arbeiten«, sagte er mit einem listigen Lächeln.

Und damit legte er dem erschrockenen Zottel das Pferdegeschirr um setzte ihm einen Ponykopf aus Pappkarton auf und spannte ihn kurzerhand vor sein Ponywägelchen, welches draußen im Hofe stand.
Der kleine Junge hatte die Nacht über kein Auge zugetan, denn in den Spätnachrichten war auch nichts von einem verlaufenen Hund gemeldet worden.
»Wie soll ich nur meinen Zottel wiederfinden, wenn ihn nicht einmal die Polizei mit ihren vielen Detektiven entdeckt?« sagte er sich.
Aber er wollte es trotzdem versuchen und machte sich mit den Käsestullen von vortags und einem guten Feldstecher auf den Weg.
Nachdem der böse Mann Zottel vor sein Ponywägelchen gespannt hatte, setzte er sich auf den Kutschbock und rief hü und hott, daß dem armen braunen Hund ganz angst und bange wurde. Ja, was hätte er schon tun sollen? Und wie sehr er auch unter diesem Ponykopf aus Pappkarton schwitzte, er mußte den bösen Mann, der eine Peitsche schwang, durch hundert Straßen und über hundert Plätze fahren.
»Seht nur, was für ein lustiger Ponywagen!« riefen die Leute, die den bösen Mann daherkutschieren sahen. Sie hatten ja alle nicht die leiseste Ahnung, daß das bloß ein großer brauner Hund mit einem Ponykopf aus Pappkarton war, was sie für ein hurtiges Pferdchen hielten.
Der kleine Junge hatte sich aber klugerweise vor einen Wurstladen gesetzt und dachte bei sich: »Gewiß kommt meinen armen Zottel früher oder später ein arger Hunger an, und da wird er sicherlich hier vorbeigucken, um wenigstens ein bißchen vom Geruch der frischen Bratwürste zu schnuppern, die mag er nämlich für sein Leben gerne!«
Aber was er auch wartete und wartete, Zottel wollte und wollte sich nicht zeigen.
Nun hatten sich dem Wurstladen gegenüber drei

Straßenmusikanten aufgestellt. Sie waren als Clowns verkleidet und machten Musik. Aber die Musik, die sie spielten, klang so jämmerlich, daß die Leute an die Fenster kamen und herunterriefen: »Aufhören, aufhören, sonst schütten wir euch Wasser an den Kopf!«
Aber die drei Clowns hörten nicht auf mit ihrer Katzenmusik, sondern geigten und jaulten lustig weiter.
Da fuhr auf einmal ein kleiner Ponywagen die Straße herauf und blieb just vor den musizierenden Clowns stehen. Der Mann am Kutschbock hielt sich vor Lachen den Bauch, als er merkte, wie sich die Leute über die Katzenmusik ärgerten, und er konnte vor lauter hihi und haha gar nicht genug kriegen. Doch plötzlich schoß mit einem Male ein gewaltiger Guß Wasser aus einem der Fenster. Und wen traf er? Er traf nicht die drei Clowns, er traf auch nicht den bösen Mann, er traf den armen Zottel, und zwar geradewegs auf den künstlichen Ponykopf aus Pappkarton. Ja, und der wurde s
fort aufgeweicht und rutschte herab, so daß alle Leute sahen, was dieser böse Mann da als Pony vor seinen Wagen gespannt hatte!
»Zottel!« rief der kleine Junge, »Zottel, was haben sie denn mit dir gemacht?«
Und der Chef des Wurstladens kam auch heraus und sagte: »Ach, das ist ja der große braune Hund, der sich gestern verlaufen hat, ich habe selbst das bunte Plakat von der Polizei gelesen. Spannen Sie den armen Zottel sogleich von Ihrem dummen Wagen, mein Herr, sonst telefoniere ich sofort um einen Detektiv!«
Da blieb dem bösen Mann wirklich nichts anderes über, als den Zottel wieder auszuspannen. Ihr könnt euch denken, wie fröhlich der darüber war. Und eine schöne Bratwurst kriegte er auch für die ausgestandene Mühe.
Der böse Mann aber mußte seinen Wagen allein den weiten Weg durch hundert Straßen und über hundert Plätze bis zu seinem Häuschen ziehen.

Peter Hacks

Der Bär auf dem Försterball

Der Bär schwankte durch den Wald, es war übrigens Winter; er ging zum Maskenfest. Er war von der besten Laune. Er hatte schon ein paar Kübel Bärenschnaps getrunken; den mischt man aus Honig, Wodka und vielen schwierigen Gewürzen. Des Bären Maske war sehr komisch. Er trug einen grünen Rock, fabelhafte Stiefel und eine Flinte auf der Schulter; ihr merkt schon, er ging als Förster. Da kam ihm, quer über den knarrenden Schnee, einer entgegen: auch im grünen Rock, auch mit fabelhaften Stiefeln und auch die Flinte geschultert. Ihr merkt schon, das war der Förster. Der Förster sagte mit einer tiefen Baßstimme: »Gute Nacht, Herr Kollege, auch zum Försterball?«

»Brumm«, sagte der Bär, und sein Baß war so tief wie die Schlucht am Weg, in die die Omnibusse fallen.

»Um Vergebung«, sagte der Förster erschrocken, »ich wußte ja nicht, daß Sie der Oberförster sind.«

»Macht nichts«, sagte der Bär leutselig. Er faßte den Förster unterm Arm, um sich an ihm festzuhalten, und so schwankten sie beide in den Krug zum zwölften Ende, wo der Försterball stattfand. Die Förster waren alle versammelt. Manche Förster hatten Geweihe, die sie vorzeigten, und manche Hörner, auf denen sie bliesen. Sie hatten alle lange Bärte und geschwungene Schnurrbärte, aber die meisten Haare im Gesicht hatte der Bär.

»Juhu«, riefen die Förster und hieben den Bären kräftig auf den Rücken.

»Stimmung«, erwiderte der Bär und hieb die Förster auf den Rücken, und es war wie ein ganzer Steinschlag.

»Um Vergebung«, sagten die Förster erschrocken, »wir wußten ja nicht, daß Sie der Oberförster sind.«

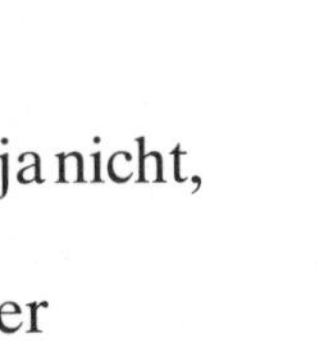

»Weitermachen«, sagte der Bär. Und sie tanzten und tranken und lachten; sie sangen, sie hätten so viel Dorst im grünen Forst. Ich weiß nicht, ob ihr es schon erlebt habt, in welchen Zustand man gerät, wenn man so viel tanzt und trinkt, lacht und singt. Die Förster gerieten in einen Tatendrang und der Bär mit ihnen; der Bär sagte: »Wir wollen jetzt ausgehn, den Bären schießen.«

Da streiften sich die Förster ihre Pelzhandschuhe über und schnallten sich ihre Lederriemen fest um den Bauch; so strömten sie in die kalte Nacht. Sie stapften durchs Gehölz. Sie schossen mit ihren Flinten in die Luft. Sie riefen Hussa und Hallihallo und Halali, wovon das eine soviel bedeutet wie das andere, nämlich gar nichts, aber so ist das Jägerleben. Der Bär riß im Vorübergehen eine Handvoll trockener Hagebutten vom Strauch und fraß sie. Die Förster riefen: »Seht den Oberförster, den Schelm«, und fraßen auch Hagebutten und wollten sich ausschütten vor Spaß. Nach einer Weile jedoch merkten sie, daß sie den Bären nicht fanden.

»Warum finden wir ihn nicht?« sagte der Bär, »er sitzt in seinem Loch, ihr Schafsköpfe.« Er ging zum Bärenloch, die Förster hinterdrein. Er zog den Hausschlüssel aus dem Fell, schloß den Deckel auf und stieg hinunter, die Förster hinterdrein.

»Der Bär ist ausgegangen«, sagte der Bär schnüffelnd, »aber es kann noch nicht lange her sein, es riecht stark nach ihm.« Dann torkelte er zurück in den Krug zum zwölften Ende und die Förster hinterdrein.

Sie tranken gewaltig nach der Anstrengung, aber die Menge, die der Bär trank, war wie ein Schmelzwasser, das die Brücken fortreißt.

»Um Vergebung«, sagten die Förster erschrocken. »Sie sind ein großartiger Oberförster.«

Der Bär sagte: »Der Bär steckt nicht im Walde, und der Bär steckt nicht in seinem Loch; es bleibt nur eins, er steckt unter uns und hat sich als Förster verkleidet.«

»Das muß es sein«, riefen die Förster, und sie blickten einander mißtrauisch und scheel an.

Es war aber ein ganz junger Förster dabei, der einen verhältnismäßig kleinen Bart hatte und nur wenige Geweihe und überhaupt der Schwächste und Schüchternste war von allen. So beschlossen sie, dieser sei der Bär. Sie krochen mühsam auf die Bänke, stützten ihre Bärte auf die Tische und langten mit den Händen an der Wand empor.

»Was sucht ihr denn?« rief der junge Förster.

»Unsere Flinten«, sagten sie, »sie hängen leider an den Haken.«

»Wozu die Flinten?« rief der junge Förster.

»Wir wollen dich doch schießen«, antworteten sie, »du bist doch der Bär.«

»Ihr versteht überhaupt nichts von Bären«, sagte der Bär. »Man muß untersuchen, ob er einen Schwanz hat und Krallen an den Tatzen«, sagte der Bär.

»Die hat er nicht«, sagten die Förster, »aber, Potz Wetter! Sie selbst haben einen Schwanz und Krallen an den Tatzen, Herr Oberförster.«

Die Frau des Bären kam zur Tür herein und war zornig. »Pfui Teufel«, rief sie, »in was für Gesellschaft du dich herumtreibst.«

Sie biß den Bären in den Nacken, damit er nüchterner würde, und ging mit ihm weg.

»Schade, daß du so früh kamst«, sagte der Bär im Walde zu ihr, »eben hatten wir ihn gefunden, den Bären. Na, macht nichts. Andermal ist auch ein Tag.«

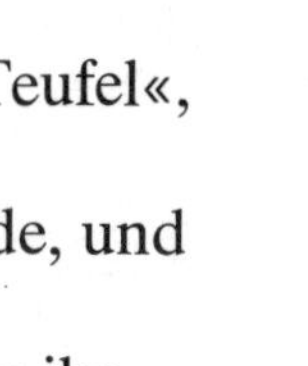

Ernst Jandl
Ausgang

ch rannte fort und wuchs
von Straßeneck zu Straßeneck,
bis ich als Riese dastand,
den Kirchturm in der Hand.

Ich drehte um, nahm ab
von Straßeneck zu Straßeneck,
war Zwerg beim Haus und sprang
zur Klinke hoch als Maus.

Ernst Jandl
Ein Schulmädchen

ie Ferien sind alle,
die Schule ist die Falle,
ich bin die kleine Maus,
der Lehrer sieht wie Käse aus.

Walter Helmut Fritz
Die Stadt

Die Bausteine, die Hans bekommen hatte und mit denen er Häuser, sogar eine Stadt errichten konnte, waren plötzlich größer als gewöhnlich. Sonst waren die Straßen gerade so breit, daß zwei aneinandergelegte Finger zwischen den Fassaden Platz fanden. Nun konnte er da spazierengehen.

Das wunderte ihn. Denn eben noch saß er an seinem Tisch in seinem Zimmer, fügte ein Stück zum andern, ließ die Stadt entstehen, die er mit einem Blick übersah, konnte da ein Haus verrücken oder an eine andere Stelle setzen, wenn es ihm einfiel, konnte dort einen Straßenzug länger werden lassen oder verkürzen oder ganz wegnehmen – und nun war alles so fest, und er wanderte dazwischen herum. Er erkannte die Häuser, mit denen er gespielt hatte, sofort wieder. Nur waren sie über ihn hinausgewachsen. Anstatt daß er sie in die Hand nehmen, betrachten und nebeneinanderstellen konnte, stand er vor ihnen. Er sah an ihnen hinauf, sah Fenster, überall geschlossene Fenster, und darüber den Ansatz der Dächer. Bloß eine Lücke entdeckte er. Da hatte er vergessen, ein Dach auf das Haus zu tun. Er erkannte auch die Anlage der Stadt wieder, die er sich ausgedacht hatte. Auf dem weiten Platz gab es mehrere Brunnen. Aber merkwürdigerweise waren sie ohne Wasser. Auch nach Tauben, die sich doch häufig in der Nähe von Brunnen aufhielten, suchte er vergeblich.

Die Straßen, die strahlenförmig von dem Platz wegliefen, waren so lang, daß er viel Zeit brauchte, bis er an ihr Ende gelangte. Aber er ging nie bis ganz ans Ende. Er kehrte immer einige Häuser davor um.

Zuerst schien ihm die Stadt leer. Später begegnete er Männern und Frauen, die hin- und hereilten oder vor

Geschäften stehenblieben. Es waren die Figuren, die er beim Rathaus, beim Krankenhaus oder vor der Kirche aufgestellt hatte. Jeden Morgen fand er sie dort wieder. Jetzt bewegten sie sich, von einem Punkt zum andern, erschienen und verschwanden. Auch sie waren sehr groß; Erwachsene, die ihn alle um einige Kopflängen überragten.

Er hätte gern jemanden angesprochen. Aber er fand nicht den Mut dazu. Er hatte mit diesen Leuten noch vor kurzem gespielt. So getraute er sich jetzt nicht, sie etwas zu fragen. Vielleicht hätte er von ihnen etwas über die seltsame Veränderung der Stadt erfahren können. Ihre Gesichter ähnelten denen seiner Eltern, seiner Tante, seines Onkels. Aber sie waren starrer. Sie sahen nie zur Seite, sondern immer geradeaus. Sie lächelten nicht. Sie waren nicht traurig. Sie sprachen nicht miteinander.

Einige kamen dicht an ihm vorbei. Die Gelegenheit wäre günstig gewesen. Er hätte sie bei den Namen nennen können, die er ihnen gegeben hatte. Klaus, Peter, Ute. Aber wer wußte, ob sie noch so hießen. Er dachte, sie müßten ihn erkennen. Aber keiner blieb stehen, erfreut oder erstaunt darüber, ihn wiederzusehen.

Er gelangte in eine Gegend, in der die kugeligen Bäume standen, die er liebte. Unter einen von ihnen setzte er sich hin, weil er spürte, daß er müde geworden war. Ein Auto fuhr vorbei, aber nicht hörbar, wie in der Stadt, in der er wohnte. Sondern ganz lautlos. Er hätte gern mehr Autos gehabt.

Die Neugier trieb ihn weiter. Er wollte eines der Häuser von innen sehen. Nie hatte er in seine selbstgebauten Häuser hineinschauen können. Es mußte doch Zimmer darin geben.

Es dauerte eine Weile, bis er sich dazu entschließen konnte, an einer der Türen zu klopfen. Niemand antwortete. Er versuchte es noch einmal. Umsonst. Er nahm allen seinen Mut zusammen und drückte die Klinke nieder. Die Tür öffnete sich. Er ließ sie offen, aus Furcht, er könnte eingeschlossen werden. Er ging einen Flur entlang, an anderen Türen vorbei. Er lauschte. Die Stube, in die er eintrat, war leer. Es war alles so neu und

frisch, als ob das Haus erst fertiggeworden, noch niemand eingezogen wäre. Er berührte die Wände, als wolle er sich vergewissern, daß sie auch wirklich vorhanden waren. Durch eines der Fenster sah er nach draußen. Es war sehr still.

Er lief davon, es wurde ihm unheimlich. Deutlich hörte er seine eigenen Schritte. Er war froh, als er sich wieder auf der Straße befand, wo es immerhin Leute gab. Sie müssen doch auch in den Häusern wohnen, wenn sie auf den Straßen zu sehen sind, dachte er. Aber er hatte nicht mehr den Wunsch, noch einmal eines von innen zu sehen, aus Angst, es könnte ebenfalls leer sein.

Als es Abend wurde, ging er rasch aus der Stadt fort. Weit draußen wandte er sich noch einmal um und sah sie sehr klein auf der Ebene. Er meinte, er könne die Häuser wieder in die Hand nehmen, so winzig schienen sie auf die Entfernung.

Nicolas Born
Im Breiberg

Angeblich gibt es nichts, was es nicht gibt, sagte Rolf zu seinem Freund Rolf. Aber wir machen einfach die Augen zu und stellen uns etwas vor, was es nicht gibt.
Denn was man sieht, das kennt man schon und kann es sich nicht mehr vorstellen. Fertig los! Hast du die Augen zu? Können wir anfangen?
Ja, sagte Rolf.
Was stellst du dir also vor, fragte Rolf.
Nichts, sagte Rolf.
Das geht ja gar nicht, sagte Rolf. Man kann sich nicht nichts vorstellen. Also, noch einmal von vorn.
Hast du ein Buch, fragte Rolf den Rolf.
Wo soll ich denn ein Buch haben, fragte Rolf.
In der Tasche, sagte Rolf.
Was für ein Buch, fragte Rolf.
Woher soll ich wissen, was für ein Buch du hast.
Ich habe kein Buch.
Was hast du dann?
Kein Buch.
Du hast auch gar nichts, sagte Rolf. Also ist kein Buch da.
Jetzt stelle ich mir ein Buch vor. Siehst du? Hier haben wir ein Buch. Und jetzt mußt du mich fragen, wovon dieses Buch handelt.
Wovon handelt dieses Buch?
Von Pferden natürlich.
Woher weißt du das? Du hast ja noch gar nicht hineingesehen.
Das fühlt man, sagte Rolf zu Rolf. Hier halte ich dieses Buch in meinen Händen.

Es handelt von Pferden. Ich lese es mit geschlossenen Augen. Ein schweres Buch. Heb mal.

Mist, in dem ganzen Buch von zehntausend Seiten kommt nicht ein einziger Hund vor. Ich stelle mir einen Hund vor, der an dem Pferd hochspringt und bellt, sagte Rolf. Nun handelt das Buch auch von einem Hund. Und jedes Mal, wenn ich umblättere, springt der Hund rüber auf die nächste Seite. Zehntausendmal.

Oh, rief Rolf, mach die Augen schnell wieder auf, ich glaube, das ist ein schreckliches Buch.

Es geht nicht, rief Rolf. Die Augen kann ich aufmachen, aber das Buch ist immer noch da, und ich kann es nicht zuklappen. Ich kriege es nicht zugeklappt. Der Hund hat immer seine Pfoten dazwischen!

Spitz, fragte Rolf.

Dogge, sagte Rolf.

Pfui, rief Rolf, und noch mal lauter: *Pfui!*

Er geht und geht nicht weg, rief Rolf.

Schnell, sagte Rolf, stell dir vor, das Buch handelt nur von Pferden. Kein Hund weit und breit.

Schon passiert, rief Rolf. Der Hund ist weg. Aber jetzt schnaubt das Pferd derartig, daß mir die Blätter nur so durch die Finger wirbeln.

Verdammt, rief Rolf.

Es stürmt richtig im Buch von dem Geschnaube!

Stell dir vor, rief Rolf, es stünde gar nichts drin in dem verdammten Buch, kein Pferd, kein Hund, nichts!

Gute Idee, sagte Rolf.

Sein Freund Rolf half ihm. Zusammen konnten sie das Buch ganz leicht zuklappen, so leicht, als wäre gar kein Buch da.

Rolf und Rolf riefen: Achtung-fertig-los! Sie drehten sich blitzschnell um, und da stand der Breiberg, weiß und glänzend. Er leuchtete weit ins Land hinein.

Der Breiberg stammt noch aus der Zeit, als Brei ein gesuchtes Essen war, das jedem schmeckte und in dem man hin und wieder auf eine Rosine stieß.
Heute sieht das anders aus. An Sonn- und Feiertagen kommen Touristen in Bussen angefahren und stecken ihre Finger in den Breiberg. Sie stehen am Fuße des Breibergs und schauen zum Gipfel des Breibergs hinauf.
Da müssen wir durch, sagte Rolf zu Rolf.
Wieso müssen wir, fragte Rolf.
Ich habe mir das so vorgestellt, sagte Rolf.
Ach so, sagte Rolf.
Siehst du jetzt ein, daß wir da durchmüssen, fragte Rolf.
Es ist keine Frage, wir müssen da durch, sagte Rolf.
Sie fingen an, sich in den Breiberg hineinzugraben und hineinzuessen. Ganz nebenbei hatten sie auch ein bißchen Angst, sie könnten im Breiberg steckenbleiben.

Im Breiberg steckengeblieben
Von Breimassen begraben
Erdrückt vom Gewicht des Breibergs
Zu Brei gequetscht
Am Brei erstickt

Aber Rolf sagte zu Rolf: Es gibt kein Zurück. Auf der anderen Seite wird schon feierlich für unseren Empfang geübt. Ganze Schulklassen üben Fähnchenschwenken. Ganze Schulchöre üben den Kanon:

Willkommen! Willkommen!
Breibezwinger, sagt an,
was habt ihr da drinnen vernommen?
Ist es heiß oder weiß,
Brei aus Gries oder Mais?
Kommt ihr gegessen oder geschwommen?
Breibezwinger, willkommen!
Willkommen!

Es mochten etwa zehn oder zwanzig Stunden

vergangen sein, seitdem sie in den Breiberg eingedrungen waren. Sie hatten sich tüchtig hineingegessen in den Breiberg. Es hatte auch längst aufgehört zu schmecken.
Rolf sagte zu Rolf: Ich habe ein neues Lied erfunden beim Breiessen im Breiberg. Mit vollem Mund ein neues Lied. Paß auf, so fängt es an:

Im Brei da ist es dunkel,
im Brei da ist es kalt, jeh jeh,
im Brei da kannst du schunkeln,
im Brei da wirst du alt ...

Dann kommen noch einige Jeh-jeh's, und dann kommt die zweite Strophe, sagte Rolf und wischte sich den Brei vom Mund.
Ganz schön, sagte Rolf. Ich könnte aber mitten im Breiberg keine Lieder über Brei erfinden. Ich staune, daß du mitten im Breiberg nichts als Breilieder im Kopf hast.
Der Breiberg, sagte Rolf zu Rolf, hat die Form eines Stiefels, wie Italien, nur ist hier der halbe Schaft abgesägt.
Sie waren müde von dem vielen Brei. Sie schliefen erschöpft ein. Man liegt bequem im Brei, weil der Brei sich dem Körper anpaßt. Wenn man sich im Schlaf bewegt, bewegt der Brei sich mit.
Der Brei, murmelte Rolf, während er einschlief, ist hier schon abgekühlt und riecht auch nicht mehr so nach Brei. Rolf träumte, und Rolf träumte auch. Die Träume gingen ungefähr so:

Rolfs Traum:
Hier ist eine Machete für dich. Paß auf, daß du dich nicht schneidest. Und hier ist eine Machete für mich. Wir schlagen einen Weg durch den dichten Dschungel. Hallo, Tarzan, guten Morgen! Er grüßt nicht zurück.

Rolfs Traum:
Wir bauen große Liftschächte mit nichts drum herum. Wir fahren oft mit den Liften rauf und runter. Meistens rauf. Die Gegend ist voller schleichender Indianer auf dem Kriegspfad.

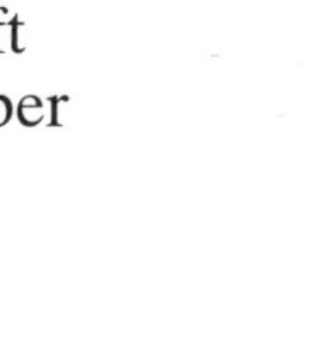

Irgendwie arrogant geworden
durch die vielen Filme.
Wir erreichen eine Lichtung,
durch die ein Wasserlauf
geht. Wir rasten. Wir hören
ein Knacken. Der Löwe setzt
sich zu uns. Er erhält
ein halbes Brot. Die andere
Hälfte teilen wir uns. Die
Eingeborenen zeigen uns, wie
man Schilfhütten baut. Dann
führen sie uns zu ihren
Schätzen. Berge von bunten
Glasperlen, Kämme, Spangen,
Taschenspiegel. Hier leben
wir zwanzig Jahre lang bei
den Eingeborenen. Maisfladen.
Der Löwe brüllt, wenn sich
Fremde nähern.

Sie schleichen
immer näher an uns heran,
ohne von uns bemerkt zu
werden. Wenn wir sie antippen,
lächeln sie nur und geben
uns Kaugummis. Ich mache den
Vorschlag, auch Wendeltreppen
in die Luft zu bauen,
aber wir wollen doch lieber
eine Höhle bauen, weitverzweigt
unter der Erde. Ein großes
unterirdisches Land, in dem
man mit Achterbahnen reisen
kann. Wir denken auch an eine
U-Bahn-Verbindung mitten
durch die Erdkugel
nach Rio de Janeiro, die
kürzeste Verbindung der Welt.

Als Rolf und Rolf aus ihren Träumen erwachten, lagen sie im Brei. Sie rieben sich die Augen und klopften sich gegenseitig den Brei von den Jacken. Erst jetzt sahen sie, daß sie umstellt waren. Sie waren von Breibewohnern umstellt, die sie schnurstracks zu ihrem König führten. Der König der Breibewohner lachte wie ein Ziegenbock und trug eine Krone aus Breilöffeln. Sein Händedruck war ziemlich breiig. Außerdem war er ein Tyrann, denn seine tausend Sklaven mußten Tag und Nacht das Breigewölbe seines Reichs mit ihren Körpern abstützen. Wenn trotzdem einmal Breimassen hereinstürzten, hatten diese Unglücklichen sie sofort aufzuessen. Rolf und Rolf fragten den König, ob man diesen Unglücklichen nicht helfen könne. Da schluckte der König. Erstens, sagte er, haben sie Arbeit, zweitens haben sie genug zu essen, drittens sind sie dumm, viertens brauchen

sie nichts als Brei, fünftens brauchen sie auch nichts als Brei und sechstens, siebtens, achtens, neuntens und zehntens würde sonst ja das Breigewölbe einstürzen. Und elftens, setzte der König mit einem Grollen hinzu, müßt ihr erst einmal was lernen, bevor ihr mitreden dürft. *Mir aus den Augen!*

Rolf und Rolf mußten einen Anstandskurs absolvieren, der aber schnell absolviert war. Im Anstandskurs lernten sie:

1) Eine Verbeugung.
2) Zwei Verbeugungen.
3) Drei Verbeugungen.
4) Eine Serie von Verbeugungen, bei denen man den König im Auge behält, bis er das Zeichen dafür gibt, daß man genug Verbeugungen gemacht hat.

In den Schmantlokalen herrschte Hochbetrieb.

Es war Essenszeit.

Mahlzeit, riefen sich die Breibewohner über ihre Schmantteller zu.

Staunend hörten Rolf und Rolf, daß sich die Breibewohner seit vielen hundert Jahren von Schmant ernährten. Im Innern des Breibergs gab es sogenannte Schmantvorkommen, dicke Schmantadern, die sich durch den Brei zogen und in einem Schmantbergwerk abgebaut wurden. Es gab hunderte Redensarten über Schmant, zum Beispiel:

Schmant nicht an die Wand
und
Unsern täglichen Schmant gib uns heute

Rolf und Rolf schüttelten sich vor Abscheu, aber dann schmeckten sie selber, wie Schmant schmeckt. Schmant schmeckt gut, ein bißchen wie weiße Schokolade, aber auch wie Salat und Gemüse, dann wieder wie Huhn oder Fisch. Kurz vor dem Ende jeder Mahlzeit schmeckte Schmant dann wie Pudding oder Pfirsich oder Birne oder Cremetorte.

Der König sagte, er habe noch viel mit ihnen vor.

Er bestand darauf, daß Rolf und Rolf eine Fremdsprache lernten, am besten Inglisch. Das war eigentlich keine schlechte Idee. Nur, daß es ein königlicher Befehl war, störte sie.
Rolf schrieb: My name is Rolf.
Und Rolf sprach es Inglisch aus: Mei Näm is Rolf.
So fängt Inglisch immer an. Ein Haus bleibt auch auf Inglisch ein Haus. Wenn ein Vogel auf Deutsch durch die Luft fliegt, dann fliegt er auch auf Inglisch durch die Luft. Nur wird es dann anders geschrieben und gesprochen. Auf Inglisch. Auch auf Inglisch bleibt alles, wie es ist, und damit basta.
Die Stadt im Breiberg hallte wider von den Befehlen des Königs. Der König hielt eine Rede an das Volk. Da ließen Rolf und Rolf die Glocken läuten, bis der ganze Breiberg wackelte und keiner mehr den König verstand. Die königlichen Befehle gingen im Lärm unter. Aus allen Ritzen und Nischen traten Tiere hervor, alte und junge mit verständigen Gesichtern.
Der König war also, wie andere Könige auch, ein Tyrann. Außerdem war er dumm. In seiner Dummheit erließ er viele dumme Gesetze. Allerdings war er so dumm, daß er auch ein paar vernünftige Gesetze erlassen hatte. So durften Tiere nicht geschlachtet werden, solange sie sich unterhielten. Das hat die Tiere sehr gesprächig gemacht. Einige blickten tief und ernst durch ihre glitzernden Mähnen.
Schweine durften wegen ihrer besonderen Schönheit nicht geschlachtet werden. Kühe durften wegen ihrer besonderen Milch nicht geschlachtet werden. Kaninchen durften nicht geschlachtet werden, wenn sie gerade fraßen. Seitdem fraßen sie immer gerade. Hühner, Enten und Gänse durften wegen ihrer Bescheidenheit nicht geschlachtet werden. Sie waren zu bescheiden, zu fliegen. Pferde durften nicht geschlachtet werden, weil sie immer so stolz auf und ab gingen.

Noch ein Beispiel für die Dummheit des Königs:
Weil die Könige in der ganzen Weltgeschichte ihre Sklaven
zum schnelleren Arbeiten angetrieben hatten, wollte auch
dieser König seine Sklaven zu schnellerem Arbeiten antreiben.
Die Sklaven sollten also auf Befehl des Königs das
Breigewölbe schneller abstützen. Wie sollten sie das machen?
Jeder stand auf seinem Platz und stützte wie ein Pfeiler
mit seinem Körper das Breigewölbe. Wie sie das schneller
machen sollten, wußte der König auch nicht.
Das weiß ich auch nicht, sagte der König, Hauptsache schneller.
Die Sklaven fühlten sich wie Pfeiler. Aber sie fühlten auch, daß
sie unglücklich waren und daß es noch etwas anderes
geben mußte als Breigewölbe.
Rolf und Rolf erzählten ihnen von der Sonne und dem blauen
Himmel und daß der Himmel abends, wenn die Sonne
untergegangen ist, dunkel wird und voller Sterne ist.
Himmel, fragten die Sklaven, was ist das?
Der Himmel ist über uns, sagten Rolf und Rolf. Er überspannt
die Erde.
Aha, sagten die Sklaven, ein Breigewölbe.
Nein, kein Breigewölbe, eher ein Zelt.
Was ist ein Zelt, fragten die Sklaven.
Stellt euch eine große blaue Decke vor, sagten Rolf und Rolf,
die so groß ist, daß sie nirgends aufhört.
Was ist eine große blaue Decke, fragten die Sklaven.
Die Sklaven konnten sich nichts anderes vorstellen als Brei
und Gewölbe aus Brei, aber während sie weiter das Gewölbe
aus Brei stützten, träumten sie von etwas, das nicht aus
Brei ist. Dieses Etwas nannten sie ›Zelt‹ oder ›Große
blaue Decke voller Sterne, die nicht aus Brei ist,
aber so groß, daß sie nirgends aufhört‹. Sie hatten
keine genaue Vorstellung, aber sie stellten sich etwas
darunter vor. Und sie wußten jetzt auch, daß man den
Himmel nicht abstützen muß wie ein Breigewölbe.

Sie träumten so sehr davon, daß ihre Körper langsam dem Druck des Breigewölbes nachgaben und der Brei in Massen hereinstürzte und sich in einem breiten Strom in Richtung Königspalast ergoß. Verzweifelt brach der König die Breilöffel aus der Krone und verteilte sie an seinen Hofstaat. Aber soviel sie auch aßen von dem Brei und so dick sie davon auch wurden, sie konnten die Breiflut nicht aufhalten. Überall verließen die Sklaven ihre Plätze und ritten jubelnd auf riesigen Wogen aus Brei.
Rolf und Rolf gaben mit Hilfe des Kompasses die Richtung an, und der König und sein Hofstaat mußten mit ihren Breilöffeln einen Stollen graben, durch den sie alle auf der anderen Seite des Breibergs ans Tageslicht traten.
Rolf und Rolf rieben sich die Augen. Hatten sie geträumt? Wo waren die Tiere? Oh, die Tiere hatten einen guten Riecher gehabt und es vorgezogen, es sich im Breiberg gemütlich zu machen. Keine Schulklasse schwenkte Fähnchen und kein Schulchor sang den Kanon:

Willkommen! Willkommen!
Breibezwinger, sagt an,
was habt ihr da drinnen vernommen?
Ist es heiß oder weiß,
Brei aus Gries oder Mais?
Kommt ihr gegessen oder geschwommen?
Breibezwinger, willkommen!
Willkommen!

Die Eltern riefen Rolf und Rolf zum Essen.
Sie sagten: Jetzt ist es aus mit dem Unsinn.
Hier am Fuße des Breibergs fängt der Ernst des Lebens an.
Wie waren die Eltern bloß um den Breiberg herumgekommen? Wo waren die befreiten Sklaven geblieben? Sie erzählten vom Schmant und wie Schmant schmeckt, doch keiner glaubte ihnen. Hatten sie nur geträumt? Nein, sie hatten nicht nur geträumt.

Günter Kunert
Vom Wesen der Zehen

Im ruhmreichen Reich
der Zehen sind nicht alle gleich.
Ein Großer kommt stets auf vier
Kleine,
und sie erscheinen nie alleine.
Aber stumm sind sie alle,
reden in keinem Falle:
Sie regen sich kaum
in ihrem ledernen Lebensraum
und schreiten doch unentwegt
voran –
was jeder von ihnen glauben kann,
vorausgesetzt, er weiß nur
nichts von Beinen und der Muskulatur.

Jürgen Rennert
Komm, laß uns ein Denkmal bauen

Komm, laß uns ein Denkmal bauen
für die Leute, die keins kriegen,
die sich allzuwenig trauen
und bescheiden unterliegen.

Diese Leute sind die meisten,
deshalb braucht das Denkmal
Raum.
Jeden soll es dann erdreisten
und erheitern wie sonst kaum.

Und wir schreiben auf den Sockel
unsres Denkmals groß und klar:
Dies ist Amadeus Gockel,
der ein Mensch wie viele war.

Christa Reinig
Der Hund mit den zwei Köpfen

Der erste Kopf:
Ich muß wohl sehr lange geschlafen haben. Im Erwachen dachte ich: »Den Traum muß ich mir merken.« Aber was dann geschah, war so seltsam, daß ich den Traum vergaß. Zunächst meldete sich wieder einmal mein Rheuma. Verdammtes Rheuma! Doch diesmal nicht in der rechten, sondern in der linken Schulter. Merkwürdiges Rheuma. Es tat nicht eigentlich weh. Es war, als müßte ich auf der linken Schulter etwas tragen. Dann merkte ich, daß ich nicht allein in meinem Korb lag. Da war noch ein zweiter Hund. Aber wo war er? Ich konnte ihn nicht sehen. Verdammtes Rheuma! Es dauerte sehr lange, bis ich endlich begriff. Das Rheuma war gar kein Rheuma. Ich hatte einen zweiten Kopf bekommen.
Der zweite Kopf:
»O Fallada, da du hangest!« Ich habe das Märchen von der Gänsemagd immer sehr gern gehört, und jedesmal, wenn der Kopf, der einsam angenagelte Kopf ohne Rumpf zu sprechen anfing, brach ich in Tränen aus. Nun aber weinte ich nicht. Es ist ein großer Unterschied, ob man von den Dingen nur hört oder ob sie einem selbst geschehen. Manchmal lacht man über das, was anderen Leuten geschieht, und wenn es einem selbst geschieht, muß man weinen. Mir ging es umgekehrt. Ich war so über alle Maßen fassungslos, mich als Kopf und nur als Kopf vorzufinden, daß ich lauthals loslachte. Nein, war das komisch. Und ausgerechnet mir mußte das passieren. Durch mein Gelächter veranlaßt, begann mein Wirt, so muß ich ihn wohl nennen, sich zu recken und zu strecken. Er erwachte.
Der erste Kopf:
Zunächst stellte ich mich auf meine vier Beine. Aber

meine Situation hatte sich dadurch nicht geändert. Der zweite Kopf blieb an mir hängen. Ich sah automatisch nach meinem Futternapf. Es war nur ein Futternapf im Zwinger, und es war dieselbe Menge drin wie sonst. Ich begriff: Es gab jetzt zwei Mäuler für nur einen Magen. Das paßte mir nicht. Um klare Verhältnisse zu schaffen, begann ich sofort mit dem Essen und war entschlossen, nicht eher aufzuhören, als bis der Napf leer war. Das war mein gutes Recht. Sollte der andere zusehen. Als ich ungefähr die Hälfte aufgegessen hatte, konnte ich nicht mehr weiter. Ich kaute langsam und lustlos vor mich hin. Ich konnte einfach nicht mehr. Ich machte Schluß, drehte mich etwas zur Seite und sagte: »Bitte sehr!«
Der zweite Kopf:
Kein Hund ist höflich, wenn er es nicht nötig hat. Das Problem ist nur, herauszufinden, wer es nun nicht nötig hatte, höflich zu sein. Manchmal bleiben beide Hunde auf der Strecke. Daher ist es angebracht, zunächst in jedem Fall höflich zu sein, denn man weiß ja immer erst hinterher, wer der Stärkere ist. Hier lagen die Dinge einfach: Ich war auf alle Fälle der Schwächere. Ich hatte ja keinen Leib, keine Beine, keine Pfoten. Meine Zähne hatte man mir gelassen, aber wohin sollte ich damit beißen? Ich bereitete mich also darauf vor, das schwierigste Wort auszusprechen, das es für einen Hund gibt, das Wort »Verzeihen Sie!« Ich wollte ungefähr so sagen: »Verzeihen Sie, daß ich Sie belästigen muß, aber die Umstände bringen es mit sich …« na ja, und den weiteren Blabla. Er hatte inzwischen angefangen zu essen. Da sagte er plötzlich »Bitte sehr!« Er sagte Bitte sehr, obwohl er es doch gar nicht nötig hatte. Da blieb mir nichts weiter übrig. Obwohl ich gar keinen Appetit hatte und mir das Schlucken Beschwerde machte, langte ich zu und schluckte Bissen für Bissen in einen fremden Bauch.
Der erste Kopf:
Er hätte sich auch bedanken können. Aber man muß seine Lage berücksichtigen. Angenommen, man hätte mir den Kopf abgesäbelt, meinen Leib, meine Glieder in die Mülltonne geworfen. Puh! Da kann ich noch von Glück sagen. Ich

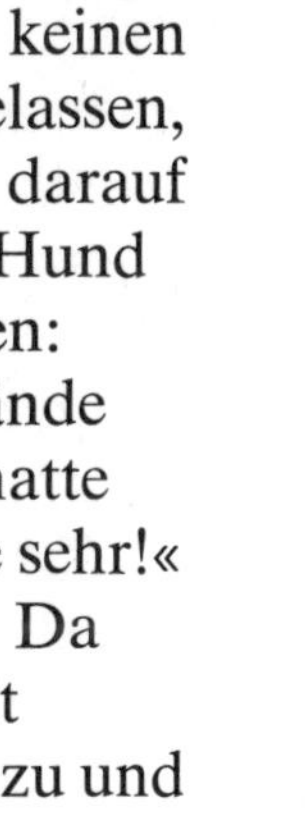

habe doch das bessere Teil erwischt. Wenn man es genau betrachtet, habe ich sogar einen Vorteil eingehandelt. Denn ich bin jetzt das wertvollste Objekt des gesamten Forschungsinstitutes. Vielleicht blickt bereits die ganze Welt zu mir auf. Vielleicht wird man mich zum Professor ernennen. Der Professor mit den zwei Köpfen!

Der zweite Kopf:

Jetzt lacht er auch noch. Um so besser. Wenn er wütend auf mich ist, könnte es Unheil geben. Man würde ihn bestrafen, ihn töten. Genau besehen hängt sein Leben an meinem Kopf. Er soll froh sein, daß er mich am Halse hat. Ich darf nicht schlapp machen. Wenn ich ihm doch nur unsere Lage auseinandersetzen könnte.

Der erste Kopf:

Wie geht es Ihnen?

Der zweite Kopf:

Wenn es Ihnen nichts ausmacht, können wir uns duzen.

Der erste Kopf:

Ich überlege schon die ganze Zeit, wie wir es damit halten sollen. Nicht, daß ich Sie kränken will, aber jedesmal, wenn ich mir vornehme, Sie anzureden, kommt mir das so überflüssig vor, so als wollte ich meinen Magen oder meine Pfoten anreden.

Der zweite Kopf:

Trotzdem muß ich darauf bestehen, daß Sie mich als Persönlichkeit respektieren, auch wenn Ihnen das lächerlich erscheint. Denn Ihren Schwanz brauchen Sie nicht anzureden. Er versteht Sie auch so.

Der erste Kopf:

Hast du dir eigentlich schon Gedanken gemacht, wie es mit uns beiden weitergeht?

Der zweite Kopf:

Das habe ich mir erspart, denn das wird nicht von uns abhängen.

Der erste Kopf:

Auf alle Fälle sind wir fein raus. Ich denke nicht, daß sie uns noch zu irgendeiner Arbeit anstellen werden. Sie werden uns auch nicht mehr impfen oder uns die Zähne ziehen. Für die Zukunft haben wir ausgesorgt.

Der zweite Kopf:
Da bin ich nicht so sicher. Angenommen man wird neugierig und bekommt Lust, uns von innen anzuschauen. Dann schneidet man uns einfach auf.
Der erste Kopf:
Das will ich doch nicht annehmen. Wozu haben sie dann ihre Röntgenapparate? Wenn sie uns abschlachten, können sie doch nicht mehr beobachten, wie wir funktionieren.
Der zweite Kopf:
Angenommen, du wärst gestern auf die Idee gekommen, man werde dir einen zweiten Kopf aufsetzen, hättest du angenommen, das sei etwas anderes als eine verrückte Idee von dir? Nun ist es Wirklichkeit. Wir müssen mit allem rechnen.
Der erste Kopf:
Ich weiß nicht, ich weiß nicht, was ich davon denken soll.
Der zweite Kopf:
Wir haben es mit völlig unberechenbaren Leuten zu tun. Daher müssen wir alles, was uns überhaupt in den Kopf kommt, als möglich betrachten und uns dagegen wappnen.
Der erste Kopf:
Was du immer so gelehrt daherquatschst, unberechenbar und wappnen, du machst mich noch verrückt.

Laborbericht betr. Objekt 47–11/08/15
Aus dem Weltwissenschaftszentrum Kyritz an der Knatter ist vor zwei Stunden obiges Objekt entwichen. Die Entweichung hatte folgende Hintergründe. Das Objekt wurde zum Baumtest auf die Straße geführt. Es war mit einer Leine abgesichert. Der natürliche Kopf des Objekts (im Folgenden auch 1. Kopf genannt) nahm sofort die Spur zu einem der Bäume auf. Der transplantierte Kopf (im folgenden auch 2. Kopf genannt) entschied sich dagegen für einen Lichtmast. Es entstand eine unentschiedene Situation. Die wissenschaftliche Begleitung des Objektes, bestehend aus einem Professor, einem Doktor,

einem Doktoranden, einem Assistenten und zwei Fotografen, begann sofort mit der Erforschung der Situation. Es wurde festgestellt, daß die beiden Köpfe des Objektes willensmäßig in zwei völlig verschiedene Richtungen auseinanderstrebten. Die beigelegten Fotos bestätigen diesen Befund. Während nun der erste Kopf die Situation zu seinen Gunsten entschied und den Körper am Baum in Stellung gehen ließ, knabberte der zweite Kopf die Sicherungsleine durch, deren Rest in der Hand des Assistenten verblieb. Dieser Rest ist der Akte beigegeben. Auf den Fotos kann man deutlich erkennen, wie der zweite Kopf die Leine bearbeitet. Das ist das letzte, was von dem Objekt wissenschaftlich vorzuweisen ist. Es wurde dann noch ein Foto hinter dem fliehenden Objekt hergeschossen, das aber mißlang.
Die verantwortlichen wissenschaftlichen Begleiter behaupten, das Opfer einer Verschwörung zu sein. Man hätte deutlich erkennen können, wie die beiden Köpfe sich untereinander verständigten, jedoch erst im Nachhinein die Bedeutung dieser Beobachtung durchschaut.

Der zweite Kopf:
Was hab ich gesagt!
Der erste Kopf:
Es hat geklappt. Herrlich hat es geklappt. Was machen wir jetzt? Rennen wir, oder faulenzen wir ein bißchen?
Der zweite Kopf:
Da ist eine Katze!
Der erste Kopf:
Auf sie mit Gebrüll!

Rolf Haufs

Ob ihr's glaubt oder nicht
Eine Geschichtenerzählergeschichte

Eines Nachmittags um drei sagte Heinis fette Schwester Marlene zu Herbert Selbertun und zu Manni Aufderleiterstehn und zu Gitta Kannichschon, eines Nachmittags um drei, als die Sonne schräg durch die Wolken schien und die Ente in Frau Grutzkes Vorgarten sechzehnmal laut schnatterte, ohne ein einziges Mal Luft zu holen, genau an diesem Nachmittag sagte Heinis fette Schwester Marlene, hört mal auf und hört mal zu, sagte sie, ihr kennt doch den Maler Gradestrich von der Ecke, da wo der Gemüseladen, der Obst-Eier-Bonbon-Laden, also da wo es Schwarzwurzeln gibt und dicke süße Birnen, genau da wo das Schild ist mit der Wurst drauf, weil da früher eine Metzgerei war mit der gesunden Metzgersfrau drin, die gar nicht so gesund war, wie sie aussah, aber eine Scheibe Wurst hat sie immer gegeben, da ein Haus weiter mit der geknickten Laterne davor, da wohnt der Maler Gradestrich, der nicht nur grade Striche malt mit einem großen Lineal, sondern der auch gern Fisch ißt, meistens sogar drei Stück auf einmal, sonst aber genauso verrückt ist wie Frau Grutzke, die sogar sonntags mit Lockenwicklern im Haar herumläuft, aber verrückt sind ja alle Erwachsenen, und alle Enten dazu, und du auch, Gitta Kannichschon, denn das kenn ich schon, daß du immer blöd grinst, wenn du was nicht glaubst, so, und hier ist erst mal ein Punkt, und wo ein Punkt ist, da muß auch eine Pause sein. Punkt.

Mannundmeter, sagte Herbert Selbertun, der sonst nie was sagte, weil er immer das größte Kaugummi im ganzen Viertel zwischen den Zähnen hatte, das konnte er sogar um die Ecke ziehen, bis vor die Leinwand von Maler Gradestrich, der immer so gern Fisch aß, meistens sogar drei Stück auf einmal.

Dann erzähl ich eben nicht weiter, sagte Heinis fette

Schwester Marlene, wenn ihr nicht mal ein paar Minuten zuhören könnt, und mittlerweile war es halb vier geworden, und die Sonne schien noch ein bißchen schräger, und um die Ecke kam noch Luise Schellfisch hinzu, die hatte ganz dünne Beine und mußte ausgerechnet jetzt kommen, wo doch eine Geschichte erzählt werden soll, in der drei Fische vorkommen. Außerdem hatte sie in Rechnen eine Eins und konnte schon stricken, und ihre Mutter hat mal in einem Film über Ezampation mitgespielt.

Himmelnochmal, soll ich nun weitererzählen oder was, schrie Heinis fette Schwester Marlene, und Manni warf mal schnell einen Stein über den Zaun von Frau Grutzke, so daß die Ente noch einmal sechzehn Schnattertöne hinüberschallen ließ, mit einem kleinen Unterton von Ärger, also los, rief Heinis fette Schwester Marlene, und sie zog ihren linken Kniestrumpf hoch, den sie manchmal herunterfallen ließ, damit jeder die Narbe auf ihrem Schienbein sehen konnte, die an einen mißglückten Sprung über die Mülltonne in Frau Grutzkes Vorgarten erinnerte.

Maler Gradestrich hatte seinen blauen Montagsmantel angezogen und war in die Stadt gegangen, um drei Fische einzukaufen, die er ganz allein mit Kopf und Schuppe essen wollte, natürlich erst nachdem sie gebraten waren. Da mußte Manni ganz schlimm lachen, und Heinis fette Schwester Marlene machte schon wieder das Gesicht, das ihre Mutter manchmal macht, wenn sie losbrüllen will, aber im letzten Augenblick an ihre moderne Erziehung denkt. Außerdem gab es gar keinen Grund, an dieser Stelle zu lachen, aber darum war es ja so furchtbar komisch. Warum sollte Maler Gradestrich in seinem blauen Montagsmantel nicht drei Fische einkaufen, um sie auf seinem Ofen zu braten? Kopf und Schuppe, rief Heinis fette Schwester Marlene, kaum hatte sich der Maler Gradestrich umgesehen, da waren nur noch zwei Fische da, obwohl er bei seiner Kuckucksuhr hätte schwören können, daß eben noch drei Fische auf dem Tisch lagen, und schon rannte er hinaus in den Garten, wo Elfie und Schornstein mit einer alten Fahrradkette spielten, und da mußte Manni wieder lachen, aber

diesmal lachte Herbert mit, und sein Kaugummi wanderte von der rechten auf die linke Seite in seinem Mund, das konnte jeder deutlich sehen. Und Schornstein ist ja auch wirklich ein Name zum Lachen, und eigentlich hieß Schornstein ja auch gar nicht Schornstein, sondern Feger, jedenfalls mit Familiennamen, mit Vornamen hieß er eben Schornstein. Das aber ist sicher, sagte Heinis fette Schwester Marlene, Elfie und Schornstein hatten den Fisch nicht weggenommen. Wie sollten sie auch so schnell in Maler Gradestrichs Küche kommen, und warum sollten sie einen Fisch stehlen, wo doch Schornstein noch nie in seinem Leben einen Fisch gegessen hatte, einfach weil er sich nichts daraus machte. Und Elfie aß nur Schokoladenfische ohne Schuppen. Ich werde mit euren Eltern sprechen müssen, sagte Maler Gradestrich, und er warf sich in seine bunte, bekleckerte Hemdbrust, daß die Terpentindüfte durch das ganze Viertel wehten.

An dieser Stelle machte Heinis fette Schwester Marlene eine Pause, weil Herbert Selbertun plötzlich Gesichtsverrenkungen machte, denn sein Kaugummi hatte sich wieder einmal quer geklebt, und er hatte ungeheuer zu tun, um es vom Gaumen herunter wieder zwischen die Zähne zu bekommen. Soll ich den Doktor holen? fragte Heinis fette Schwester Marlene, aber Herbert gab durch andere Gesichtsverrenkungen zu verstehen, daß das nicht nötig sei, und auch Manni und Gitta Kannichschon meinten, ein Doktor könne da auch nicht helfen, weil es solche Instrumente, also Kaugummivomgaumenherunterholzangen, gar nicht gibt, das weiß ich ganz genau, sagte Gitta, denn meine Tante Lucie hat schon mal von einem ähnlichen schweren Fall in ihrer Nachbarschaft erzählt, und der war wirklich sehr schwer, weil das Kaugummi ein Superkaugummi war, mit dem man allerhand Supersachen machen konnte, zum Beispiel konnte man damit Löcher werfen und Kirchtürme zum Wackeln bringen, wenn ihr wißt, was ich meine.

Inzwischen war Herbert Selbertun mit seinen Gesichtsverrenkungen fertig, und sein Kaugummi wanderte wieder

friedlich zwischen den Zähnen umher. Nun wurde Heinis fette Schwester Marlene wieder ganz aufgeregt, denn kaum war der Maler Gradestrich wieder in seine Küche zurückgekehrt, mußte er feststellen, daß nun auch die beiden anderen Fische verschwunden waren. Zuerst wollte er vor Schreck umfallen, aber dann hat er es sich anders überlegt und sich erst einmal hingesetzt, den Kopf in die Hände gelegt und ein bißchen geschluchzt.
Bei dem Wort schluchzen wurde es Heinis fetter Schwester Marlene ganz mulmig, aber sie zog die Nase hoch und sagte, daß der Maler Gradestrich insgesamt nur sechs Sekunden geschluchzt habe, was ja wirklich nicht viel ist. Er hatte auch gar keine Zeit zum groß Schluchzen, denn kaum hatte er richtig angefangen zu schluchzen, da klingelte es, und als der Maler Gradestrich die Tür aufgemacht hatte, da stand da Frau Grutzke und sagte, der Maler Gradestrich solle ihre Katze nicht dauernd mit teuren Fischen vollfüttern. Na, und da fiel der Maler Gradestrich der Frau Grutzke um den Hals, so daß sie sich gleich wieder Hoffnung machte, weil sie doch schon lange Witwe war und den Maler Gradestrich gern geheiratet hätte. Für ihn aber war die Welt wieder erklärbar, und das ist für einen Künstler sehr wichtig.
Habt ihr die Geschichte kapiert, fragte Heinis fette Schwester Marlene. Nööö, sagte Herbert Selbertun, war ja nur eine Geschichte, und er zog sein Kaugummi ganz lang und machte es an der Sonne fest, die jetzt ganz tief stand.

Barbara Frischmuth

Eine Ente für den Ignaz

Anna war sechs Jahre und drei Monate alt. Sie ging zur Schule, was ihr einen Tag Spaß machte und einen Tag nicht, wie es gerade kam. Sie hatte auch Freundinnen, mehrere gute und zwei beste. Einen Tag war Karin ihre beste Freundin und einen Tag Michaela, wie es gerade kam. Ein Problem aber hatten sie alle drei und das schon seit mehreren Tagen: Ihre Zähne hatten zu wackeln begonnen. Da saßen sie nun auf dem Balkon von Annas Wohnung und hielten mit den Fingern ihre Ignaze und fanden nicht den Mut, so fest daran zu ziehen, daß sie herauskämen. Es sah komisch aus, wie sie so dasaßen, als hätten sie wunder was zu beratschlagen, und dabei an ihren Zähnen herumzupften, manchmal auch ein bißchen zuckten, so als wollten sie sich den Ignaz mit einem plötzlichen Ruck herausreißen, ohne daß sie es richtig merkten.

»Mein Vater will mich zum Zahnarzt schicken«, sagte Michaela.

»Das ist noch schlimmer als das, was meiner sagt«, rief Karin.

»Was sagt er denn?« fragten Michaela und Anna gleichzeitig.

»Er sagt, daß er einen Zwirnsfaden um meinen Zahn wickeln will, das andere Ende will er an der Türklinke festbinden, und dann … dann will er die Tür zuschlagen, sagt er.«

»Ach das«, meinte Anna, »das ist die alte Methode. Sie behaupten alle, daß sie ihre ersten Zähne auf diese Weise losgeworden wären.«

»Und …«, fragte Karin, »… was sagen sie zu dir? Was wollen sie mit deinem Ignaz machen?«

Anna wackelte ein paarmal vorsichtig mit ihrem Ignaz, wie um sich zu vergewissern, daß er noch dran war. »Ich soll ihn mir selbst herausreißen«, sagte sie. »Einfach so, anziehen und herausreißen. Und wenn ich ihn mir selbst herausgerissen habe, sagt Onkel Karl, dann bekomme ich von ihm eine Ente.«

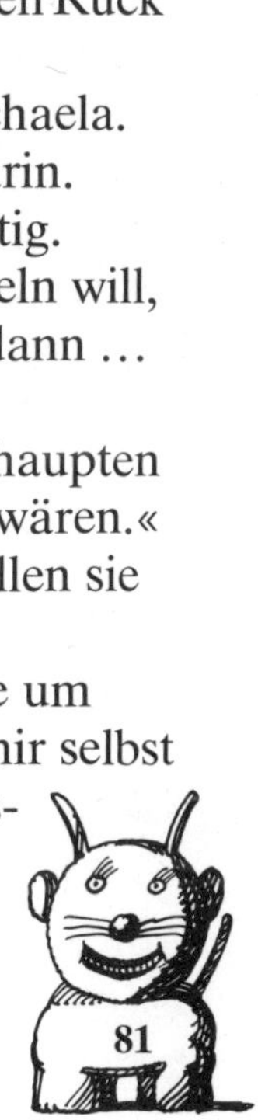

»Eine Ente?« Michaela und Karin fingen zu lachen an. »Eine Ente, eine Ente …«, riefen sie immer wieder. »So ein Baby! Sie kriegt eine Ente. Ein süßes kleines Plastikentchen für Anna … das kann sie in die Badewanne mitnehmen …!«
Anna würdigte ihre beiden abwechselnd besten Freundinnen keines Blicks und sagte nur mit einem eiskalten Lächeln, daß davon keine Rede sei, sondern daß sie eine lebendige Ente bekommen würde, eine, die hier auf diesem Balkon, so wahr sie alle hier säßen, leben und in einem Schaff schwimmen würde.
Und als die beiden endlich begriffen hatten, sagten sie nur noch: »Also dann los! Worauf wartest du noch?« Und zu ihrer Ehre muß gesagt werden, daß sie nach Kräften geholfen haben, als Anna sich ihren Ignaz herausriß, denn sie wollten auch mit der Ente spielen, wenn es wahr war, was Anna gesagt hatte.
»Gut«, sagte Onkel Karl, als er am Abend nach Hause kam und Anna ihren Ignaz auf den Tisch legte, ohne viel dazu zu sagen. »Hast du dir schon überlegt, was für eine Ente du haben willst?«
»Eine lebendige«, sagte Anna laut und deutlich.
»Das weiß ich.« Onkel Karl ging ans Bücherbrett und suchte nach einem bestimmten Buch. »Aber was für eine Art von Ente?«
Anna hatte sich darüber noch keine Gedanken gemacht. Für sie war eine Ente eine Ente, und sie hatte auch eine ungefähre Vorstellung davon.
»Zum Beispiel eine Stockente, eine Krickente, eine Knäkente, eine Pfeifente, eine Spießente oder eine Kolbenente …«, und er hielt ihr das Buch hin, in dem alle diese Enten abgebildet waren. Anna war verwirrt und starrte in das Buch mit den vielen Enten.
»Oder eine Tafelente oder eine Marmelente oder eine Bergente oder eine Reiherente oder eine Schellente oder eine Eiderente oder eine Eisente oder eine Brandente oder vielleicht einen Zwergsäger?«
»Zwergsäger …«, sagte Anna. Besser gesagt, sie wiederholte staunend einen Namen, den sie zum erstenmal gehört hatte.
»Also einen Zwergsäger«, sagte Onkel Karl, »da kannst du nur hoffen, daß das Jahr recht kühl wird, denn wie es

ihm zu warm wird, fliegt er wieder fort, und außerdem mußt du täglich genügend kleine Fische, Wasserinsekten, Krebstiere und Mollusken herbeischaffen, um ihn bei Appetit und guter Laune zu halten.«
»Oder eine Brandente«, sagte Anna, der der schöne, leuchtend rote Schnabel und der schwarzglänzende Kopf auf dem Bild aufgefallen waren. »Die sieht wunderschön aus.«
»Gesetzt den Fall«, sagte Onkel Karl, »daß du ihr genügend Salz- oder Brackwasser mit Tang und kleinen Meerestieren versetzt zur Verfügung stellst.«
»Oder einfach eine Krickente«, sagte Anna, denn auch die Krickente hatte eine hübsche grüne Binde über den Augen und einen braunen Kopf, der zu dem gestreiften und gepunkteten Gefieder recht vornehm aussah.
»Ach ja«, sagte Onkel Karl, »die paar Wasserpflanzen, Schnecken und Würmer jeden Tag wirst du schon beschaffen können. Schwierig wird es erst im Winter, aber bis dahin ist noch Zeit.«
»Bring sie nicht ganz durcheinander«, sagte Annas Mutter zu Onkel Karl. »Sie ist schon zu müde zum Essen.«
Und wirklich, zwischen Hauptspeise und Nachtisch wäre Anna beinah eingeschlafen. Plötzlich sah sie sie alle vor sich, die Stockente, die Krickente, die Knäkente, die Pfeifente, die Spießente, die Kolbenente, die Tafelente, die Marmelente, die Bergente, die Reiherente, die Schellente, die Eiderente, die Eisente, die Brandente und sogar den Zwergsäger, und alle Enten wollten eine Konferenz zur Vereinigung der Entenvögel einberufen, und irgendeine der Enten schlug vor, auch die außereuropäischen Entenvögel einzuladen, was aber von der Brandente abgelehnt wurde, wahrscheinlich hatte sie Angst, daß eine der außereuropäischen Enten noch prächtiger gefärbt sein könne als sie selbst, und das hätte sie um keinen Preis ertragen. Und dann redeten alle Enten aufeinander ein und wollten sich gegenseitig ihre besonderen Vorzüge und Eigenschaften, vor allem aber die Vorteile der Art von Nahrung, die sie bevorzugten, einreden und klarmachen, und Anna

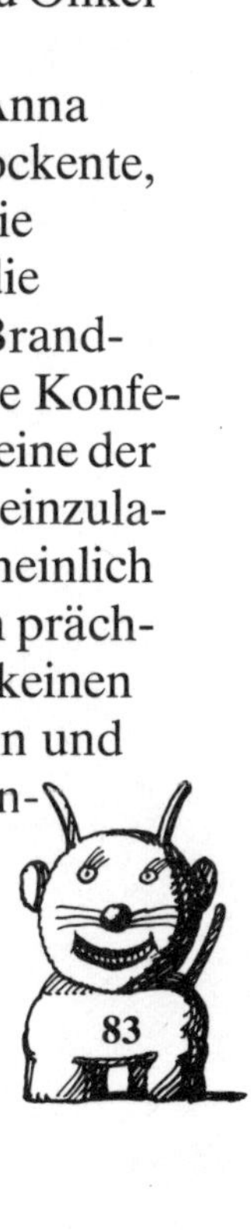

fuhr mit einem Schrei aus dem Halbschlaf. Dabei brachte sie mit dem Löffel, den sie im Mund vergessen hatte, und zwar genau an der Stelle, an der der Ignaz gesessen war, den nächsten Zahn zum Wackeln.
»Ich will eine Ente«, rief sie ganz laut, so daß ihre Mutter und Onkel Karl, die sich gerade ums Fernsehprogramm stritten, heftig erschraken. »Ich will eine Ente«, rief Anna noch einmal, »eine ganz gewöhnliche Ente. Keine Stock-, keine Krick-, keine Knäk-, keine Pfeif-, keine Spieß-, keine Kolben-, keine Tafel-, keine Marmel-, keine Berg-, keine Reiher-, keine Schell-, keine Eider-, keine Eis- und keine Brandente und auch keinen Zwergsäger, sondern bloß eine Ente, die Körner frißt und in einem Schaff schwimmt.«
»Ist ja gut«, sagte Onkel Karl, »für etwas wird man sich doch wohl entscheiden müssen.« Und Anna wurde von ihrer Mutter zu Bett gebracht.
Am nächsten Tag aber schwamm wirklich eine kleine gelbe Ente in dem Wasserschaff auf dem Balkon und quakte. Und Anna konnte, wie sehr sie auch darüber nachdachte, nicht herausfinden, was für eine Ente es war, denn in dem Buch waren nur die ausgewachsenen Entenvögel abgebildet gewesen. Und wie sehr Anna ihre kleine Ente auch liebte, sie konnte es nicht lassen, Tag für Tag die seltsamsten Vermutungen anzustellen.

Herbert Heckmann

Pit kommt zu einem Hund

it hatte eine Zahnlücke und konnte über die Schulmauer spucken, einen Handstand machen und bis 50 unter Wasser bleiben, wenn man sehr schnell zählte. Pit war das, was Erwachsene eine Katastrophe nennen. Sie wagten kaum dorthin zu schauen, wo Pit gerade stand. Eigentlich stand er gar nicht, sondern balancierte auf einem Bein und juckte sich.
»Was hast du nur?« fragten sie.
»Ich habe Ungeduld«, erwiderte Pit. Er haßte Antworten und fragte lieber selbst, so daß sein Vater sagte: »Ich bin kein wandelndes Lexikon.«
»Was ist ein Lexikon?«
»Wo das drinnen steht, was du nicht weißt.«
»Das muß aber ein dickes Buch sein.«
Pit war das einzige Kind eines einzigen Vaters und einer einzigen Mutter. Er ging in die zweite Klasse der Volksschule und konnte ein Ei malen, daß jedes Huhn vor Neid erblassen mußte. Schon sehr lange wünschte er sich einen Hund, und zwar einen richtigen mit richtigen Zähnen. Frau Besen, die zwei Stockwerke tiefer wohnte, hatte einen Hund, der Caesar hieß und beinahe ein Pudel war. »Das ist kein Hund, sondern ein Kopfkissen«, sagte Pit. Auch sah er Frau Besen sehr ähnlich. Daraufhin nannte Pit sie Tante Caesar. Ob sie auch bellen kann?
»Wie willst du denn einen Hund ernähren?« fragte die Mutter.
»Ach, der frißt sich schon durch.«
»Und wenn wir verhungern?«
»Dann geht der Hund für uns auf die Jagd.«
Pit bettelte und bettelte. »Wenn ich doch einen Hund hätte, wenn ich doch, wenn ich.«
Pit, der tagsüber keine Furcht kannte, zitterte jede Nacht

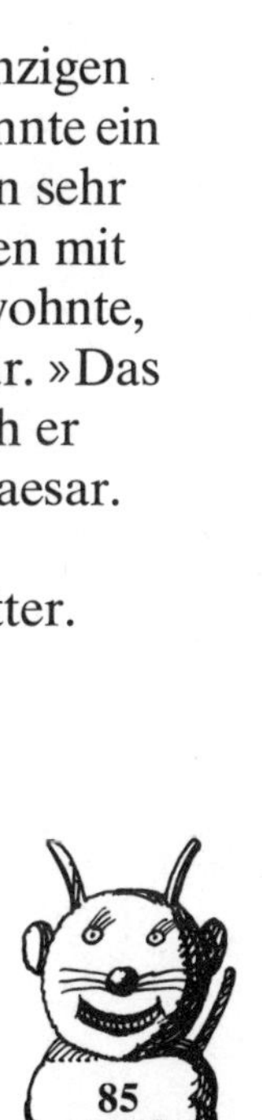

vor Angst. Eine Schar kleiner Männchen hüpfte auf seiner Bettdecke umher, starrte ihn grimmig an und streckte ihm die Zunge heraus. Pit schloß die Augen, aber die Männchen gingen nicht weg.
»Verschwindet!« schrie er, und die Mutter rannte besorgt in sein Zimmer.
»Was fehlt dir?«
»Hier sind kleine Männchen.«
»Wo?« fragte die Mutter.
»Die kann nur ich sehen.«
Die kleinen Männchen kamen jede Nacht. Pit machte kein Auge zu. »Ich brauche einen Hund. Der frißt sie auf.«
Der Vater jedoch hatte einen besseren Einfall. Er hängte das Bild eines dicken Polizisten über das Bett seines Sohnes und sagte: »Wenn sie wiederkommen, wird sie der Polizist verhaften.« Aber Pit hängte das Bild wieder ab und warf es in die Mülltonne. Als ihn sein Vater fragte, ob die kleinen Männchen wieder dagewesen wären, erwiderte Pit: »Ja, sie haben den Polizisten verhaftet. Ich muß einen Hund haben.«
»Wir haben keinen Platz in der Wohnung.«
»Ach, Paps, der Hund kann in meinem Bett schlafen.«
»Da kriegst du Flöhe.«
»Die schenke ich weiter.«
Pit bekam keinen Hund, er sah auch keine kleinen Männchen mehr, aber dafür träumte er von Hunden, die so groß waren, daß, wenn sie bellten, die Schule zusammenstürzte. Aber wie das so ist, man wünscht sich etwas mit aller Macht, und gerade in dem Augenblick, in dem man den Wunsch schon fast vergessen hat, geht er in Erfüllung. Genauso erging es Pit. Eines Mittags, als die Uhren zwölf schlugen, traf Pit auf der Straße einen herrenlosen Hund, bei dem er nicht sicher war, ob der Kopf vorne oder hinten saß. Er war ein langhaari ger Hund, größer als ein Dackel und kleiner als ein Pudel. Pit pfiff auf den Fingern, und der Hund hob den Kopf, überraschenderweise dort, wo Pit den Schwanz vermutet hatte.
»He!« schrie Pit, aber er hätte wissen müssen, daß Hunde

nicht reden können. Der Hund hob für einen Augenblick die haarigen Ohren und bellte. Es war die schönste Stimme, die Pit je bei einem Hund gehört hatte. Er ging vorsichtig auf das Tier zu und streckte seine Hand aus. Sofort begann der Hund mit dem Schwanz zu wedeln – oder war es der Kopf? Pit wußte immer noch nicht, wo der Kopf und wo der Schwanz saß. Erst als der Hund nach seiner Hand schnappte, wußte er Bescheid. »Du Feigling!« schrie er, meinte aber sich selbst.
Als er mit zitternden Knien weiterging, sah er über seine Schulter hinweg, wie ihm der Hund folgte: Wenn er stehenblieb, blieb auch der Hund stehen. Das Schauspiel wiederholte sich, bis sie vor die Haustür gekommen waren.
»He!« sagte Pit, und der Hund bellte nicht mehr. Er trottete hinter Pit die Treppe hoch und schnupperte an den Stufen.
»Wo hast du den Hund her?« fragte die Mutter.
»Wir sind uns auf der Straße begegnet«, antwortete ihr Sohn und streichelte den Hund, der es ruhig geschehen ließ.
»Der geht ja rückwärts«, rief die Mutter verwundert aus.
»Nein, der tarnt nur seinen Kopf.«
»Wie heißt er denn?«
»Struwwelpaul.«
»Warum nicht Struwwelpeter?«
»Den gibt's schon.«
Der Vater war höchst erstaunt, als er nach Hause kam und auf seinem Sessel ein neues Kissen fand, das gar beißen konnte.
»Das ist Struwwelpaul«, erklärte Pit und spreizte die Beine.
»Und wer ist das?«
»Das ist mein Hund.« Der Vater ließ sich nur schwer bewegen, Struwwelpaul wenigstens für eine Nacht dazubehalten.
Nicht länger.
»Wenn irgend etwas passiert, trägst du die Schuld«, sagte er, und noch in derselben Nacht geschah sehr viel. Struwwelpaul sollte auf einer Matte im Gang schlafen. Er dachte aber nicht daran und jaulte, bis ihn der Vater ins Bad sperrte. Dort

sprang Struwwelpaul in die Badewanne und kam nicht mehr heraus. Ein wütendes Gekläff schallte durch die Wohnung. Der Vater stürzte mit wehendem Nachthemd herbei und befreite Struwwelpaul aus einem Handtuch, in das er sich verbissen hatte. »Ich werfe ihn auf die Straße.«

Pit schlich aus seinem Zimmer zu der Stätte des Unheils, wo ihn der Hund schwanzwedelnd begrüßte. »Ich nehme ihn in mein Zimmer.« Der Vater hatte schon die Wohnungstür geöffnet.

»Er ist doch fremd hier«, klagte Pit. Der Vater schimpfte noch eine Weile, dann ließ er seinem Sohn den Willen. Struwwelpaul folgte Pit mit hängenden Ohren. Wer jedoch glaubt, damit wäre alles gut gewesen, irrt sich sehr, denn kaum waren die beiden im Zimmer, sang Struwwelpaul ein Schlaflied, daß selbst Caesar aufgeweckt wurde – und das wollte was heißen. Pit hatte einmal gehört, daß der Mond die Hunde zum Gesang verleite – und er zog den Vorhang noch fester zu, aber Struwwelpaul mußte den Mond in den Knochen spüren, er bellte aus Leibeskräften. Pit wollte ihm die Schnauze zuhalten, ergriff jedoch in der Hast den Schwanz, und das Bellen wurde noch lauter. Die Mutter riß die Tür auf und sah, wie sich ihr Sohn mit dem Hund auf dem Boden wälzte.

»Ich glaube, er ist ein Mondanbeter«, sagte Pit atemlos und stand auf. Struwwelpaul kroch unters Bett und knurrte. Auch diesmal setzte sich Pit mit Erfolg für seinen Freund ein. »Jetzt ist er muckshundestill. Hörst du, er schläft schon.«

Was aber wie ein Schnarchen klang, waren die Geräusche, die Struwwelpaul beim Zerreißen der Schuhe machte, die Pit jeden Abend unters Bett stellte. Für sie kam jede Hilfe zu spät. Pit knipste das Licht aus und hoffte, daß sich Struwwelpaul in der Dunkelheit beruhigen würde. Er sprang ins Bett und lauschte. Ein Knurren, Reißen und Kratzen ertönte. Wieder sprang Pit auf. Diesmal waren es seine Hose und sein Hemd, die in Fetzen herumlagen. Struwwelpaul hockte auf allen vieren da und schaute Pit aus halb verdeckten Augen an. Er schien glücklich zu sein, sehr glücklich.

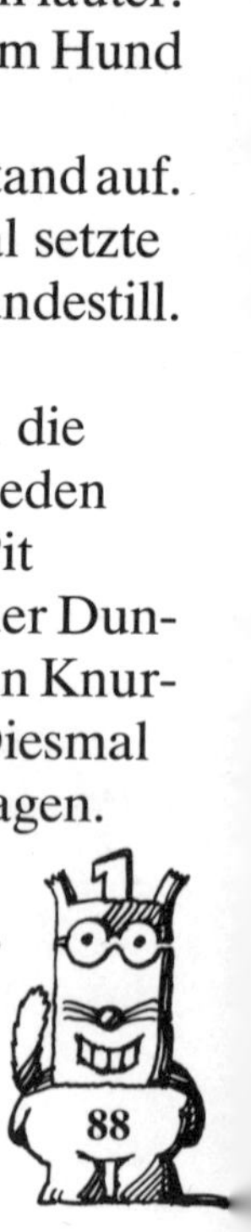

»Wahrscheinlich hat er noch Hunger«, dachte Pit und schlich in die Küche, um ein Stück Brot zu holen. Als er zurückkam, lag Struwwelpaul im Bett. Sein Fell zitterte behaglich. Pit kroch neben ihn unter die Bettdecke und versuchte seinen Nachbarn aus dem Bett zu stoßen. Struwwelpaul stemmte die Pfoten auf. So konnte das nicht weitergehen, aber es ging so weiter. Pit schlief erschöpft ein, neben ihm rumorte der nach Straße stinkende Struwwelpaul, der erst dann einschlief, als er das Federbett aufgerissen hatte, so daß die Federn im Zimmer herumflogen.
Am nächsten Morgen schloß Pit gleich wieder die Augen, als er das Unheil sah. Struwwelpaul schlief am Fußende und hatte eine Pfote über den Kopf gelegt. Pit schlug die Augen zum zweiten Male auf, aber noch immer hatte er nicht den Mut aufzustehen. Struwwelpaul hatte seinem Namen Ehre gemacht, das ganze Zimmer war zerstruwwelt. Als die Mutter ihren Sohn wecken wollte, schrie sie auf und taumelte zurück.
»Was ist denn hier geschehen?«
»Struwwelpaul hat nach einem Schatz gegraben«, stammelte Pit, der sich nicht sehr wohl in seiner Haut fühlte.
»In deiner Hose?« fragte die Mutter.
»Überall.«
Der Vater stürmte mit Rasierseife auf der Wange in das Zimmer.
»Ich zähle bis drei, wenn dann der Hund nicht verschwunden ist, geschieht ein Unglück.«
Aber Struwwelpaul konnte nicht zählen und gähnte. Er hatte ein weißgefiedertes Fell, jedoch machte der Vater nicht viel Federlesens und jagte ihn auf die Straße.
Pit mußte in seinem Sonntagsstaat in die Schule gehen. Als er wieder nach Hause kam, saß Struwwelpaul vor der Tür und wedelte mit dem Schwanz.
»He!« schrie Pit entgeistert. »Wenn ich dich mit hochnehme, geht es uns schlecht.« Struwwelpaul verstand die menschliche Sprache immer noch nicht und schlich sich hinter seinem Freund die Treppe hoch. Er wich Pit nicht von der Seite.

»Da siehst du, er ist mein Freund.«
»Aber so viele Hemden und Hosen haben wir gar nicht, um ihn satt zu füttern«, sagte die Mutter.
Mit der Zeit gewöhnte sich Struwwelpaul auch an Hundekuchen und Knochen. Schließlich ging sogar der Vater mit ihm spazieren.
Pit hatte endlich einen Hund.
»Ihr müßt beide zum Friseur«, sagten die Leute auf der Straße.
»Wir tarnen uns«, erwiderte Pit, der Struwwelpaul sehr ähnlich geworden war, und konnte vor Stolz kaum laufen.
(Eine Stehaufgeschichte für Kilian)

Günter Herburger

Helmut in der Stadt

Helmut rechnet. Er sitzt am Tisch und zählt zusammen. In der Mitte des Zimmers baut seine Schwester Susanne ein Schloß.
»Es wird fünfzig Meter hoch«, sagt sie. »Ich brauche noch mehr Kissen.«
Helmut hört nicht hin. Er will unter die Rechnung freihändig einen Strich ziehen, von einem Heftrand zum anderen. Der Füller kratzt. Helmut drückt nicht mehr so fest drauf, ist schon beinahe in der Mitte des Heftes, als seine Hand ausrutscht und im Bogen durch die Zahlen fährt. Susanne hat mit einem Ruck das dünne Kissen weggezogen, auf dem Helmut sitzt.
»Gib das Kissen her«, sagt er.
Susanne legt das Kissen als Dach auf das Schloß. Sie will es nicht mehr hergeben. Helmut sieht auf sein Heft, wo durch die Rechnungen ein dicker Strich mit einem Kringel hintendran geht, der wie ein Schweineschwanz aussieht. Helmut steht auf und haut mit dem Fuß ein paar Mal in die Kissen, daß das ganze Schloß zusammenstürzt.
»Das darfst du nicht tun!« schreit Susanne.
Er will zum Tisch zurück, doch Susanne klammert sich an seinen Arm und beißt ihn in die Hand. Dann läßt sie los. Die kleinen, roten Bißeindrücke tun weh, doch Blut kommt keines. Helmut holt aus und schlägt Susanne mitten ins Gesicht.
»Heul bloß nicht«, sagt er. »Du hast mir meine Rechnungen kaputtgemacht, ich muß die ganze Seite neu schreiben.«
Er sieht sich nicht nach ihr um, sondern geht zum Tisch zurück. Dabei hört er, daß Susanne aufschluchzt und zur Tür hinausrennt. Gleich darauf beginnt draußen der Motor des Aufzugs zu arbeiten.

»Susanne!« ruft Helmut. »Komm sofort zurück!«

Er rennt auch hinaus und das enge Treppenhaus hinunter. Helmut wohnt im fünften Stock eines Hochhauses in der Nähe der Hauptstraße. Unten haben seine Eltern einen Wäscheladen. Im zweiten Stock holt er den Lift ein. Die Tür steht offen, Susanne ist nicht mehr im Aufzug. Helmut horcht, hört keine Schritte im Treppenhaus, also muß sie im Laden sein. Er geht hinein. Hinter einer Vitrine versteckt, sieht Helmut sich um. Die Vorhänge an den Umkleidekabinen sind alle zugezogen. Eine Hand reicht einen Bademantel heraus, den seine Mutter nimmt und zu einem Ständer trägt, wo sie einen anderen Bademantel auswählt. Sie dreht Helmut den Rücken zu. Er läuft hinter der Vitrine vor und zur Freitreppe, die in die untere Ladenhälfte führt. »Was macht Susanne?« ruft sein Vater, während Helmut die Treppe herunterkommt.

»Sie baut ein Schloß«, antwortet Helmut. »Alles prima.« Er guckt schnell nach links und rechts, doch Susanne ist nirgends.

»Komm, hol für euch zwei Bratwürste in der Würstelbude«, sagt der Vater. »Oder wollt ihr Schaschlik?«

Er streckt schon den Arm aus und reicht Geld über die Verkaufstheke. Helmut gibt dem Karussell, in dem Strumpfpackungen zur Auswahl stecken, mit der Hand Schwung. Er muß das Geld nehmen, sonst merkt sein Vater, daß Susanne nicht mehr da ist.

»Ja, Schaschlik«, sagt er, »ich bring's ihr hinauf.«

Helmut nimmt die zwei Mark und spurtet zur offenen Ladentür hinaus. Hoffentlich haben sein Vater und seine Mutter viel zu tun, damit sie nicht in die Wohnung hinauffahren und nachsehen, was Susanne macht. Helmut rennt durch die Passage, in der ein Teppichgeschäft ist. Der Hof dahinter steht voll Autos. Er wirft sich auf den Boden und guckt zwischen den Autorädern durch. So kann er sehen, ob sich Susanne irgendwo versteckt hat. Er liegt unter dem Auspuff eines Lastwagens, dann neben einem Personenauto, vor dem Kühler des Transporters vom Kaufhaus nebenan und hinter dem Dreiradlieferwagen, der dem Mann von der Würstelbude über der Straße gehört. Nach allen Richtun-

gen sieht Helmut unter den Autos hindurch, doch Susanne findet er nicht.
Er nimmt seinen Roller, der neben dem Auto seines Vaters parkt, und fährt weg. Draußen schalten gerade die Ampeln auf Rot, so daß er über die Zebrastreifen kann. Er kurvt zwischen den Leuten und rammt seitlich die Einkaufstasche einer Frau. Sie beginnt zu schimpfen, doch er dreht sich nicht um. An der Ecke von der Drogerie stoppt er und schleppt seinen Roller die Treppe zur Einkaufsstraße hinunter. Dort stand lange Zeit ein Automat für Zuckerwatte mit einem Mann, der auf einem Auge blind war. Helmut schlängelt sich zwischen den Leuten durch bis zum Automaten, doch Susanne ist nicht da. Er schaut noch ins Fischgeschäft und hält auch beim Fruchtstand. Hier herum war er oft mit Susanne.
»Helmut, du Flasche!« hört er jemanden rufen.
Das ist Sigi, der auch einen Roller mit Gummirädern und einer Fußbremse hat. Helmut erzählt Sigi, daß er seine Schwester suchen muß.
»Die kriegen wir bestimmt«, sagt Sigi und fährt los, Helmut hinterdrein. Neben der Einfahrt zur Tiefgarage beim Rathaus ducken sie sich hinter einer Steinbrüstung und warten, bis die Ampel auf Grün schaltet. Dann schleichen sie sich geduckt hinter einem Auto weiter, das vor dem Zahlschalter steht. Die Frau, die in dem Glashäuschen sitzt und die Billetts für die Tiefgarage ausgibt, kann sie nicht sehen. Jetzt müssen sie schneller als das Auto sein. Und hintereinander jagen sie auf ihren Rollern in die Garage hinunter, legen sich in die Kurve und sind weg. Oben hupt das Auto.
Die nächste Kurve ist steiler, Helmut muß bremsen. Vor ihm schwenkt Sigi in das erste Stockwerk hinein, in dem Autos parken. Als ein Onkel auf Besuch da war, der hier sein Auto abstellte, durfte Susanne oft mit in die Tiefgarage fahren.
Sigi und Helmut rollern an den Boxen entlang und suchen. Über ihnen donnern Autos die Rampen hinauf und hinunter.
»Susanne!« ruft Helmut. »Susanne!«
»He ihr!« schreit ein Mann. »Raus da!«

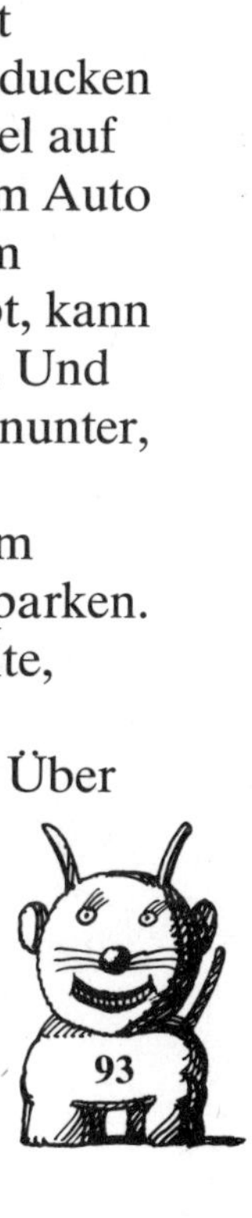

Helmut guckt sich schnell um und sieht an der Auffahrt einen Mann stehen, der zu laufen beginnt, direkt auf sie zu. Sigi läßt seinen Roller fallen und springt weg. Helmut nimmt Schwung, fährt zwischen zwei Autos durch zur nächsten Parkreihe und dahinter wieder Richtung Ausgang. Auf der anderen Seite der Autos läuft der Mann. Jetzt bleibt er stehen und kann sich nicht entscheiden, ob er Sigis Roller aufheben oder Helmut folgen soll. Helmut fährt schnell, stößt sich immer wieder mit dem linken Fuß ab und umklammert den Lenker. Dann ist er an der Auffahrt und stoppt. Der Mann läuft nun auch in dieser Richtung, während ganz hinten Sigi seinen Roller aufhebt. Helmut beginnt, seinen Roller die Auffahrt hinaufzuschieben. Er muß sich an die Wand drücken, weil ein Lieferwagen vorbeifährt. Helmut nimmt alle Kraft zusammen, springt, so schnell er kann, erwischt ein Stück Plane, das von dem Lieferwagen hängt, und läßt sich mitziehen. Er kann nur mit einer Hand lenken, was ziemlich schwierig ist. Aber er fährt bequem hinter dem Auto die Rampe hinauf. Bei Zwischengas qualmt neben ihm der Auspuff stärker, er muß husten.

Oben am Schalter legt Helmut die zwei Mark hin, die ihm der Vater gegeben hat. Die Frau in dem Glashäuschen versteht nicht, was er will, fragt ihn, wie er in die Tiefgarage gekommen sei.

»Ich will bezahlen«, sagt Helmut.

»Halt, stehenbleiben!« ruft der Mann, der ihn verfolgt und jetzt schnaufend die Rampe heraufkommt. »Was hast du da unten getan?«

»Ich habe geparkt«, sagt Helmut, »und nun zahle ich dafür.«

»Einen Roller parken kostet nichts«, sagt die Frau am Schalter.

»Alles kostet was«, sagt Helmut.

»Ich will wissen, was du da unten gemacht hast«, sagt der Mann. »Kinder haben in einer Tiefgarage nichts zu suchen.«

Und während sie alle durcheinandersprechen, sieht Helmut, daß Sigi sich mit seinem Roller hinter dem Lieferwagen vorbeischleicht und dann in die Einkaufsstraße hineinfährt.

»Da ist ja der andere!« ruft der Mann neben Helmut. Doch es hat keinen Zweck mehr, ihm nachzulaufen, Sigi ist draußen schon zwischen den Leuten verschwunden.
»Kann ich mitkommen?« fragt Helmut den Fahrer des Lieferwagens. »Ich hab's eilig.«
»Ich auch«, sagt der Fahrer, »steig hinten ein.«
Helmut stemmt seinen Roller hoch und will ihn auf den Lieferwagen werfen, doch er ist zu schwach dazu.
»Helfen Sie doch«, sagt der Fahrer zu dem Mann. »Der Junge gehört jetzt zu mir.«
Helmut läßt den Roller fallen, klettert hinten am Lieferwagen hinauf und verschwindet unter der Plane. Und schon kommt der Roller nach, den er zu sich hereinzieht. Der Wagen fährt an. Da steht der Mann, der immer noch nicht weiß, was Helmut in der Tiefgarage wollte, und macht ein breites Gesicht. Die Frau im Glashäuschen winkt. Helmut will zurückwinken, doch er wird in eine Ecke geschleudert, weil der Wagen eine scharfe Kurve nimmt.
Helmut hält sich fest und schaut hinten unter der Plane hinaus. Sie fahren am Rathaus vorbei, dann am Bahnhof, gleich darauf beginnt der Stadttunnel, der gelb beleuchtet ist. Danach biegt der Lieferwagen in eine Straße ein, die am Gaswerk vorbeiführt. Jedesmal, wenn Helmut den riesigen Kessel sieht, möchte er gern hinaufklettern und oben sein Zelt aufschlagen. Sein Vater hat ihm erzählt, daß ein Gaskessel größer und kleiner werden kann, je nachdem, wieviel Gas drin ist. Wenn Helmut auf dem Gaskessel wohnen würde, könnte er jeden Tag aus einer anderen Höhe auf die Stadt hinuntersehen. Ein Hochhaus, das man hinauf- und hinunterschrauben kann, gibt es noch nicht. Er will einmal ein solches Haus erfinden. Bei Regen senkt sich das Haus automatisch, bei Sonnenschein wächst es wieder in die Höhe.
Nach zwei Kurven hält der Lieferwagen in einem Hinterhof. Helmut steigt aus und zerrt seinen Roller von der Ladefläche des Autos.
»Ich muß meine Schwester suchen«, sagt er zum Fahrer.

»Wo sind wir?«
»Weit draußen«, antwortet der Fahrer.
»Fahren Sie wieder zurück?« fragt Helmut.
»Ich habe jetzt keine Zeit mehr«, sagt der Fahrer, »meine Schicht ist um. Wenn du durchs Haus gehst, kommst du drüben auf eine Straße. Da ist gleich eine Haltestelle von der Straßenbahn.«
Hinter dem Fahrer schiebt Helmut seinen Roller in das Haus hinein, das wie eine schöne Fabrik aussieht. Plötzlich ist der Fahrer durch eine Tür verschwunden. Helmut stellt sich auf seinen Roller und fährt durch einen langen Korridor. Vielleicht hat die Fabrik einen unterirdischen Gang bis zur Stadtmitte. An der Decke des Ganges hängen dicke und dünne Röhren. Das Haus könnte auch ein Heizwerk sein, wie es der Vater einmal beschrieben hat. Die ganze Stadt sei von kleinen Tunnels durchzogen mit verschiedenen Rohren darin. Die einen sind für Wasser, in anderen kommt heißer Dampf von der Fernheizung zu Häusern, die daran angeschlossen sind, und dann gibt es noch dünne Röhren für Telefonkabel.
Mit Schwung fährt Helmut durch eine Pendeltür, die am Ende des Ganges gerade aufschwingt.
»Vorsicht!« hört er rufen.
Ein Koch zieht einen Karren vorbei, auf dem Blechkannen stehen. Dann wird Helmut von einem Mann gerempelt, der ein großes Fleischstück auf der Schulter trägt. Helmut will ausweichen, kann aber nicht recht sehen, denn überall dampft es. Vorsichtig fährt er ein Stück zur Seite und hält vor einem Tisch, auf dem Fische liegen. Eine Frau zerschneidet sie mit einem gezackten Messer.
»Die Heringe sind ausgenommen«, sagt sie. »Du kannst sie dem Chefkoch bringen.«
Sie legt die Fische in ein Tuch und knotet es zusammen. Helmut hängt den Fischsack an den Lenker seines Rollers.
»Wo ist der Chefkoch?« fragt er.
Die Frau zeigt zum Herd und auf einen Mann, der die höchste Mütze aufhat. Bevor sie fragen kann, warum Helmut den Chefkoch nicht kenne, ob er hier neu sei, ist Helmut

schon losgefahren. Er rollert an zwei Salatschüsseln vorbei und macht einen Bogen um eine Schälmaschine, aus der Wasser schießt und Kartoffeln in einen Eimer fallen. Dann muß er sich unter Würsten bücken, die zwei Männer auf einer Stange vorbeitragen. Er fährt weiter, muß bremsen, reißt seinen Roller herum und streift gerade noch einen Puddinghaufen, der auf dem Boden liegt und den ein Junge in einen Abfallkübel löffelt. Vor dem Chefkoch hält er.

»Die Heringe sind da«, sagt Helmut.

Der Koch nimmt den Sack und schüttet die Fische in einen Topf voll heißem Wasser.

»Und wo ist der Senf, die Milch und der Dill für die Soße?« fragt er.

»Moment«, sagt Helmut.

Er fährt zur Fischfrau zurück und richtet ihr aus, was noch fehlt. Die Frau stellt einen Senftopf und zwei Flaschen Milch in einen kleinen Plastikeimer, den Helmut wieder an den Lenker hängt. Die fünf Büschel Dill, die er noch dazubekommt, behält er in der Hand. Diesmal fährt er zum Herd zurück eine Abkürzung. Er kommt an einem elektrischen Dampftopf vorbei und einem Suppenkessel mit automatischem Rührwerk.

»Jetzt habe ich alles für die Soße«, sagt er zum Chefkoch.

»So einen wie dich könnte ich immer brauchen«, sagt der Koch.

»Ich habe dich in der Küche noch nie gesehen.«

»Für wen kochen Sie?« fragt Helmut.

»Wir sind ein Hotel«, sagt der Koch. »Hier kannst du alles kriegen, was man sich an Speisen ausdenken kann. Willst du nicht hierbleiben?«

»Ich muß weiter«, sagt Helmut. »Wo geht's zur Straßenbahn?«

Der Chefkoch zeigt ihm den Weg und gibt ihm noch ein gebratenes Schnitzel mit. Essend und mit einer Hand lenkend, fährt Helmut durch die Spülküche, wo sich vor den Wasserbottichen die Pfannen und Tiegel türmen. Dann kommt er am Kühlraum vorbei, aus dem Männer Fleisch holen. Der Gang wird

breiter und senkt sich. Helmut muß das Schnitzel zwischen den Zähnen halten und, da sein Roller schneller wird, jetzt mit beiden Händen lenken. Es wird wärmer, der Gang macht einen Knick. Helmut bremst und hält vor einem Backofen.
»Hast du den Quark für den Käsekuchen?« hört er rufen. Bevor er sein Schnitzel aus dem Mund genommen hat und antworten kann, schreit schon ein anderer Bäcker, er brauche noch Bananen und Erdbeeren für die Früchtetorte.
»Weiß ich doch nicht, wo die Sachen sind!« sagt Helmut laut. »Ich kann nichts holen, Kinderarbeit ist verboten. Das weiß doch jeder.«
Die Bäcker drehen sich alle um und gucken ihn an. Bevor einer etwas sagen kann, fährt Helmut schnell zu einem Konditorjungen, der eine Sahnespritze in der Hand hält, um Schnörkel auf eine Torte zu machen.
»Ich möchte jetzt etwas Süßes«, sagt Helmut und legt den Rest seines Schnitzels neben die Torte. »Dafür kriegst du ein bißchen Fleisch.«
»Mach ich«, sagt der Konditorjunge.
Der Konditorjunge stellt sich auf die Zehenspitzen, Helmut legt den Kopf zurück, sperrt den Mund auf und bekommt ihn voll Schlagsahne gespritzt. Er schluckt, kriegt beinahe keine Luft mehr, aber dann ist alles im Magen unten. Die Bäcker um ihn herum lachen.
»Ihr tut mir leid«, sagt Helmut, »ihr könnt immer nur Nachtisch essen.«
Von einem älteren Bäcker erhält er noch eine Handvoll Kuchenteig, den er zu einer Kugel knetet und in die Tasche zu den zwei Mark steckt.
»Es reicht«, sagt er, »ich muß schleunigst weiter.«
Helmut fährt durch einen anderen Gang und kommt neben der Hotelauffahrt durch eine Pforte auf die Straße.
»Wo ist die Straßenbahn?« fragt er den Portier, der neben dem Hoteleingang steht.
»Gerade weg«, sagt der Portier. »Willst du ein Taxi?«

»Zu teuer«, sagt Helmut. »Bitte, helfen Sie mir. Ich muß in die Stadt und meine Schwester suchen. Sie ist allein weg.«
Der Portier geht zum Straßenrand und wartet. Er beobachtet die Autos, die vorbeifahren, die Omnibusse, Lieferwagen und Privatautos. Plötzlich winkt er und pfeift auf einer Trillerpfeife. Ein Betonlastwagen hält. Helmut sieht, daß der Fahrer sich aus dem Führerhaus beugt und mit dem Portier spricht. Sie geben sich die Hand und lachen. Dann winkt der Portier, und Helmut rollert schnell zu ihm hin.
»Das ist er«, sagt der Portier zum Fahrer. »Er muß in die Stadt, nimm ihn mit.«
»Los, einsteigen«, sagt der Fahrer.
Helmut klettert in das Führerhaus hinauf, der Portier reicht den Roller nach. Und schon geht es los. Der Fahrer haut den Ganghebel hinein und gibt Gas, daß alles zittert.
»Da hast du aber Glück gehabt«, sagt der Fahrer. »Der Portier ist mein Schwager. Ich komme jeden Tag zwanzigmal am Hotel vorbei, wenn ich vom Mischwerk zur Baustelle muß.«
Helmut schaut durch das kleine Rückfenster der Kabine. Hinten auf dem Lastwagen dreht sich während des Fahrens langsam die große Betontrommel. Er fragt, warum sie sich immer dreht.
»Der Beton ist schon gemischt«, sagt der Fahrer. »Machen wir im Zementwerk. Das ist billiger als auf der Baustelle. Und damit nichts hart wird, muß sich in der Trommel immer alles bewegen, der Sand, das Wasser, der Kies und der Zement, alles durcheinander.«
Helmut sitzt hoch überm Verkehr. Schon die Räder des Lastwagens sind höher als ein Personenauto. So könnte er immer fahren, Tag und Nacht, über alle Autobahnen bis zum Meer.
Sie kommen am Stadtpark vorbei, dann donnern sie eine Brücke hinauf, die im dritten Stock zwischen Häusern hindurchführt. Man kann durch die Fenster sehen, wie Leute in Büros arbeiten. Helmut wollte hier einmal mit dem Roller fahren, doch ein Polizist hatte ihn aufgehalten und gesagt, daß das verboten sei. Aber jetzt kann es niemand sehen, daß er die Füße auf den Roller

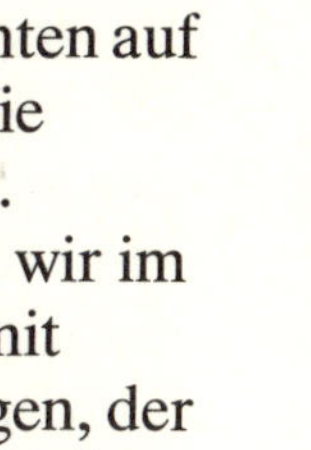

stellt, den Lenker festhält und mitfährt, hoch oben im Führerhaus des Lastwagens.
»Schneller«, sagt er und klingelt, »wir müssen alle überholen.«
Der Fahrer lacht und gibt Gas. Der Motor heult auf, und Helmut beobachtet, wie auf dem Tachometer der Zeiger klettert. Dazu leuchtet ein grünes Lämpchen auf, das den Öldruck angibt. Sie biegen in eine Baustelle ein und halten. Ein schon beinahe fertiges Hochhaus ragt weit über die anderen Häuser hinaus.
Durch Wasserlachen und über Bretter schiebt Helmut seinen Roller. Aus der Trommel des Lastwagens rutscht jetzt der Beton in Loren, die auf Schienen stehen. Helmut paßt genau auf, was passiert. Männer, die blaue Plastikhelme aufhaben, tragen Fensterrahmen aus Aluminium vorbei, die im Hochhaus eingesetzt werden. Ganz oben hängen zwei Arbeiter an Gurten außen an der Wand und montieren sie. Helmut geht zum Lastenaufzug, der an dem Hochhaus hinaufführt.
»Ich suche meine Schwester«, sagte er zu dem Mann, der den Dieselmotor des Aufzuges bedient. »Aber hier ist sie bestimmt nicht. Immer komme ich zu den falschen Plätzen.«
»Wenn du jede Straße absuchen willst«, sagt der Mann, »brauchst du ein paar Wochen. Von oben muß man gucken, da sieht man mehr. Fahr rauf, oben wird gerade das Fernrohr für das Aussichtscafé aufgestellt.«
Aus Freude, daß er hinauf darf, gibt Helmut dem Mann die zwei Mark, die er von seinem Vater hat. Er stellt sich im Aufzug neben eine volle Lore und hält sich fest. Dann gibt es einen Ruck, und er fährt nach oben. Der Mann neben dem Dieselmotor wird immer kleiner. Helmut hat ein bißchen Angst, denn der Aufzug rüttelt in den Führungsschienen hin und her. Wenn er zur Wand guckt und die Stockwerke mitzählt, wird ihm nicht schlecht.
Oben wird die Lore von den Arbeitern aus dem Aufzug gefahren, und dann fließt der Beton in die Verschalungen. Auf dem Dach des Hochhauses entstehen die Wände des Aussichtscafés. Helmut geht zu dem Fernrohr, das schon aufgestellt ist.

Es ist ein Münzfernrohr, durch das einmal die Besucher des Cafés sehen können, über die ganze Stadt und bis in die Berge hinein.
»Ich muß meine Schwester finden«, sagt er zu dem Mann, der an dem Fernrohr herumschraubt.
»Was hat sie für ein Kleid an?« fragt der Optiker.
»Grün«, sagt Helmut. »Susanne ist einfach weggerannt. Ich muß sie unbedingt finden, sonst gibt's Zunder.«
Der Optiker stellt das Fernrohr ein und holt eine leere Kiste, auf die Helmut steigt. Jetzt kann er bequem durch das Fernrohr sehen.
»Mach das linke Auge zu und schau nur mit dem rechten«, hört er den Optiker sagen.
Da sind Häuser, ganz nah, auch der Stadtpark, und Helmut kann sogar einen alten Mann, der auf einer Bank sitzt, genau sehen. Der Alte hat einen Mantel an und ißt eine Brezel. Ein paar Krumen hängen ihm im Bart, der beim Kauen auf der Oberlippe auf- und abruckt. Vielleicht fallen durch diese Bewegung die Brotreste wieder aus den Barthaaren. Helmut stößt das Fernrohr nach links und bekommt das Rathaus in die Linse. Wenn er jetzt noch ein wenig nach unten zielt, rutscht die Hauptstraße ins Auge. Ja, die Autos hintereinander und die Zebrastreifen beim Kaufhaus, er sieht alles ganz nah. Langsam beobachtet er die Hauptstraße hinauf, ob Kinder allein unterwegs sind. Doch er sieht nur ein paar zwischen Eltern, sie werden an der Hand geführt. Ein kleines Kind liegt in einem Tragkorb, den ein junger Vater schleppt, er geht ganz krumm. Es muß ein schweres Kind sein, das Nährspeise bekommt. Vor drei Jahren wurde Susanne auch zu dick davon. Da hat die Mutter gesagt, damit sei jetzt Schluß. Helmut muß lachen, weil er sich vorstellt, was das für eine Schinderei wäre, wenn er Susanne den ganzen Tag in einem Rucksack herumtragen müßte. Er schaut in jede Straße, findet auch den Automaten für Zuckerwatte und die Einfahrt zur Tiefgarage, doch Susanne entdeckt er nicht. Einmal glaubt er Sigi zu sehen, einen Jungen auf einem Roller. Helmut muß vor Freude laut schnaufen und dreht an dem Fernrohr, damit es

schärfer wird. Aber dann bemerkt er, daß der Junge auf einem Roller mit Holzrädern fährt, Sigi hat jedoch einen mit Gummirädern. Plötzlich sieht er fast nichts mehr. Häuser schwanken hin und her, und ein Turm schwimmt vorbei. Alles sieht wie unter Wasser aus. Er umklammert das Metallrohr und stampft ungeduldig auf der Kiste.
»Langsamer das Fernrohr schwenken«, hört er den Optiker sagen, »Sonst verzieht sich das Bild.«
Vorsichtig peilt Helmut über Dächer. Er findet Kamine, Blumen vor Fenstern und daß auf einem Eckhaus zwei Männer das Flachdach teeren. Der heiße Teer dampft aus einem fahrbaren Heiztrog. Helmut schwenkt das Fernrohr behutsam weiter, um den Kran zu finden, der die Teermaschine auf das Haus gehievt hat. Und da sieht er plötzlich sein Haus und oben direkt ins Küchenfenster hinein. In der Küche ist niemand und daneben im Wohnzimmer auch nicht. Er senkt das Fernrohr und beobachtet den Ladeneingang. Er muß ein wenig warten, bis zwei Frauen hineingehen, und dann kommt sein Vater heraus und hilft einem Kunden ein Paket zum Taxistand tragen. Die Eltern arbeiten also noch.
»Das hat keinen Zweck«, sagt er zum Optiker. »Vielen Dank fürs Gucken. Ich habe meine Schwester nicht gesehen.«
Helmut rennt übers Dach und klettert, als gerade niemand hersieht, in eine leere Lore. Er macht sich klein und wartet, bis sie in den Lastenaufzug geschoben wird. Die Mörtelschmiere, die noch den Boden des Karrens bedeckt, reicht ihm über die Knöchel. Und als er in dem eisernen Kasten nach unten saust, drückt es ihn mit dem Rücken an die Wand, während über ihm das Gestänge des Aufzugs immer länger wird. Unten hört er, wie die Lore angekuppelt wird, dann fährt sie ein Stück, und genau unter dem Loch eines Silos hält sie wieder. Gleich wird Zementbrei oder Sand herunterfallen und ihn zudecken.
»Ich will raus!« schreit Helmut. »Ich will raus!«
Ein Arbeiter hört Helmut rufen und zieht den Sperrhebel der Lore, so daß der Ladekasten kippt und Helmut herausfällt.

Alle, die unten auf der Baustelle zu tun haben, laufen herbei. Helmut steht auf und sieht an sich hinunter. Er ist dreckig und naß.
»Abspritzen«, sagt einer.
»Nein, sonst erkältet er sich«, sagt ein anderer.
»Kriegst du oft Husten?« wird Helmut gefragt.
Er schüttelt den Kopf und weiß nicht, ob er weglaufen oder weinen soll. Doch schon wird er hochgehoben und getragen. Der Mann, der den Aufzugsmotor bedient, hat einen Schlauch in der Hand und spritzt Helmuts Schuhe ab. Ein anderer Mann putzt mit einem nassen Lappen Helmuts Rücken sauber. Und dann muß er sich neben einem Kompressor auf ein Brett stellen.
»Halt dich fest!« hört er rufen.
Helmut umklammert die Deichsel des Kompressors, denn von weiter weg richtet einer den Schlauch auf ihn. Ein gewaltiger Luftstrom reißt Helmut hin und her. Alles flimmert, und die Luft strömt so schnell an ihm vorbei, daß er kaum atmen kann. Er schnappt wie ein Fisch. Dann hört der Kompressor wieder auf zu arbeiten, und Helmut steht trocken auf der Baustelle. Selbst bis in die Schuhe hinein ist der künstliche Sturm vorgedrungen. Zufrieden bewegt Helmut die Zehen in den Socken.
»So, mein Junge«, sagt der Vorarbeiter, »alles bestens erledigt. Jetzt aber nach Hause.«
Helmut nimmt seinen Roller und fährt, so schnell er kann, vom Bauplatz. Hier, mitten in der Stadt, kennt er sich aus. Durch Seitenstraßen kürzt er ab und kann bald wieder den Roller neben dem Auto seines Vaters parken. Mit dem Lift fährt er nach oben. Im Wohnzimmer liegt Susanne auf dem Tisch und tut, als schlafe sie.
»Mensch, du bist ja da!« ruft Helmut.
»Hast du mich gesucht?« sagt sie. »Ich war im Papierkeller. Da zerreißt eine Maschine alle Kartons vom Laden, und dann werden die Schnipsel gepreßt. Das gibt enorme Ballen. Sie wiegen einen halben Zentner. Hast du das gewußt?«
Damit Susanne besser liegen kann, baut Helmut ihr ein

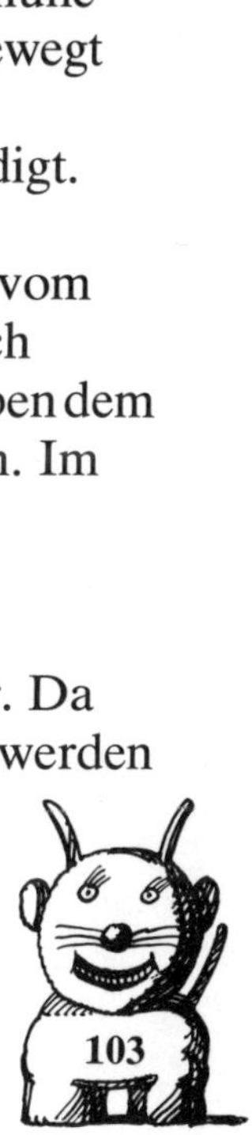

Schloß aus allen Kissen der Wohnung. Sogar die Kopfkissen aus dem Schlafzimmer der Eltern holt er. Die werden die Liegestühle, die im Garten vor dem Schloß stehen. Als Susanne Hunger bekommt, gibt ihr Helmut den Kuchenteig, den er in der Hotelküche geschenkt bekommen hat. Sie ißt ihn ganz auf. Er will bestimmt nichts, ist froh, daß nichts passiert ist.

Und die verschmierten Rechnungen wird er heute abend nochmal schreiben. Das macht ihm nichts aus.

»Ich sage nicht, daß du mir eine reingehauen hast«, sagt Susanne, als sie mit dem Kuchenteig fertig ist.

»Und ich sage nicht, daß du im Keller warst, wo du nicht hin darfst«, sagt Helmut.

Nebeneinander sitzen sie vor dem Kissenschloß in den weißen Liegestühlen und schauen zu, wie überall in der Stadt die Leuchtreklame aufflammt. An ihrem Hochhaus hängt auch eine, die mal rot, mal gelb ins Fenster hereinscheint. Das sind zwei Wetterflugzeuge, die bis in die höchsten Luftschichten aufsteigen und prüfen, ob es wolkig wird oder der Himmel klar bleibt. Immer wenn sie das Kissenschloß überfliegen, drehen sie eine Runde, und die Piloten winken.

Als es ganz dunkel geworden ist, geht Helmut zum Haustelefon und ruft zu den Eltern hinunter.

»Macht den Laden zu«, sagt er, »ihr habt jetzt genug verdient.«

«Wir schließen gerade ab«, sagt der Vater. »Heute gibt's eine Büchse Himbeeren zum Abendessen. Sie ist direkt vor der Haustür von einem Lastwagen gefallen, der vorbeigefahren ist.«

»Prima«, sagt Helmut und hängt auf.

Gleich werden die Eltern heraufkommen, und er und Susanne werden ihnen dann alles erzählen. Wer wie sie den ganzen Tag im Laden zu tun hat, ist abends müde und braucht Unterhaltung.

Das ist verständlich.

Jörg Steiner
Am Fluß stehen Mauern

Heute ist in der Schule etwas passiert.
Zuerst muß ich wohl anerkennen, daß ich die Schulkinder nicht immer verstehe. Es sind zu viele Kinder in meiner Klasse; das sage ich jedesmal, wenn etwas schiefgeht, zu mir selbst.
Du kannst sie nicht alle kennen, sage ich zu mir. Du darfst dich deswegen nicht entmutigen lassen. Du hast die Kinder zu Hause nie besucht; du weißt nicht einmal, wo sie wohnen. Auch ihre Eltern siehst du selten genug, und wenn sie doch hin und wieder einen Schulbesuch machen, erscheinen sie im Sonntagsstaat.
Für den Lehrer ist es schwer, die Eltern im Sonntagsstaat kennenzulernen. Freilich: Der Name der Besucher ist dem Lehrer geläufig. Er hat ihn im Rodel aufgeführt, und ich selbst, zum Beispiel, führe auch noch ein Tagebuch. Dazugeschrieben ist sogar der Wohnort, der Heimatort, der Beruf; jener der Mutter, wenn der Vater gestorben oder verzogen ist.
Aber das genügt nicht zum Kennenlernen. Mit den Angaben ist nichts anzufangen. Sie helfen nicht, Kontakt zu schaffen.
Der Vater ist seinem Jungen aus dem Gesicht geschnitten, denke ich manchmal, und das ist schon viel besser. Da ist es mir, als ob ich den fremden Mann vor der Türe vor Jahren einmal gekannt und dann aus den Augen verloren hätte. Ich kann jetzt versuchen, mit ihm ins Gespräch zu kommen.
Die Erwachsenen machen sich das Reden schwer. Es ist so, daß sie nicht sagen, was sie denken. Sie sind höflich. Sie möchten sich nicht wehtun. Sie schämen sich voreinander. So höflich und ängstlich ist auch Annelieses Mutter heute morgen gewesen. Aber ich muß wohl der Reihe nach erzählen.
Wir haben jetzt schönes Herbstwetter, nach einem ver-

regneten Frühling und dem nassesten Sommer seit 1795. Auf dem Markt werden die ersten Totentrompeten verkauft, die besten Pilze, die es überhaupt gibt, obwohl sie so häufig vorkommen, daß jedes Kind sie in den Septemberwäldern findet. Da ist es kein Wunder, daß die Schüler nicht stillsitzen wollen, muß ich wohl zugeben.
Die Wiesen sind noch immer fest, die Mauern sonnenwarm, und an den Hängen ist das Laub dicht genug zum Versteckspiel. Schade, daß ich die Schule nicht dem Wetter anpassen kann; und doch gebe ich mir Mühe! Gewisse Lektionen halten wir im Freien ab, Singen und Religion beispielsweise; und auch die Aufsatzthemen lassen sich zweckmäßig einfügen. ›Unser Garten‹, so hat der letzte Aufsatz geheißen. Deswegen steht heute morgen Annelieses Mutter vor der Tür und will mit mir reden.
Jetzt kommt, was Anneliese geschrieben hat:
Unser Garten.
Wir haben am Fluß einen Garten. Wir hätten gern einen großen Garten mit mancherlei Blumen, wie man sie sonstwo nirgends findet. Nicht bloß Tannen und Birken. Die haben alle Leute, und sie wachsen auch wild in den Wäldern. Ich hätte gerne Bäume mit Blättern und seltsamen Blüten, Bäume mit Früchten in aufplatzenden Schalen, Bäume mit weitverzweigten Ästen. Es müßten uralte Bäume sein. Man kann sich fragen, wer sie gepflanzt hat; auf diese Frage gibt es keine Antwort. Von solchen Bäumen habe ich in einigen Büchern gelesen; sie haben schöne und zaubervolle Namen.
Aber am Fluß gibt es nur kleine Gärten. In unserem Garten wachsen keine Bäume. Wir geben uns mit Blumen zufrieden. Meine Mutter sät im Frühling Löwenmaul und Kapuzinerkresse an. Der Vater bringt Rosenstöcke nach Hause. Er mag die Rosen. Sie stehen so stramm, sagt er. Natürlich besitzen wir auch ein paar Büsche; aber die zählen wohl nicht. Ich erwähne, daß meine Mutter Holundersirup einkocht. Unser Rasen muß jeden Samstag gemäht werden. Das Mähen besorgt meine Mutter selbst, wenn sie Zeit findet.
Sie ist sehr beschäftigt, und oft wird der Rasen viel zu hoch. Dann kommt der Nachbar und schneidet das Gras mit der

Sense; er kann es für seine Kaninchen verwenden. Besser als alle Gärten am Fluß gefällt mir der Stadtpark. Hier wird der Rasen von den Stadtarbeitern gepflegt. Sie bewahren die nötigen Geräte in einem Schuppen auf, griffbereit. Im Park wachsen auch einige seltene Bäume. Ihre Namen stehen in unleserlicher Schrift auf kleinen Schildchen; aber Tieren und Kindern ist das Betreten der Anlagen untersagt. Wo käme man hin, wenn jeder, der Lust dazu hat, den feinen Rasen betreten würde? Wir Mädchen setzen uns mit unseren Puppen auf eine Bank und sehen den Leuten zu, die auf den Wegen hin- und hergehen. Um fünf Uhr kommen die Schwestern mit den Waisenkindern vom Spaziergang zurück, alle in Uniform, blau und weiß gestreift; das sieht hübsch aus, und man weiß, daß es jetzt Zeit ist, heimzukehren und die Schularbeiten zu machen. Denn: Der Park gehört uns nicht, und, wenn ich es genaunehme, muß ich sagen: Am Fluß gibt es wenig Gärten; am Fluß stehen Mauern. – Annelieses Mutter hat den Aufsatz gelesen. Das sagt sie gleich zur Begrüßung unter der Türe.
Anneliese ist krank geworden, sagt sie mit ihrer leisen Stimme. Ich bitte für meine Tochter um Entschuldigung. Und es ist nicht schön von Ihnen, Herr Lehrer, die Kinder zu Lügnern zu machen. Was die Kinder in ihren Aufsätzen schreiben, sind Lügen. Anneliese hat gelogen: Am Fluß gibt es keine Gärten: Wir besitzen keinen Garten. Warum hat sie das nicht geschrieben? frage ich zurück. Sie hätte sich mir anvertrauen dürfen. Hat sie sich vielleicht vor den anderen Kindern geschämt?
Nein, sagt Annelieses Mutter; weshalb sollte sich das Kind schämen? Die Kinder erfinden Geschichten, und weil die Geschichten nicht wahr sind, werden Wünsche aus ihnen. Wünsche können glühend und verzehrend sein. Anneliese wünscht sich jetzt einen Garten. Sie liegt zu Hause und redet im Fieber. Sie hat einen Namen für den großen Baum erfunden; ich habe ihn vergessen; einen Fiebernamen. Seit dem frühen Morgen versucht die Gemeindehelferin, ein Bett in der Klinik freizubekommen; bis jetzt ist es ihr nicht gelungen. Die Spitäler sind überfüllt, sagt man…

Annelieses Mutter beginnt zu weinen. Sie steht unter der Tür, im Schatten der Wand, so, daß die Kinder sie nicht sehen können, und auf einmal hat sie sich umgedreht und ist weg.
Ich habe zweimal ihren Namen gerufen. Ich habe sogar versucht, sie auf der Treppe einzuholen. Auf der Treppe bin ich allein, und auf einmal, wie ich da so stehe, fällt mir der Geruch auf, der Geruch nach feuchtem Wollzeug, nach Filzschuhen und nach kaltgewordenem Kartoffelbrei.
So riecht eben unser Schulhaus. Man gewöhnt sich daran.

Günter Bruno Fuchs
Der Maikäfer

Ich ging zur Schule. In der Deutschstunde, wo wir sonst nur über die Post sprachen, brachte unsere Lehrerin einen Maikäfer mit in die Klasse. Wir sollten alle sehr ruhig sein. Trotzdem flog der Maikäfer um den Kopf der Lehrerin herum, setzte sich auf ihre Hand und gab ihr einen Handkuß.
Der Maikäfer war unser Rektor. Er hatte unsere Lehrerin sehr lieb.

Günter Bruno Fuchs
Frau Männchens Geschichte

Frau Männchen schreibt eine Geschichte. Die Geschichte heißt: »Als ich Schularbeiten machte.« Frau Männchen erzählt: »Als ich Schularbeiten machte, hatte ich ein Schreibheft. In mein Schreibheft habe ich nicht geschrieben, in mein Schreibheft habe ich nur Männchen gemalt. Mein Lehrer sagte: ›Du kannst gute Männchen malen!‹ Seitdem male ich meinen Namen.«

Günter Bruno Fuchs
Ankunft der Musikanten

Wenigstens eine gewisse Freude! Ich saß am Fenster und hatte genug von meinen Schularbeiten. Die Sonne zog sich in den Nachmittag zurück. Ein Tag für unverhoffte Musikanten! In der Schule haben wir ein Fach, das heißt Musik. Dieses Fach wird von unserem Musiklehrer ausgefüllt, er sitzt still vor uns da, manchmal singt er ein Lied, das leicht zu vergessen ist. Doch nun kommen, an diesem Nachmittag, bunte geräuschvolle Grie-Grie-Männer die Straße herauf. Sie tanzen zu ihrer klappernden Musik. Ihre Instrumente sind meinem Musiklehrer nicht angenehm. Das sind Rohrflöten und rauhtönige Elefantenzähne. Es macht Spaß. Es macht glücklich Der gewaltige Lärm ist still. Wie der Nachmittag, wenn die Schularbeiten aufhören. Zur größten Verwunderung meiner Lehrer.

Johannes Bobrowski
Stiller Sommer;
zugleich etwas über Wachteln

Als wir aus dem Wald kamen, wurde es still. Hinter uns im Wald sangen die Vögel noch weiter, ganz gewiß, aber hier, im freien Feld, war es ganz still.
Der Wald hielt seine Lieder zusammen, daß sie nicht hinaustönten ins Feld. Die Bäume hängten ihr Laub wie einen aus tausend mal tausend Blättern geflochtenen Mantel davor, da waren die Lieder verborgen, verwahrt als etwas sehr Kostbares. Hier im Feld war es still.
Nun gibt es ja auch hier Vögel. Die Waldvögel – Pirol, Specht, Fink, Häher, Laubsänger, Kuckuck – bleiben ja nicht immer im Wald, sie fliegen auch übers Feld. Aber jetzt saßen sie alle im Wald, in ihren Bäumen und auf ihren Sträuchern. Und die Feldvögel – Wachtel und Lerche –, die gewiß hier draußen waren, verhielten sich still.
Denn es war sehr heiß hier draußen, nach der Kühle im Wald.
Wir kamen auf der Straße gefahren, die ein Stück durch den Wald geführt hatte. Ein schöner Wald mit sehr hohen Bäumen. Und die Bäume so dicht beieinander, daß sie sich noch eben breit genug entfalten konnten und den Sträuchern auch ein bißchen Platz dazwischen blieb.
Da lag die Straße ganz im Schatten der Bäume. Man fuhr dahin wie in einer tiefen Schlucht.
Und die Vögel hatten gesungen.
Wir lagen auf dem hochbeladenen Heuwagen, neben dem entrindeten, glatten Baumstamm, dem Wiesbaum, der, an beiden Wagenenden mit Stricken festgezogen, das Fuder zusammenhielt. Lagen rechts und links neben dem Baum, eingesunken in das abgehauene und schnell getrocknete Heu, das nach den Wiesenkräutern und Blumen roch und nach dem strengen, scharfblättrigen Gras.

Da hatte der Kuckuck zu rufen begonnen, in der Ferne, aber doch deutlich und ganz gleichmäßig, und war schon weit voraus, ehe wir darauf kamen, die Rufe mitzuzählen. So fingen wir einfach mit siebzehn an und weiter: achtzehn, neunzehn, zwanzig, einundzwanzig. Das ging fort bis siebenundsechzig. Worauf sollten wir siebenundsechzig Jahre warten? Man sagt das so. Vielleicht, bis wir erwachsen waren? Der Großvater, der vorn saß und die Pferde lenkte, hatte gelacht und auf seine Hosentasche geschlagen, obwohl da sicher gar kein Portemonnaie drin war. Aber das ist auch solch ein Brauch: Da wird das Geld nicht alle.

Und rechts und links im Wald hatten die anderen Vögel gesungen. Viid-viid-viid-vava-vüdivüdi-veudsisi, der Laubsänger; und: Kckräik-kr-kr und: Kjie-jau, der Häher. Und wie sang der Pirol? Da hörten wir aufmerksam zu. Das war schon sein Abschiedslied. Jetzt würde er bald fortziehn, dieser Pfingst- und Kirschvogel, Schulz von Bülow und Bieresel. So heißt er in den verschiedenen Gegenden.

Aber jetzt führte die Straße durch freies Feld, an Haferfeldern und hohem Roggen vorbei. Die Pferde gingen langsam, der Wallach Damlack prustete einmal und schlackerte mit den Ohren, ein bißchen hörte man die Wagenräder gehn, sonst alles still.

Das letzte Fuder. Jetzt war die Wiese, wo wir das Heu zusammengeharkt und aufgeladen hatten, jetzt war die Wiese leer. Jetzt ging es zurück ins Dorf, Kaffee gab es dann schon zu Hause.

Aber es war noch immer heiß über den Feldern. Und so still, daß man die Stille hörte: als ein leises, ununterbrochenes Summen. Aber eigentlich doch unhörbar.

Auch wenn man gar nichts mehr hört, man hört noch immer etwas. Nur: Wie es sich anhört, kann man nicht sagen. Nur hören.

Ich hielt ein Zittergras vors Gesicht. Unten gingen die Räder.

Und jetzt war da eine Stimme, eine sehr hübsche und anmutige, gar nicht sehr leise Stimme. Aber doch so, wie aus dem Summen der Stille hervorgewachsen, wie aufgetaucht, wie ein Seehundskopf aus dem Wasser, man wundert sich nicht,

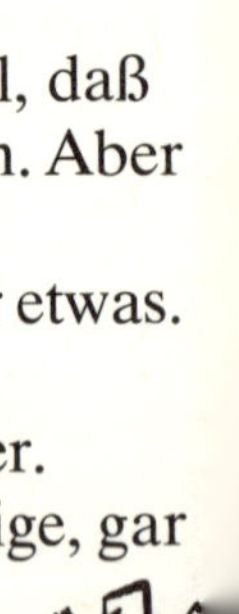

daß er plötzlich da ist, unversehens. Weil er ganz zum Wasser gehört. Wie der Wachtelruf zur Stille und zu dem warmen Nachmittag Ende Juni.

Pück Perück oder: Bück den Rück, so hört es sich an, aus dem Kornfeld herüber. Ein kurzer Ruf, der sich wiederholt.

Flieg ich fort, so kann er auch heißen. Aber zum Glück, die Wachtel geht erst im Herbst auf die Reise, wir brauchen ihr nicht zu sagen: Bleib noch hier.

So könnte ihr Ruf übrigens auch lauten.

Aber vielleicht trifft noch besser: Schönen Dank. Und am besten: Lobet Gott. Ihr Tisch ist gedeckt, wie der unsere. Sie lebt im Getreide. Sie hat gelbe Striche über den Augen, und wenn sie wegläuft, geht es sehr schnell: Sie schlägt mit ihren langen, spitzen Flügeln, als ob sie ruderte, und die Kleinen wie dicke, runde Federbällchen fix hinter ihr drein, immer eins hinter dem andern, in der schmalen Straße zwischen den Halmen, die die Mutter mit weit vorgestrecktem Kopf gebahnt hat und mit fleißigen Füßen eingetreten und mit ihrem ganzen Gewicht verbreitert. Alles im Lauf.

Aber lauf jetzt nicht fort, es kommt niemand. Sing noch ein Weilchen, Wachtel, sing: Lobet Gott.

Ernst Jandl
Börse

ie Fliege saß auf Haut.
Verjagt hat sie das Rind.
Die Fliege ist schon tot,
und tot ist auch das Rind.

Doch lebt der brave Mann,
der mir von dieser Haut
die Börse flink genäht,
darin mein Kleingeld klingt.

Reiner Kunze
Vier Gänse im November

estern war's, als blühten
Gänseblümchen
unterm Weidenbaum.
(Die vier Gänse
zupften Flaum.)

In der Nacht haben die Gänse
über die ganze Wiese
Federn gestreut.
(Vier Gänse?
Es hat geschneit.)

Robert Wolfgang Schnell
Seh-Geschichte

Schau mal, Liebchen, guck!« sagte die Mutter.
»Ich will sehen«, sagte Rena.
»Du brauchst nur zu gucken, dann siehst du alles«, antwortete die Mutter.
»Ich habe soviel erblickt«, mischte sich der Großvater ein, »daß ich gar nichts mehr sehen möchte.«
»Glotz doch lieber«, sagte Rudi.
»Warum soll ich denn glotzen?« Rena sah ihren Bruder an.
»Gaff nicht so!« Er zeigte ihr die Zunge.
»Eine Sache sollte man richtig anpeilen, scharf hinblicken«, nahm der Vater an dem Gespräch teil.
»Jäger erspähen eine Sache, auch Indianer.« Der Bruder wußte eben mehr als die anderen.
»Dir werden sie noch die Augen öffnen!« Großvater lächelte in sich hinein. »Ich habe ganz schön glubschen müssen im Leben, um klar zu kommen.«
»Man kann auch so lange auf einen Punkt starren, bis man nichts mehr sieht.«
»Du erkennst ja immer alles klar«, antwortete die Mutter dem Vater, »aber wie oft sind dir erst nachher die Augen aufgegangen.«
»Ehe ich mir anmaße, eine Sache zu überblicken, visiere ich sie lange an; ich bin nicht umsonst weitsichtig.« Der Vater schien böse zu werden.
»Am besten fixierst du, wenn du die Augen zukneifst, Rena«, sagte der Bruder.
»Es kommt auf den Gesichtspunkt an, wenn man etwas erkennen will.« Der Vater legte ein abschließendes Gewicht auf diesen Satz, denn er behielt gern das letzte Wort.
Aber er kannte seine Rena nicht. »In Berlin sagen sie kieken«, sagte sie. »Wir haben eine Neue in der Klasse, die

sagte wegen der blöden Marianne: kiek mal, wie die kiekt!«
»Kieken ist Dialekt«, sagte der Bruder. »Man kann auch äugeln.«
»Behaltet mal die Sache im Auge«, meldete sich der Vater wieder, »wenn man vom Sehen spricht, sollte man sich orientieren und sein Augenmerk auf das Wichtigste richten, um es aufs Korn nehmen zu können.«
»Man kann auch luchsen und linsen.« Der Bruder machte sich sehr breit am Tisch.
»Aber nicht jeder Stier stiert.« Opa lachte wieder in sich hinein, man sollte wohl nicht begreifen, was er sagte.
»Schluß mit der Seherei!« Die Mutter klapperte mit den Tellern.
»Ist denn kein Adlerauge da, das das Essen wahrnimmt?«
»Bereits durchschaut«, sagte der Bruder und nahm die Schnitte, auf der am meisten gekochter Schinken war.
»Du hast genau gemustert!« Der Großvater aß nämlich gekochten Schinken auch am liebsten.
»Spioniert nicht so auf dem Teller herum«, sagte der Vater, »gegessen wird von oben nach unten, nicht umgekehrt!«
»Mir fällt es wie Schuppen von den Augen, wenn ich der Schnitten ansichtig werde, und ich erkenne meinen Hunger.«
Dabei fischte sich der Großvater unten den Camembert raus.
»Er spürt den Käse auf«, sagte Rena.
»Ich nehme ihn aber vor aller Augen, mein Augenlicht hat noch sein volles Sehvermögen.«
»Du redest Unsinn, Vater«, sagte der Vater zu seinem Vater. »Ein alter Mann sollte soviel Einsicht haben, daß er einen Überblick hat, und so scharfsichtig sein, nicht ein schlechtes Beispiel zu geben. Sonst verliert man ja die Perspektive.«
»Ihr redet, als ob Zuschauer da wären«, sagte die Mutter. »Rudi, laß das Blinzeln!«
»Ich will besser sehen!« sagte Rudi.
»Dann guck ordentlich hin!« antwortete ihm die Mutter und schloß die Augen, als der Junge die fünfte Schnitte aß. Kalbsleberwurst war drauf.

Hans Christoph Buch

Tischgespräch

Wir waren zu sechst: der Reisende, der Pfarrer, die Hausfrau, der Schuldirektor, der General und das Kind.
Lasset uns beten, sagte der Pfarrer und erhob sich von seinem Platz.
Alle erhoben sich von ihren Plätzen.
Machen Sie es kurz, sagte die Hausfrau, die Suppe wird kalt.
Kommherrjesusseiunsergastund-segnewasduunsbescherethast, sagte der Pfarrer.
Amen.
Dann setzte er sich. Wir setzten uns ebenfalls.
Das erinnert mich an meine Reisen in den Orient, sagte der Reisende. Der Orientale betet nicht nur zu den Mahlzeiten, sondern auch zwischendurch, ungefähr fünf bis sechs Mal am Tag. In Izmir zum Beispiel…
Sie meinen wohl Smyrna, sagte der Schuldirektor.
Das ist der alte griechische Name, sagte der Reisende. Heute ist die Stadt türkisch und heißt Izmir.
Die alten Griechen sollen hervorragende Festungsbauingenieure gewesen sein, sagte der General.
Sie meinen wohl die Spartaner, sagte der Schuldirektor. Die Athener waren miserable Festungsbauer.
Ob Griechen, Türken oder Spartaner, sagte der General, das ist doch alles ein und dasselbe.
Ich wünsche einen guten Appetit allerseits, sagte die Hausfrau. Ich hoffe, die Suppe ist heiß genug.
Nichts wird so heiß gegessen, wie es gekocht wird, sagte der Schuldirektor.
Ich muß Ihnen ein Kompliment machen, sagte der Reisende. Die Suppe schmeckt wirklich vorzüglich.

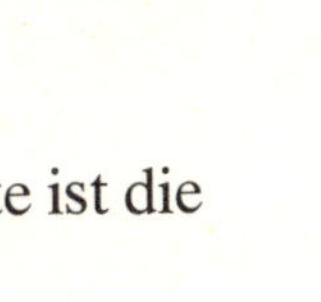

Die heidnischen Griechen haben zu ihrer Zeit gewaltige Bauwerke errichtet, sagte der Pfarrer. Und was ist davon übriggeblieben? Nichts als Schutt und Asche.

Die Ruinen sehen aber immer noch imponierend genug aus, sagte der Reisende.

Sie müssen eine hervorragende Artillerie gehabt haben, sagte der General.

Möchte noch jemand etwas Suppe, sagte die Hausfrau.

Ich mag keine Suppe, rief das Kind.

Ich nehme gerne noch ein wenig Suppe, sagte der Pfarrer.

In die wievielte Klasse geht Ihr Kind, sagte der Schuldirektor.

Es geht noch nicht zur Schule, sagte die Hausfrau.

Die Schulpflicht erscheint uns hierzulande als etwas Selbstverständliches, sagte der Reisende. In vielen Ländern können die Menschen aber weder lesen noch schreiben.

Wenn niemand mehr Suppe will, kann ich jetzt den Braten servieren, sagte die Hausfrau.

Ich mag kein Fleisch, rief das Kind.

Fleisch ist eine Gottesgabe, sagte der Pfarrer.

Ich esse es am liebsten blutig, sagte der General.

Ich muß Ihnen noch ein Kompliment machen, sagte der Reisende. Der Braten schmeckt wirklich vorzüglich.

Wir haben in unserer Schule neulich folgenden Fall gehabt, sagte der Schuldirektor.

Nehmen Sie doch von der Soße, sagte die Hausfrau.

Kann ich bitte das Salz haben, sagte der Reisende.

In der großen Pause bekommen die Schüler Milch, sagte der Schuldirektor.

Ich mag keine Milch, rief das Kind.

In Afrika bekommen die Kinder niemals Milch, sagte der Reisende.

Im letzten Krieg haben wir wochenlang nur von Wasser und Brot gelebt, sagte der General.

Der Klassensprecher sammelt in der Klasse das Geld für die Schulmilch ein, sagte der Schuldirektor.

Ich gehe in die Küche und hole noch Kartoffeln, sagte die Hausfrau.
Ich mag keine Kartoffeln, rief das Kind.
Wir sollten unserem Herrn dafür danken, daß er unseren Tisch so reich gedeckt hat, sagte der Pfarrer.
Ich habe den Tisch gedeckt, sagte die Hausfrau. Meine Küchenhilfe hat heute Ausgang.
Bei der Abrechnung für die Schulmilch stellten sich Unregelmäßigkeiten heraus, sagte der Schuldirektor.
Kann ich den Pfeffer haben, sagte der General.
Die Orientalen würzen ihre Speisen sehr scharf, sagte der Reisende. Für einen europäischen Gaumen ist das Essen oft ungenießbar.
Es stellte sich heraus, daß ein Klassensprecher das Geld nicht pünktlich abgeliefert hatte, sagte der Schuldirektor. Wir haben den Fall sofort an die Schulbehörde weitergeleitet.
Ich gehe jetzt in die Küche und hole den Pudding, sagte die Hausfrau.
Ich will auch Pudding, rief das Kind.
Ich muß Ihnen wieder ein Kompliment machen, sagte der Reisende. Der Pudding schmeckt wirklich ganz vorzüglich.
Leider mußten wir den Schüler von der Schule verweisen, sagte der Schuldirektor. Später stellte sich dann heraus, daß er unschuldig war.
Wir haben in unserer Kompanie einen ganz ähnlichen Fall erlebt, sagte der General. Ein Zahlmeister weigerte sich, den Soldaten ihren Sold auszuzahlen.
Ich will noch mehr Pudding, rief das Kind.
Wenn du dein Fleisch nicht aufißt, bekommst du auch keinen Pudding, sagte der Schuldirektor.
Der Mann hatte das Geld unterschlagen, sagte der General.
Diebstahl ist eine Sünde, sagte der Pfarrer.
Und wie ist die Sache ausgegangen, sagte der Reisende.
Wir mußten den Mann erschießen, sagte der General.
Hinterher stellte sich dann heraus, daß er das Geld gar nicht unterschlagen hatte.
Du mußt deinen Teller leer essen, damit du später groß und stark wirst, sagte der Schuldirektor.

Ich will aber nicht groß und stark werden, rief das Kind.
A propos, sagte der Reisende, wieviel Uhr ist es?
Es ist genau neunzehn Uhr und siebenundzwanzigkommafünf Minuten, sagte der General.
Du mußt jetzt ins Bett, sagte die Hausfrau.
Ich bin aber nicht müde, rief das Kind.
Marsch ins Bett, sagte die Hausfrau.
Ich will aber nicht ins Bett, rief das Kind.
Wenn ich als Kind nicht sofort parierte, hat mein Vater mich windelweich geprügelt, sagte der General.
In unserer Schule bringen wir den Kindern Gehorsam bei, sagte der Schuldirektor.
Ungehorsam ist eine Sünde, sagte der Pfarrer.
Mein Zug fährt um acht, sagte der Reisende. Ich fürchte, ich muß gleich aufbrechen.
Bleiben Sie noch ein bißchen, sagte die Hausfrau. Möchten Sie nicht noch eine Tasse Kaffee?
Gegen ein Täßchen Kaffee habe ich nie etwas einzuwenden, sagte der Pfarrer.
Im Orient trinkt man den Kaffee ganz schwarz, sagte der Reisende.
Das wäre nichts für mich, sagte der Schuldirektor. Mein Arzt hat mir jede Aufregung verboten.
Wer Kaffee will, soll die Hand heben, sagte die Hausfrau.
Der Pfarrer, der Reisende, der Schuldirektor, der General und das Kind hoben die Hand.
Was, sagte die Hausfrau, du willst auch Kaffee?
Ich will Pudding, rief das Kind.
Meinetwegen, sagte die Hausfrau, aber dann mußt du sofort ins Bett.
Sie verwöhnen das Kind zu sehr, sagte der Schuldirektor.
Da helfen nur Stockhiebe, sagte der General.
Ihre Geschichte hat mich an eine andere Geschichte erinnert, sagte der Reisende, die ich auf einer meiner Reisen erlebt habe.

Trinken Sie Ihren Kaffee mit oder ohne Zucker, sagte die Hausfrau.
Mit Milch und Zucker, sagte der Pfarrer.
Ich will auch Zucker, rief das Kind.
Nur mit Milch, sagte der Schuldirektor.
Ganz schwarz, sagte der General.
Unser Reiseleiter forderte uns auf, ihm unsere Wertsachen zur Aufbewahrung zu übergeben, sagte der Reisende. Sie müssen wissen, im Orient wird viel gestohlen.
Du gehst jetzt sofort ins Bett, sagte die Hausfrau.
Nein, rief das Kind.
Der Reiseleiter ist mit all unseren Wertsachen durchgebrannt, sagte der Reisende.
Donnerwetter, sagte der General.
Gott sei seiner Seele gnädig, sagte der Pfarrer.
Ist er wenigstens streng bestraft worden, sagte der Schuldirektor. Soviel ich weiß, hackt man im Orient Dieben die rechte Hand ab.
Das Ganze war ein Mißverständnis, sagte der Reisende. Der Mann hat uns später das Geld zurückerstattet.
Wenn du jetzt nicht sofort ins Bett gehst, sage ich es deinem Vater, sagte die Hausfrau.
Ich muß auch gehen, sagte der Reisende. Mein Zug fährt in zehn Minuten. Der Kaffee war wirklich ausgezeichnet.
Wo ist mein Säbel, sagte der General.
Wo ist mein Rohrstock, sagte der Schuldirektor.
Wo ist meine Bibel, sagte der Pfarrer.
Wo ist mein Koffer, sagte der Reisende.
Ich weiß es, rief das Kind, aber ich sag's nicht.
Wenn du nicht sofort sagst, wo du die Sachen versteckt hast, bekommst du Hausarrest, sagte die Hausfrau.
Du bekommst meinen Säbel zu spüren, sagte der General.
Du bekommst meinen Rohrstock zu spüren, sagte der Schuldirektor.
Du bekommst meine Bibel zu spüren, sagte der Pfarrer.
Ich sperre dich in meinen Koffer, sagte der Reisende.

Du hast ja gar keinen Säbel, sagte das Kind. Du hast ja gar keinen Rohrstock. Du hast ja gar keine Bibel. Du hast ja gar keinen Koffer.
Um Gottes willen, rief der Reisende, ich verpasse meinen Zug!
Wenn du mir sagst, wo du die Sachen versteckt hast, brauchst du noch nicht ins Bett, sagte die Hausfrau.
Ich habe sie gar nicht versteckt, rief das Kind, sie stehen in der Garderobe.
Tatsächlich, sagte die Hausfrau, die Sachen stehen in der Garderobe.
Auf Wiedersehen, sagte der General.
Auf bald, sagte der Schuldirektor.
Gott befohlen, sagte der Pfarrer.
Adieu, sagte der Reisende.
Ich bin müde, sagte das Kind, ich möchte ins Bett.

Christine Nöstlinger

Ich bin das Kind der Familie Meier
und heiße Kurt.
Ich wäre lieber der Hund der Familie Meier.
Dann hieße ich Senta.
Ich könnte bellen, so laut,
daß sich die Nachbarn empören.
Das würde die Meiers nicht stören.
Niemand sagte zu mir:
»Spring nicht herum! Schrei nicht so laut!«

Ich wäre auch gerne die Katze von Meiers.
Dann hieße ich Musch.
Ich fräße nur das, was ich wirklich mag,
und schliefe am Sofa den halben Tag.
Niemand sagte zu mir:
»Iß den Teller leer! Lehn nicht herum!«

Am liebsten wär ich bei Meiers der Goldfisch.
Dann hätt ich gar keinen Namen.
Ich läge still und golden im Wasser,
in friedlicher Ruh,
und schaute durchs Glas
den Meiers beim Leben zu.
Die Meiers kämen manchmal und klopften zum Spaß
mit ihren dicken Fingern an mein Wasserglas.
Sie reden mit mir,
doch ich kann sie nicht verstehn,
denn durch das Wasser dringt kein Laut zu mir.

Dann lächle ich mit meinem Fischmaul den Meiers zu.
Doch meine Fischaugen schauen traurig
auf den kleinen Meier
– und der bin ich –, und ich denke:
ARMER KURT!

Ernst Jandl
Ins Theater

Vater und Kind
gehen ins Theater.

Wenn sie dort sind,
beginnt das Stück.

Ist es aus,
gehen sie zurück.

Das war ein Applaus!
sagen sie zur Mutter.

Ein anderes Mal …

Mutter und Kind
gehen ins Theater.

Wenn sie dort sind,
beginnt das Stück.

Ist es aus,
gehen sie zurück.

Das war ein Applaus!
sagen sie zum Vater.

Ein anderes Mal …

Vater, Mutter und Kind
gehen ins Theater.

Wenn sie dort sind,
beginnt das Stück.

Ist es aus,
gehen sie zurück.

Das war ein Applaus!
sagen sie zueinander.

Ein anderes Mal …

Das Kind
geht ins Theater.

Wenn es dort ist,
beginnt das Stück.

Ist es aus,
geht das Kind zurück.

Das war ein Applaus!
sagt es zu den Eltern.

Manfred Hausin
Werbespruch

inder, eßt mehr Lebertran,
werdet groß und stark und stramm,
überlegt's euch gut, und dann
kommt zu uns zur Bundesbahn.

Elfriede Jelinek
Der brave Franz ist brav

Alle Kinder haben Tiere gern. Alle Kinder lernen, daß man Tiere gern haben muß. Man muß Tiere gern haben, weil sie lieb sind. Ein liebes Kind hat Tiere immer lieb. Tiere sind lieb. Auch Kinder sind lieb. Viele Erwachsene finden Kinder lieb. Franz ist ein Kind, daher ist Franz lieb. Die Erwachsenen finden Franz lieb, weil er auch noch ein braves Kind ist. Sie sagen oft, manchmal ganz ohne Grund: Franz, du bist lieb. Oder auch: Franz, sei so lieb und hol mir ein halbes Kilo Mehl und eine Rama und einen Salat (einen *Kopf* Salat) oder auch eine Schachtel Zigaretten für Vati oder einen weißen Zwirn für Mutti oder weiß der Teufel, was noch. Wenn Franz dann das Mehl, die Rama, den Salat, die Zigaretten und den Teufel was noch geholt hat, sagen sie: Brav, Franz, du bist ein lieber Franz, Vati hat große Freude, bzw. (be-zie-hungs-wei-se) Mutti hat große Freude an dir. Oft muß Franz Sätze aufschreiben für die Schule. Das sind dann die Hausaufgaben. Franz macht sie immer brav zu Ende.
Er schreibt seine Sätze für die Schule und für das Leben auf. Die Mutti sagt immer: Franz, was du gelernt hast, kann dir keiner mehr wegnehmen. Noch nie hat einer Franz seine schönen Sätze wegnehmen wollen. Manchmal lernt er auch ein Gedicht auswendig. Dann steht er plötzlich vor seiner Mutti, die ihn sehr, sehr lieb hat, und sagt es auf, das Gedicht.
Was fragt die Mutti heute? Richtig, die Mutti fragt heute das, was sie jeden Tag fragt, nämlich: Hast du auch brav deine Hausaufgaben gemacht, Franz? Wenn Franz dann antwortet, was er immer antwortet, nämlich: Ja, Mutti, ich bin fertig, dann sagt die Mutter: Brav, Franz. So kommt es, daß Franz fast ununterbrochen Sätze aufschreibt, manchmal wundert er sich wirklich, daß es soviele davon gibt, die auch noch etwas bedeuten. Wenn

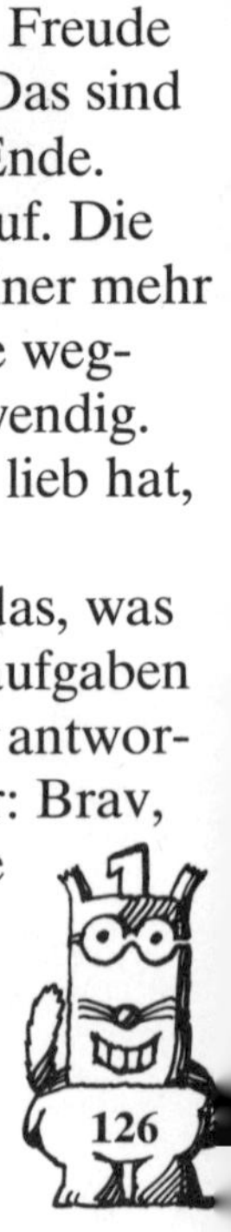

draußen z. B. (zum Beispiel) Nebel ist, dann sieht Franz zu, wie die Dinge darin verschwinden, nämlich die Autos, die Häuser, die Fabriken, die Leute, manchmal sogar Katzen, Hunde, Kaninchen, Mäuse, Käfer und Marienkäfer.
Heute allerdings ist überhaupt kein Nebel. Trotzdem sagt die gute Mutter, die gar nicht zum Fenster rausgekuckt hat: Franz, willst du nicht zur Übung schöne Sätze über den Nebel schreiben? Die Frau Lehrerin freut sich sicher, wenn du ein fleißiges Kind bist.
Sagst du dann auch, daß ich brav bin? fragt Franz. Ja, sagt die Mutter, aber zuerst machst du schön deine Sätze über den Nebel. Also beginnt Franz (und schreibt's auch gleich hin, damit er's auch bestimmt nicht vergißt): Im Nebel verschwinden Häuser. Im Nebel verschwinden Katzen. Im Nebel verschwinden Hunde. Im Nebel verschwinden Käfer. Im Nebel verschwinden …
Goldhamster natürlich nicht! Wo kämen wir denn da hin? sagt da plötzlich eine laute, kräftige Stimme hinter ihm.
Franz, der brave, dreht sich natürlich ganz schnell um. Diese Stimme hat so erwachsen geklungen, gar nicht nach etwas, das es nicht gibt, sondern nach etwas, das es sehr wohl gibt und das auch noch reichlich groß ist. Und wirklich, was er da sieht, verschlägt ihm die Sprache. Franz sieht einen unheimlich fetten Hamster auf seinem unheimlich fetten Hamsterhinterteil sitzen. Der Hamster hat eine Schibrille auf der Nase. Er hat warme rotkarierte Ohrenschützer über den Ohren und eine blaukarierte Gangsterkappe schräg auf dem Kopf. Seine kleinen Hamsterhinterpfoten stecken in wasserdichten Schneeschuhen drin, die Vorderpfoten haben warme Fäustlinge übergestülpt. Außerdem hat er einen Rollkragenpullover an. Der Hamster ist das liebe Tier, das in vielen Geschichten vorkommt. Bloß, er ist unheimlich verfressen.
Sofort sagt er zum verdutzten Franz, daß er was zu beißen will, aber schnell, dalli dalli und ein bißchen plötzlich, wenn er bitten dürfte, und soviel wie möglich, am besten einen ganzen Berg, den er hier hinein haben will, in den Blumentopf, weil da mehr reingeht als in den Suppenteller.

Franz, der soeben seine Sprache wiedergefunden hat, Franz, der schon viele schöne, lehrreiche Tiergeschichten gelesen hat, denn seine Mutti und sein Vati haben ihm schon viele schöne, lehrreiche, wissenswerte Tierbücher gekauft (jedesmal, wenn Franz brav war, hat er ein solches Tierbuch bekommen, und er ist oft brav, wie wir wissen), sagt gleich alles auf, was er über den Hamster gelernt hat: Nagetier, Säugetier, Backentaschen, Körnerfutter.
Quatsch! sagt der Hamster, so eine Frechheit! *Nagetier!* Am liebsten esse ich Wiener Schnitzel mit Gurkensalat. Und das einzige, was man über uns wissen *muß,* ist das uralte Hamster-Erkennungsgedicht aus der Zeit Hamsters des Großen. Es geht so: Wenn auf Glatteis rutscht der Hamster, na, dann bremster. Finito.
Franz überlegt, ob er jetzt auch ein Gedicht aufsagen muß, vielleicht das vom emsig sammelnden Hamster. Aber dann fragt er brav, denn das muß in jeder Geschichte, in der ein sprechendes Tier vorkommt, gefragt werden: Lieber Hamster, sag mir bitte, wie heißt du?
Wozu? ruft empört kauend der Hamster, während er pfiiiiieh! eine Franse vom guten Kinderzimmersofa ausspuckt und gleich hinterher pfiiiiieh! einige Fasern vom neuen Kinderzimmerteppich, der so teuer gewesen ist, und dann noch als Draufgabe einige von den glänzenden Märchenbildern, die die saubere Kinderzimmerwand geschmückt haben. Pfui Teufel, hab ich einen Kohldampf, sagt der Hamster. Was hast du bloß für ein scheußliches, unnützes, ungenießbares Zeug hier rumstehn? Ich such was *Eßbares.* Kapiert? Red ich eigentlich Chinesisch oder was oder wie? Ist das denn so schwer?
Aha, denkt Franz wie ein Uhrwerk los. Essen. Da fallen ihm gleich haufenweise die allerschönsten Sätze ein. Er hat sie schließlich alle schon mal niedergeschrieben, daher weiß er sie jetzt auch.
Was man alles essen kann, sagt er: Braten, Torte, Kuchen, Brot, Butter, Wurst, Käse, Schinken, Eier, Schokolade, Bonbons (die man aber sparsam naschen sollte, sie sind schlecht für die Zähne), Gemüse (welches Kinder gern essen, weil gesund). Und schon kommen auch die ganzen Sätze, die man damit machen kann, nämlich: Ich esse gerne Braten. Ich esse gerne

Schinken. Ich esse gerne Eier. Ich esse gerne Brot. Ich esse gerne…
Halt! Haaaaaalt! Auf-hö-ren! brüllt da der Hamster los. Ich kann das gar nicht hören, dieses blöde Geschwätz! Und von wegen Schokolade und schlecht für die Zähne. Schau dir meine wunderschönen Hamsterschneidezähnchen an! Das sind Apparate, was? Und weißt du, wo ich das letzte halbe Jahr gewohnt hab? Na, wo? In einer Schokoladenfabrik! Du scheinst auch alles zu glauben, was man dir erzählt. Jedenfalls: Ich will was zu futtern.
Ach, sagt Franz ganz erschrocken, so als ob er von weit her käme: Du bist ja noch immer da. Und dann fragt er noch mal, weil das auf jeden Fall dazugehört: Lieber Hamster, wie heißt du?
Ach so, mault der Hamster, da muß man also neuerdings arbeiten für sein bißchen Futter, auch das noch! Mein werter Name ist Garten-der-Hamster.
Garten! klickt es in Franz ein. Das Wort kennt er, das hat er schon irgendwo einmal gehört. Und da redet er auch schon los, wie ein richtiger kleiner tüchtiger Schüler:
Der Garten. Der Garten, also, das ist so: Im Garten gibt es viele schöne Dinge. Im Garten wächst: Gemüse, Kohl, Spinat, Salat, Blumenkohl, Karotten, Petersilie, Schnittlauch und noch zwei andere Sorten Kohl. Außerdem hat die gute Mutter dort viele bunte Blumen gepflanzt. Seht nur, Kinder, wie sie die Blumen sorgsam hegt und pflegt! Der Vater sieht der Mutter bei der Arbeit in ihrem Gärtchen zu. Er hat schon das Vieh gefüttert und dem Knecht seine Anweisungen gegeben. Er hat dem Knecht genau erklärt, was er machen muß. Nun raucht der Vater gemütlich sein Pfeifchen. Daneben sitzt Harras, der treue, alte Hofhund. Daneben sitzt Minka, die treue, alte Hofkatze. Beide sind schon von Kindesbeinen an auf dem Hofe. Sie dienen treu ihrem Herrn. Auch Magd und Knecht dienen treu ihrem Herrn. Der Vater ist der Herr. Der glänzende, neue Pflug…
Da hört Franz ein so entsetzliches Gebrüll, daß sich ihm die Nackenhaare sträuben.
Wer brüllt hier so, wo man doch ganz leise sein muß, damit man die Nachbarn nicht stört? Da Franz es nicht ist, ist es

Garten-der-Hamster. Was denkt sich dieser Typ eigentlich, da rumzubrüllen in einem fremden Haushalt? Dieser Typ denkt eigentlich (und der Kopf raucht ihm ganz schön von der Anstrengung), dieser Typ denkt also: Wenn diese ganzen Sätze, dieses dumme Geschwätz von diesem Fritz oder Hermann oder wie-der-heißt nicht eßbar sind, dann sind's vielleicht diese Dinger, Bücher oder wie-man-sie-nennt-weiß-der-Teufel-wie, diese Bravenfranzbücher, irgendwas muß ja dran sein an ihnen, wenn der Kerl sich so drum reißt.
Und so kaut er also mit vollen Hamsterbacken. Die gute Mutter, der tüchtige Vater mit seiner tüchtigen Pfeife, der tüchtige Hofhund mit seinem Knochen (alles Papier natürlich!), die gefleckte Hauskatze Manka oder Monka oder wie die wieder geheißen hat, dazu die Maus (alles Papier natürlich!) und so weiter … alle verschwinden sie in den Hamsterbackentaschen. Gerade als auch noch die Magd, die treue, mit ihrer Kuchenschüssel und der Knecht, der ebenso treue, mit seinem Gartengerät oder Ackergerät hinter die Hamsterzähne abmarschieren, genau in diesem Augenblick also muß der Hamster ganz fürchterlich husten von dem vielen Papier und den vielen bunten Bildern und dem vielen klugen Zeugs.
Also hustet er. Und hustet. Und pustet. Und spuckt. Und keucht. Und da stellt sich auch noch was quer (natürlich das fette Schwein mit seinem Ringelschweif), und der Hamster hustet und pustet, als ob er was gezahlt kriegt dafür, und jetzt verschluckt er sich auch noch (am Großmütterlein, das den Kindern lieb über die Köpfe streichelt), und da kommen sie alle schön wieder rausgesaust, einer nach dem andern. Und da sind sie ja alle wieder! Nur, daß es jetzt verkehrt geht, eben nicht rein, sondern raus, zurück, versteht ihr? Die ganze Angelegenheit kehrt marsch!
Dem Franz bleibt der Satz über das muntere Fischlein, das an der Angelrute, leiderleider, zappelt und bald den saubergedeckten Abendbrottisch um etwas, nämlich um sich selbst, bereichern wird, im Hals stecken. Für das, was da passiert, gibt es keinen der schönen Bravenfranzsätze mehr. Franz

denkt: Vielleicht sind die Sätze noch gar nicht erfunden, die ich hier sehen kann. Franz denkt: Vielleicht soll ich die Sätze erfinden, die ich hier sehen kann.

Nämlich folgendes:

Mitten im Zimmer, Gott weiß, daß es da kein Wasser mehr gegeben hat, seit die gute Mutter das aufgewischt hat, was in der Vase war, die Franz vor 3 Wochen zerbrochen hat, mitten im Zimmer also schaukelt das große Dampfschiff Nautilus, das er von irgendwoher kennt, auf den Wellen. Fieberhaft denkt Franz: Wo war das bloß mit dem Dampfschiff? wo? Und da fällt es ihm ein, das Kapitel *Fröhliche Ferienfahrt:* Heute machen lustige Kinder eine lustige Dampfschiffahrt mit ihren lustigen Eltern. Der Kapitän ist lustig. Er erzählt soviele lustige Geschichten. Da freuen wir uns alle sehr, nicht wahr? Bald gibt es fröhlichen Sport und fröhliches Spiel an Bord. Da müssen wir alle lachen, nicht wahr, Kinder?

Aber Franz lacht nicht die Bohne. Denn da schaukelt dieses Schiff tatsächlich ganz kinder-, kapitäns- und elternlos herum, und das auch noch in seinem Kinderzimmer. An Bord steht ein bunter Liegestuhl, da drin sitzt die sogenannte Magd und malt sich mit Lippenstift einen schönen Mund. Sie trägt ein schönes Kleid und war gerade beim Frisör. Gleich danach geht der sogenannte Knecht im gestreiften Abendanzug mit silberner Krawatte ins Spielcasino. Und jetzt raucht der Knecht die teuren Zigarren und trägt den teuren Anzug, als ob er sein Leben lang nichts andres gemacht hätte. Franz zwinkert und plinkert mit den Augendeckeln, weil er nicht glauben kann, was er da sieht. Aber, was man sieht, ist schließlich wirklicher als das, wovon man liest, so ist es doch, oder? Plötzlich sind sie nicht mehr *wahr,* die Sätze, die Franz kennt, plötzlich sind ganz andre Sätze *wahr.* Franz hat keine Ahnung, wo die bloß alle so schnell herkommen, diese andren wahren Sätze.

Das kann doch wohl nicht stimmen, daß da auf einmal Vati und Mutti (wie sind die boß dahingekommen?) ganz unglücklich oben auf dem blü-ten-wei-ßen Tischtuch sitzen??

Vati putzt seine Brille, die irgendwie ganz voll Teig gewor-

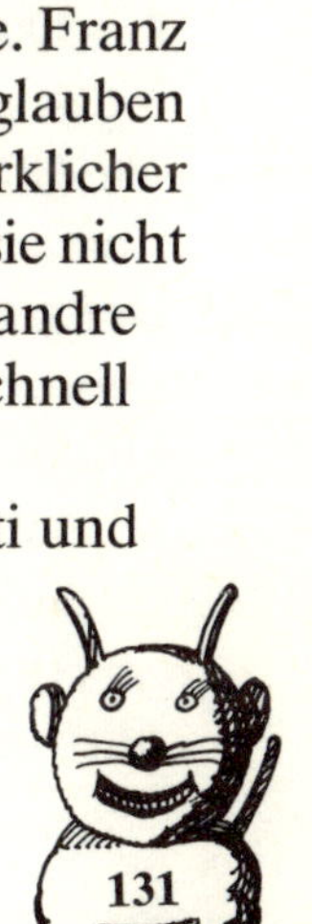

den ist, und zupft sich Rosinen aus dem Jackett und klaubt sich Nüsse zwischen den Zehen raus und zieht ein Schweinskotelett aus dem Hosenbund und zerrt einen gefüllten Bratapfel aus dem Hemd, dem omogepflegten, und steckt die Socken in den Bratensaft. Und wo ist die liebe Mutti, die sonst immer bruzzelt und bäckt und kocht und Kinderaugen, die sich eine Beule geschlagen haben, trocknet und Strümpfe stopft (Franz weiß das!) und näht (Franz weiß das!) und Aufgaben abhört (Franz weiß das!) und Kinderherzen tröstet (was immer das sein mag, Franz weiß das!) und einkaufen geht, den Tisch deckt und fleißig ihre Mutterhände regt?? Wo ist sie? Natürlich dort, wo sie hingehört, nämlich neben Vati!
Dort sitzt sie also auf dem nochimmerweißen Tischtuch und kratzt sich die Zuckerglasur aus den Haaren und zieht sich Spiegeleier aus der Bluse und zaubert Buletten aus der Schürze und Schweizer Emmentaler aus den Nylonstrümpfen, und, Verblüffung bei Franz, ihre Zähne sind plötzlich weiße Mandelkerne, ihre Augen sind zwei kandierte Kirschen und die Finger gedörrte Pflaumen. Die Nase ist eine gelbe Rübe.
Um den Tisch herum sitzen, Ehrenwort, unglaublich, aber wahr, nicht die sauberhändegewaschenen Abendbrotkinder und nicht die frohgestimmtenlieben Eltern und nicht das gütigealte Großmütterlein und nicht der gichtigeaberfröhlichealte Opa und nicht das liebekleine Schwesterleinaufseinemhohenkinderstühlchen. *Nein!* Und keiner spricht das Abendgebet Kommherrjesusseiunsergastundsegnewasduunsbescherethastamen. *Nein!* Und keine saubergewaschenen Hände, Münder, Nägel, Füße, Gesichter, Kleider, Haare sind zu sehen, wohin man auch schaut, und keiner redet Blödsinn (zum Beispiel: Mutti, bitte, darf ich mir noch ein Stückchen nehmen? Danke, Mutti.) *Nein! Nein! Neeeeeiiiin!!!*
Um den Tisch herum sitzen nämlich: Also, zuerst das Schwein, das eben aus dem Büro zurückgekommen ist und die Aktentasche in einen Winkel, genau auf die zu stopfenden Strümpfe, geschmissen hat und sich jetzt mit der Gabel in der Glatze rumstochert. Dann der Hofhahn, der keineswegs mehr

blöd und sinnlos rumkräht, sondern das Messer in den linken und die Gabel in den rechten Flügel nimmt. Ferner der alte Hofhund, der nichts mehr bewacht, der auf seine doofen Knochen pfeift, sondern mit der ganzen Pfote in das Salzfaß langt. Außerdem folgende Personen in der Reihenfolge ihres Auftretens: Die gute Kuh, die ihr Milchgeschäft zugesperrt hat und sich gerade welche aus der Packung in ihr Becherchen schüttet, die Katze, die sich nicht mehr putzt wie eine Irre, die ihren Waschlappen und ihre Seife verschenkt hat und die jetzt nach dem Zahnstocher angelt, der Fisch, der nicht mehr an irgendeiner brutalen Angel zappelt, sondern Mutters Fußknöchel beschnuppert, dann das niedliche Kälbchen, das mit roten Ohren in seinem Tarzanheftchen liest und rasch noch ein Stück Kuchen vor dem Essen nascht, und schließlich, letzten Endes, das Pferd, das nicht mehr bitteunddanke sagt, keinen Pflug mehr zieht und für keinen mehr Männchen macht, das Pferd, das die Beine in den bequemen Pantoffeln weit von sich streckt und nach dem Salat, seinem Lieblingsessen, schielt.

Es sieht ganz entschieden so aus, als ob sie sich's alle gleich gut schmecken lassen wollten.

Es sieht offensichtlich, nein, ganz entschieden so aus, als ob alles in schönster Ordnung wäre, wie es ist.

Franz, der brave, sitzt am Boden und lacht und lacht und lacht und lacht. Und der arme, fette Hamster sitzt auch am Boden und jammert noch immer, daß er Hunger hat, daß es eine Gemeinheit ist, wie man ihn hier behandelt. Und Franz sagt: Wenn alle Tiere was kriegen, dann mußt du natürlich auch was kriegen, logisch, ist doch klar, die Sache ist geritzt. (Franz spricht schon fast ausländische Sätze!) Und Franz fragt: Was willst du? Willst du Torte? Kuchen? Obst? Fleisch? Braten? Salat? Kartoffel? Suppe? Schokolade? Bonbons? Franz sagt: Komm mal mit, und such dir was aus!

Franz geht in die Küche, wo die Mutti genau das macht, wovon Franz früher immer geglaubt hat, daß sie das machen *muß*, nämlich kochen. Franz sagt gleich: Mutti, ich hab Hunger. Der Hamster hat auch Hunger. Hier ist er, er heißt Garten-

der-Hamster. Mit einem Garten hat er aber nichts zu tun, weil er nämlich nichts pflanzt und auch nichts erntet, sondern nur essen kann. Und wir wollen von allem, was da ist, das beste und sehr viel davon. Die Mutti sagt sofort, was sie sagen *muß,* nämlich: Aber Franz, es ist doch noch nicht Essenszeit, Vati ist doch noch gar nicht daheim, Vati ist doch noch im Büro. Willst du einen Apfel? Äpfel sind gesund und leichtverdaulich.
Scheißaufäpfel, murrt Hamster und murrt Franz. Kuchen wolln wir! Ganz viel, einen ganzen Kuchenberg. – Aber Franz, die Mutter mahnt, vor dem Essen naschen??? – Ja, vor dem Essen naschen, sagt Franz. Hast du schon deine Aufgaben gemacht? fragt sie. Das mußte ja kommen, sagt Franz. Ja, ich habe viele schöne Aufgabensätze gemacht.
Aha, sagt die Mutti zufrieden (wir freuen uns doch alle, wenn unsre Mutti zufrieden ist, nicht wahr?), hast du zehn Sätze gemacht wie gestern, oder hast du mehr als zehn Sätze gemacht? Wenn du auch noch Fleißaufgabensätze gemacht hast, bekommst du ein Stück Kuchen.
Da stellt sich Franz gleich hin und deklamiert seine Sätze: Das Schiff schaukelt fröhlich auf den Wellen. Die Magd sitzt im Liegestuhl und schminkt sich die Lippen. Ihr Kleid ist schön, die Magd ist schön. Der Knecht geht ins Spielcasino. Der Knecht ist reich und glücklich und froh. Der Knecht trägt auch einen feinen Anzug. Der Tisch ist schon gedeckt. Herbei! herbei! Mutti sitzt obendrauf auf dem Tisch. Ihre Zähne sind Mandeln. Ihr Haar ist aus Zuckerglasur. In ihrer Bluse sind Spiegeleier. In ihrer Schürze sind Buletten. Ihre Augen sind zwei kandierte Kirschen. Ihre Nase ist eine Karotte. Auch Vati sitzt auf dem Tisch. Sein Gesicht ist ganz aus Teig. Im Pullover hat Vati Rosinen. Zwischen den Zehen hat Vati Nüsse. Vatis Socken stecken im Bratensaft. Vati sieht so lecker aus!
Um den Tisch herum sitzen alle Tiere. Sie waren alle nicht sehr brav. Trotzdem freuen sie sich auf das gute Essen. Der Hund freut sich aufs Essen. Das Pferd freut sich aufs Essen. Die Kuh freut sich aufs Essen. Die Katze freut sich aufs

Essen. Der Fisch freut sich aufs Essen. Das Kälbchen freut sich aufs Essen. Und alle Tiere, die ich nicht genannt hab, weil ich keine Lust mehr habe, freuen sich aufs Essen. Aus. Schluß für heute.
Und wir wollen auch was kriegen! sagen Franz und der Hamster wie aus einem Munde. Mutti murmelt was von heutenichtbravgewesen und keinnachtisch, da geht Franz einfach zum Eisschrank und holt alles raus, was drin ist und was Franze und Hamster so mögen. Und alles trägt er weg, und alles essen sie auf, bis sie nicht mehr können. Nur die Gräten und die Knochen und das Schokoladenpapier lassen sie am Boden liegen.
Dann füllt Garten-der-Hamster (ein blöder Name, ich weiß, aber er heißt halt nun mal so. Ihr heißt ja auch Peter und Hans und Klaus und Eva und Brigitte und Susanne) noch seinen kleinen Rucksack wieder auf, weil er doch so lange wieder unterwegs sein wird, wer weiß, wann er wieder was kriegt. Ach ja, es ist ein hartes Leben. Und dann geht er raus, der Hamster, nachdem er sich mit der Hand an seiner kleinen, karierten Kappe verabschiedet hat. Franz schaut ihm nach, und der Hamster winkt mit seinem kleinen Taschentuch, und er wird immer kleiner und kleiner und kleiner. Franz ist ein bißchen traurig, aber vielleicht kommt er ja bald wieder, sein Freund, der Hamster. Dann wollen sie jedenfalls tüchtig auf die Pauke haun, die beiden. Franz fällt gar kein schöner ganzer Satz mehr ein. Nein, Franz sagt nur leise: Tschüß!
Dann klappt der Nebel seine Türflügel zu.
Und wenn's bei euch daheim mal klingelt, dann ist das entweder irgendwas in eurem Kopf drinnen, oder es ist der Postbote, oder es ist der Gaskassier, oder es ist ein Hamster, der Garten heißt, mit einem leeren Rucksack.
Auf jeden Fall kann's nicht schaden, wenn ihr die Tür aufmacht!

Karlheinz Freynik
Lied vom Schlurf

Ein Schlurf grad um die Ecke kurvt
& trifft dort einen zweiten Schlurf.
Der 1. Schlurf sagt: »Hee, was iss?
Was machst du hier? Hier schlurfe
ich!«
Der 2. Schlurf sagt: »Hör mal zu,
ich schlurf' genauso gut wie du!
Wir können ja um ein paar Kurven
gemeinsam um die Wette schlurfen!
Da sagt der 1. Schlurf: »Fang an!
Mal sehn, wer besser schlurfen kann
Jetzt geht es los, der Startschuß fällt
sie schlurfen, was das Zeug herhält.
Die Füße, längst vom Schlurfen krank,
die Sohlen sind schon schlurfe-blank,
& wie die Schlurfe ihr Ziel erreichen,
können sie durchs Ziel nur schleichen!
Die Schuh' kaputt, es brennt der Zeh,
denn barfuß schlurfen, das tut weh!

Günter Kunert
Ludwig der Lärmer

udwig lärmt gern. Und viel.
Und immer.
Läuft Ludwig die Treppe hinunter, macht Ludwig Lärm:
wie zehn Elefanten
oder zwanzig Nashörner
oder achtunddreißig Giraffen
oder sechsundvierzig Büffel.
Ludwig spricht niemals leise.
Er braucht kein Telefon.
Dafür dreht er das Radio an, daß alle Leute im Hause es hören können.
Und im Nebenhause. Und im Hause neben dem Nebenhause.
Das Wichtigste an Ludwigs Fahrrad ist die Klingel: Die Bremse kann verrotten. Ludwigs Fußball ist eine leere Konservendose, sein Spielfeld eine Straße mit Katzenkopfpflaster.
Ludwig hört nichts, weil er so laut ist, und wenn Ludwig schon mal was gehört hat, kann er nicht antworten, weil er grade pfeift. Schade. Denn da hat doch jemand, wahrscheinlich sogar seine Mutter, gerufen: Ludwig – es gibt Schokoladenpudding! Das hat er verpaßt. Ludwig – komm, wir gehen zum Schwimmen! Verpaßt. Ludwig – willst du dir zwei Mark verdienen?! Verpaßt. Ludwig – ich bin eine Fee, und du hast drei Wünsche frei! Wie? Was? hat da einer gemurmelt: Es liegt Schnee? Man trinkt drei Pünsche und ißt Brei?
Armer Ludwig. Denn Ludwig ist krank. Er leidet gräßlich an Selbstsucht, was schlimmer ist als Gelbsucht – richtig verstanden? Selbstsucht! Denn wer solchen Lärm macht, kann immerzu und immer wieder bloß an sich denken und kennt nur sich, weil er nur an sich denkt: Armer Ludwig, wie langweilig ist das!

Dieter Kühn
Die Pferdesprache

Der Prinz band abends sein Lieblingspony am Kinderbett fest: Da schlief es im Stehen, schnaubte mal jedes Stündchen. Am Morgen kletterte der Prinz auf den Ponyrücken, ritt ins Badezimmer, putzte sich und dem Pony die Zähne, kämmte sich die Haare, dem Pony die Mähne. Dazu benutzte er den gleichen Kamm. Aus dem Badezimmer trabte der Prinz in das Eßzimmer des Sultanspalastes. Er war nämlich der Sohn eines Sultans und wohnte dementsprechend im Morgenland. Seinen Vater sah der Prinz allerdings nur äußerst selten, dann auch meist nur aus der Ferne. Auch bekam er nie heraus, welche von den Lieblingsfrauen des Sultans eigentlich seine Mutter war.

So saß er denn allein im Eßzimmer auf dem Ponyrücken; er stieg nicht auf einen Stuhl um. Die schweigenden Diener mit den Dienerturbanen und den Dienerpumphosen schütteten Hafer auf einen der Teller mit Goldrand: Das Frühstück für das Pony.

Für den Prinzen gab es Haferbrei. Zucker stand zum Streuen bereit, den leckte meist das Pony weg. Deshalb nannte der Prinz, als er sprechen lernte, den Zucker nur ›Pferdesüß‹. So fing es an mit seiner Pferdesprache.

Nach dem Frühstück wurde erst mal tüchtig geritten. Bei schönem Wetter draußen, bei Regenwetter im Palast. Die Türhüter öffneten mit knapper Verbeugung die Palastzimmertüren, wenn sie sein Pony herantraben hörten. Selbst durch das Schlafzimmer des Sultans ritt er manchmal – eine der seltenen Gelegenheiten, wo er wenigstens mal den Kopf seines Vaters zu sehen bekam. Der lag nämlich zu dieser Zeit meist noch mit der jeweiligen Hauptlieblingsfrau im riesigen Sultansbett und schlief oder döste. Wenn er döste, so knurrte er einen Gruß und winkte dem Prinzen

matt zu. Da rief der Prinz denn Guten Morgen, nahm dazu kurz den Schnuller aus dem Mund.
In leichtem Hausgalopp ritt er weiter in das mit vielfarbigen Mosaiksteinen ausgelegte Badezimmer des Sultans, ritt danach durch das Ankleidezimmer, in dem auf mannshohen Stangen mindestens ein Dutzend fertiggewickelter Turbane steckte. Und selbstverständlich reihten sich hier Schnabelschuhe, hingen Pluderhosen und reich bestickte Jacken bereit.
Wenn der Prinz mal durch dieses Zimmer ritt, während der Sultan sich hier mit Hilfe von Kammerdienern ankleidete, so hieß es höchstens: »Wie gehts? Was machen die Pferde?« Der Sultan wendete sich beispielsweise den Turbanen zu, suchte einen aus. Er hatte viel Zeit zum Aussuchen, bewegte sich gar nicht rasch dabei, und doch sprach er nicht weiter mit seinem Sohn. Auch nicht, wenn er den richtigen Turban gefunden hatte und sich auf den Kopf stülpen ließ.
Im Trab ging es weiter durch das Frühstückszimmer des Sultans: Er saß hier meist mit einer Lieblingsfrau. Sie hatte ihm am Morgen nicht mehr viel zu sagen, sie lächelte den Sultan kauend und schlürfend an. Ebenso schwieg der Sultan. Trotzdem wollte er bei diesem gemeinsamen Schweigen auf keinen Fall gestört werden; möglichst lautlos mußte der Prinz durch den Raum reiten. Es war schon eine Gnade, daß er überhaupt durch die Räume des Sultans reiten durfte. Damit, so meinte der Sultan, würde er eigentlich schon sehr viel für seinen Sohn tun.
Weiter ging so ein Ritt durch einige Zwischenräume in den Thronsaal des Sultans; der kostbare Thron wurde von riesigen Pfauenfedern überwölbt, die mit Edelsteinen besetzt waren. Auf dem spiegelblanken Boden ritt der Prinz vorsichtig ein paar Runden, während Diener die Pfauenfedern sauberpusteten. So hatten sie keine Puste mehr, mit ihm zu sprechen, und er ritt hinaus, vorbei an Palastwächtern mit riesigen Schnurrbärten und enormen Krummschwertern. Auch diese Wächter sprachen nicht, denn sie mußten dauernd die Zähne zusammenbeißen, um

möglichst kriegerisch auszusehen. Wenn sie das ein paar Jahre lang gemacht hatten, kriegten sie die Zähne kaum noch auseinander. Der Prinz ritt danach meist in einen Flur mit vielen Türen. Die erste Türe zum Zimmer der Sultanslieblingsfrau Nummer 1. Hinter der nächsten Tür das Zimmer der Lieblingsfrau Nummer 2. Anschließend die Türen und Räume der Lieblingsfrauen 3 bis 17. Schon daran läßt sich erkennen, daß der Palast sehr groß war. Da konnte der Prinz bei schlechtem Wetter entsprechend weite Ausritte machen durch Flure und Räume. Der Palast war für ihn nur ein Reithaus. So nannte er den Palast denn auch, als er sprechen konnte das ›Reithaus‹. Dies hörten die Palastbewohner nicht gern, aber wer hörte ihn schon?
Bei schönem Wetter ritt der Prinz natürlich draußen. Zum Beispiel zwischen den Blumenanlagen des Palastgartens, in dem Gärtner mit gärtnergrünen Turbanen arbeiteten. Diese Gärtner machten ein Auge zu, wenn der Prinz über die Blumenbeete hinwegsprang: Nie berührte er mit den Hufen die Blüten, er war schon früh ein sehr sicherer Reiter.
Hinter den Blumenanlagen ein Teich mit Zierpflanzen und Zierwasservögeln, vor allem Flamingos und Zuchtenten mit blauen und türkisgrünen Fiederhauben, die im Sonnenlicht glänzten.
Danach eine Palmenallee und an ihrem Ende das Außentor des Palastparks. Dort standen auch wieder Wächter mit blaugoldenen Turbanen und täglich frisch polierten, folglich blitzenden Krummschwertern. Die Wächter hörten auf, an den langen Haaren ihrer kriegerisch zottigen Schnurrbärte zu kauen, sie zeigten ihre ungeheuer gesunden Zähne – das unterschied sie von den Wächtern im Palastinneren, die zum Gruß nicht mal die Zähne zeigten. Aber gesprächig waren diese Herren auch nicht. Sie sahen aus wie aus Holz geschnitzt. Es war auch nicht ratsam, ein Gespräch mit ihnen anzufangen, denn blitzende Krummschwerter machen jedes Pferd nervös. Dem Prinzen kamen die Wächter vor wie Pferdeschlachter im Sonntagsanzug.
Draußen die Feldwege, die nannte der Prinz in seiner

Sprache einfach ›Pferd-wege‹. Rechts und links davon sah er am liebsten Haferfelder. Für Weizen-, Roggen- und Maisfelder hatte er gar keinen Blick; sein Pferd auch nicht. – – –

Als der Prinz etwa sechs Jahre alt war, mußte auch er in die Schule. Das ließ ihm der Sultan durch einen Boten mitteilen. Der Sultan kümmerte sich auch jetzt nicht um ihn, er hatte alle Hände voll zu tun, mit seinen Frauen, mit den ausgiebigen Mahlzeiten, mit dem Regieren, das vor allem darin bestand, daß er Gelder annahm.

Der Prinz mußte alleine lernen. Denn er durfte grundsätzlich nicht mit anderen ›gewöhnlichen‹ Kindern zusammenkommen, da gab es ein Gesetz am Sultanshof. Damit das Leben dem Prinzen nicht zu langweilig wurde, hatte man ihm sehr früh schon die Pferde angeboten. Auf die wollte er auch jetzt nicht verzichten.

Der Prinz ließ seinem Vater ausrichten: Wenn er auf einem Stuhl an einem Tisch sitzen müßte, so könnte er kein Wort lernen, das würde nur auf dem Pferdrücken klappen. Der Sultan ließ zurückmelden: »Einverstanden. Hauptsache, du lernst anständig!«

So fand der Unterricht in der Reitbahn statt. Der Lehrer stand in der Mitte, der Prinz ritt im Kreis um ihn herum. Weil der Prinz inzwischen gewachsen war, ritt er keine Ponies mehr, sondern mittelgroße Pferde. Eins dieser Pferde ließ er Schritt gehen, um den Lehrer herum, der ihm als erstes einen morgenländischen Schieferstift zuwarf. Den schnappte der Prinz, ließ dann das Pferd traben. Nun warf ihm der Lehrer eine Schieferplatte zu; die fing der Prinz lässig mit der linken Hand, ließ das Pferd nun galoppieren, setzte sich zum Schreiben zurecht.

Sich ständig um die eigene Achse drehend, sich dabei mit den Schuhen in den Sand der Reitbahn einbohrend, rief ihm der Lehrer nun beispielsweise Rechenaufgaben zu. Die durften freilich nicht lauten: »Wieviele Früchte sind 3 Äpfel und 7 Birnen?« Sondern: »Wieviel Pferde sind 3 Ponies und 7 Stuten?« Wenn in einer Rechenaufgabe kein Pferd vorkam, verweigerte der Prinz die Antwort. Also mußte sich der Lehrer dauernd Aufgaben ausdenken mit Pferden. Zum Beispiel: »Ein gesundes Pferd

frißt an einem Tag 4 Pfund Hafer. Wieviel frißt ein krankes Pferd, das nur die Hälfte frißt, an zwei Tagen?«
So was rechnete der Prinz auf der Schieferplatte aus, während sein Pferd im Kreis galoppierte. Aber weder im kurzen noch im gestreckten Galopp wurde seine Handschrift wacklig – so sehr hatte er sich an das Leben auf dem Pferd gewöhnt.
Sobald er mit dem Rechnen fertig war, rief er »Schnapp!« und warf dem Lehrer die Tafel zu. Also mußte sein Lehrer gut fangen können. Wenn er die Note auf die Tafel geschrieben hatte, warf er sie wieder zum reitenden Schüler.
Natürlich mußte der Prinz auch das Rechtschreiben üben. Aber hier war es ähnlich wie beim Rechnen: Wenn in einem Text nicht oft genug das Wort Pferd vorkam, hörte der Prinz nicht recht hin und machte Fehler. Oder er setzte einfach das Wort Pferd ein, selbst wenn es gar nicht im Diktat vorkam. Zum Beispiel, wenn der Lehrer diktierte: »Drei Eierhändler marschierten auf einem staubigen Feldweg zur Hauptstadt und sangen«, so schrieb der Prinz: »Drei Pferde trabten auf einem staubigen Pferdweg zur Hauptstadt und wieherten
So mußte natürlich auch der Lehrer dazulernen, und er diktierte nur noch Texte, in denen möglichst oft das Wort Pferd vorkam: »Ein Pferdehändler übergab einem Pferdeknecht ein Pferd samt Pferdegeschirr, Pferdedecke und Pferdefutter. Der Pferdeknecht führte das Pferd zuerst auf eine Pferdekoppel, dann in den Pferdestall.« Solche Sätze schrieb der Prinz fehlerlos.
Auch die Geschichten, die der Junge nachschreiben und nacherzählen mußte, glichen sich immer mehr. Sie fingen zum Beispiel so an: »Drei Pferde trabten in einer Reithalle. Das erste Pferd sagte zum zweiten Pferd: Ich habe neulich mit einem Pferd gesprochen, das ein berühmtes Pferd gesehen hat, wie es im Galopp auf einer Reitbahn andere Pferde überholte und ihnen dabei folgendes zurief: Drei Pferde trabten in einer Reithalle. Das erste Pferd sagte zum zweiten Pferd: Ich habe neulich mit einem Pferd gesprochen, das ein berühmtes Pferd gesehen hat« – und so weiter.

Auf diese Weise lernte der Prinz eine Sprache, in der fast nur Wörter vorkamen, die mit Pferden zu tun hatten. Also dachte der Prinz immer mehr an Pferde. Woran sollte er auch sonst denken? Sein Vater sprach ja kaum mit ihm, dauernd hatte er mit Ministern, Heerführern, Baumeistern, Köchen, Wesiren und Großwesiren zu verhandeln, dauernd mußte er jagen, essen, trinken, dauernd flüsterte er seinen Lieblingsfrauen Sätze in die parfümierten Ohren, die sie kichern machten.

Und die Hofbeamten unterhielten sich in der Beamtensprache am liebsten mit anderen Beamten; da hörte man meist etwas von Beförderung, Akteneingang, Dienstanweisung, Einarbeitung. Lauter Wörter, die dem Prinzen nichts sagten.

Die Männer der Palastwache sprachen auch kaum mit ihm. Erstens durften sie das nicht, und zweitens plauderten sie meist in der Militärsprache, redeten von Sold und Appell, von Garde und Montur, von Drill und Reglement.

Und die Gärtner redeten in der Gärtnersprache, zum Beispiel von Rispen und Sporen, von Lippenblütlern und Trugdolden, vom Umtopfen und von der Okulation – auch das langweilte den Prinzen. Am leichtesten und besten hätte er mit Kindern reden können. Aber wenn er durch die Stadt ritt, und er sah andere Kinder spielen und er sprang ab, wollte mitspielen, so erschien augenblicklich ein Bewacher oder Erzieher, der ihm unauffällig gefolgt war, und der vertrieb schimpfend, manchmal auch die Reitgerte schwingend die anderen Kinder. – – –

Nach einiger Zeit mußte zum ersten Mal sein Lehrer ausgewechselt werden: Ihm fielen keine Rechenaufgaben und keine Diktatgeschichten mehr ein, in denen nur Pferde vorkamen.

Bestimmt 528mal wurde an einem Schulvormittag das Wort Pferd ausgesprochen. Dazu viele Tätigkeitswörter wie: fressen, galoppieren, aufzäumen, longieren. Dazu entsprechende Eigenschaftswörter, also etwa: mittelgroß, stramm, drahtig, bemuskelt, ruhig, temperamentvoll. Und zahlreiche Hauptwörter wie: Ausdauer, Halbblut, Beschlag, Galopprhythmus, Huf, Freßlust.

Wenn der Prinz gut gelernt hatte, durfte er zur Belohnung das Mittagessen auf dem Pferderücken einnehmen. Dabei kam es nie vor, daß er auf dem trabenden Pferd mal Suppe schlabberte oder eine Weintraube verlor. Nach dem Essen warf er die Teller, die Gabel, den Löffel, das Messer den Dienern zu, die sich bei Messer und Gabel meist duckten und dann das Besteck aus dem Sand auflasen. Nach dem Essen machte der Prinz, wie es im Morgenland üblich war, ein Mittagsschläfchen – selbstverständlich auf dem Pferderücken. Es gab in den Stallungen ein Pferd, das besonders geeignet dafür war: ein breiter Kaltblüter, der zur Mittags-Schlafzeit in die Reitbahn geführt wurde. Der Prinz sprang vom Schulpferd auf das Schlafpferd hinüber, legte sich auf die Satteldecke, machte die Augen zu und war schon eingeschlafen.
Wenn er aufwachte, räkelte er sich wohlig auf dem Pferd, gähnte wiehernd und rief: »Jetzt kann ich endlich mal nach Herzenslust reiten!« Und gleich wurde von einem Pferdeknecht mit Stroh im Turban ein Ausgehpferd in die Reitbahn geführt, der Prinz sprang hinüber, galoppierte auf die Straße hinaus, gefolgt von mindestens einem Aufseher.
Auf der Straße mußte niemand auf die Seite springen, keiner von den Männern mit Turbanen und Pumphosen, keine von den verschleierten Frauen. Obsthändler mußten ihre Obstkarren nicht beiseite schieben, Kinder mußten nicht aus den Hüpffeldern ihrer Hüpfspiele laufen, Hunde konnten auf dem Rücken liegen bleiben und sich von der Sonne das Bauchfell wärmen lassen. Der Prinz ritt ebenso rasch wie geschickt. – – –
Jagen oder fischen durfte der Prinz nicht. Als er einmal seinen Vater unter einem grünen Jagdturban mit Pfeil und Bogen ausreiten sah, gefolgt von Ministern und Gesandten mit kleineren Jagdturbanen, da ritt er zum Trupp hinüber, drängte sein Pferd neben den Sultan und fragte höflich, ob er mitreiten dürfte: »Ich werde dir auch den Bogen tragen, und beim Schießen reiche ich dir die Pfeile. Die toten Enten hol ich dann mit dem Pferd aus dem Wasser.«

Der Prinz schwamm nämlich gern mit dem Pferd. Er blieb dabei im Sattel sitzen, bis das Pferd mit seinen Hufen im Fluß oder im See keinen Grund mehr fand. Dann ließ er sich aus dem Sattel gleiten, griff in die Mähne, ließ sich vom Pferd mitziehen, ohne eine Hand oder einen Fuß zu bewegen. Der Prinz hätte mit seinem Pferd bestimmt jede abgeschossene Ente aus dem Wasser gefischt.

Aber sein Vater wollte ihm das nicht erlauben: Er könnte sich mal im Wasser verschlucken und untergehen. Außerdem würden sie nicht bloß am Wasser, sondern auch im Wald jagen. Dabei könnte ihn ein waidwund geschossenes Wildschwein oder ein verwundeter Bock ›annehmen‹, das heißt angreifen – und ein Prinz muß unter allen Umständen am Leben bleiben, damit er später Sultan werden kann. Ganz abgesehen davon wollte der Sultan während der Treibjagd mit den Ministern und vor allem mit den Gesandten sprechen, das sei so üblich, dabei würde ein Kind bloß stören.

Also mußte der Prinz zurückreiten. Wütend galoppierte er durch ein Blumenbeet. Er hätte leicht über die Blumen hinwegspringen können, das wäre für ihn überhaupt kein Kunststück gewesen, das machte er täglich. Aber diesmal ließ er das Pferd einfach querdurch galoppieren, daß die Blütenfetzen und Blattstücke flogen. – – –

An jedem Werktag hatte der Prinz Schulunterricht in der Reitbahn, auch bei Regen. »Das macht meinem Fell nichts«, sagte er dann. Oder: »Meine Mähne kann einen Eimer Wasser vertragen!« Denn so langsam wendete er die Pferdewörter auch auf sich an. Wenn er hungrig war, rief er ungeduldig: »Wo bleibt mein Hafer?« Und selbst wenn das Essen aus Vorspeise, Hauptgang, Nachspeise bestand, es blieb für ihn Hafer – nur eben Hafer in drei Gängen. »Der Hafer hat gut geschmeckt!« rief er manchmal nach dem Essen, »sagt das dem Koch!« Der lächelte dann betrübt.

Auch wenn der Prinz von seinem Gesicht sprach, benutzte er Wörter, die eigentlich zu Pferden gehören. Darauf mußte sich auch der jeweilige Lehrer einstellen. Wenn er fragte: »Welche Teile hat das Gesicht?«, so antwortete der Prinz: »Das Gesicht hat Ohren, Augen, Maul, Nüstern.« Mußte er sich mal die

Nase putzen, so sagte er: »Ich schnaub mir mal die Nüstern.« Und er putzte sich mittlerweile nicht mehr die Zähne, sondern das Gebiß, obwohl er natürlich kein Gebiß hatte, das man abends ins Glas legt und morgens im Mund wieder festklebt. – – –

Natürlich wollte der Prinz seine Umgebung immer wieder daran erinnern, daß es Pferde gibt. Dazu ließ er sich manches einfallen. Zum Beispiel steckten im Palastgarten kleine Schildchen in den Blumenbeeten mit genauen Namensangaben, damit man die sechsundzwanzig Tulpensorten oder siebenunddreißig Rosenarten nicht verwechselte. Diese Schildchen tauschte der Prinz manchmal frühmorgens aus gegen ähnliche Schildchen, die er abends beschrieben hatte.

Auf diesen Schildchen standen nicht die richtigen Pflanzennamen, also etwa Knabenkraut, Frauenschuh, Lämmerschwanz, sondern darauf hatte er erfundene Namen gemalt wie Pferdekraut, Pferdeschuh, Pferdeschwanz, Pferdehalm, Pferdeglocke, Pferdewurz, Pferdefuß.

Leider aber hatten diese Schilder keine Wirkung: Niemand sprach von Pferdewurz, Pferdeglocke, Pferdekraut, man blieb bei den gewohnten Namen. So war es wieder einmal schwieriger geworden, sich zu verständigen: Es hätte ihn schon sehr gefreut, wenn die Palastbewohner, wenn schließlich auch die hartnäckigen Gärtner seine Blumennamen aus der Pferdesprache übernommen hätten. Aber die Gärtner rissen seine Schildchen sofort wieder raus, sobald sie die entdeckten: Sie wollten unbedingt die Blumen in ihrer Gärtnersprache bezeichnet haben und in keiner anderen. – – –

In den Schulstunden aber mußte weiterhin für den Prinzen alles, wirklich alles übersetzt werden. So konnte der Lehrer zum Beispiel nicht sagen: »Die Stadt A und das Dorf B liegen 20 Meilen voneinander entfernt«, es mußte vielmehr heißen: »Die Stadt A und das Dorf B liegen zweieinhalb Reitstunden voneinander entfernt.« Denn die Recheneinheit war für den Prinzen und alle erfahrenen Reiter acht Meilen pro Stunde. So war denn ein Fluß nicht 320 Meilen lang, sondern 40 Stunden.

Jeden Namen, den der Prinz im Fach Erdkunde lernte, benutzte er gleich, um sich neue Reitausflüge auszumalen. Wenn er sich den Namen des Flusses Euphrat einprägen mußte, machte er das freiwillig so: »Ich reite zum Fluß Euphrat, ich reite am Fluß Euphrat entlang, ich reite über den Fluß Euphrat hinüber, wenn er eine Brücke hat, sonst reite ich durch den Fluß Euphrat hindurch, wo er flach genug ist.«

Oder er lernte einen Bergnamen wie Ararat, und gleich begann wieder sein Spiel – er ritt im Trab um den Lehrer herum, der sich geduldig um seine Achse drehte, und rief: »Ich galoppiere zum Berg Ararat, ich trabe um den Berg Ararat herum, ich reite im Schritt den Berg Ararat hinauf, über Geröllflächen, über Schneeflächen, und mit unseren vier Pferdeaugen genießen mein Pferd und ich am Gipfel des Berges Ararat den Ausblick vom Berg Ararat.« Das konnte ihn derart begeistern, daß er sein Schulpferd zum Galopp antrieb, sich auf den Sattel stellte und das so laut wie möglich hinausschrie. Da schauten aus den Palastfenstern, die zur Reitbahn hinausführten, Palastbewohner mit Turbanen und Schleiern: Was war los? Auch der Sultan zeigte sich dann schon mal, eingerahmt von zwei Lieblingsfrauen. »Was mag aus meinem Sohn nur werden?« fragte er sie. Aber weiter wurde darüber nicht gesprochen, auch nicht nachgedacht: Er hatte ja alle Hände voll zu tun mit seinen siebzehn Frauen, mit seinen Wesiren, Offizieren, Köchen. Jedenfalls behauptete der Sultan das ständig – selbst wenn es gar nicht immer so aussah. – – –

Manchmal sah der Prinz seinen Vater durch den Garten schlendern, begleitet von einigen seiner Frauen, die gelegentlich ein Scherzchen machten, aber sonst war man stumm, beschaute die Blumen. Also mußte der Sultan nun wohl Zeit haben. Deshalb ritt der Prinz zu ihm hin, im Schritt, sorgsam um die Blumenbeete herum; er grüßte leise, um die Stimmung nicht zu stören.

Aber selbst jetzt nickte ihm der Sultan nur knapp zu, fragte: »Wie gehts? Was machen die Pferde?«, pflückte eine Blume, steckte sie der Hauptlieblingsfrau ins Haar, pflückte eine zweite Blume, steckte sie einer anderen Lieblingsfrau in den

Gürtel. Sein Sohn stand dabei und war für den Sultan nicht mehr vorhanden.
Einmal traf der Prinz bei einem Gartenritt seinen Vater fast völlig allein. Er stand am Zierteich, nur ein Diener schräg hinter ihm. Der Sultan schaute gleichmütig auf das glitzernde Wasser, das von seltenen Zierpflanzen umgeben war, auf dem Zierenten herumpaddelten; ihre blauen oder türkisgrünen Haubenfedern glänzten. Flamingos standen nach Flamingoart auf einem Bein, hatten das zweite eingezogen, unter die Flügel geschoben. Sein Vater ließ sich vom Diener ein Brotstückchen reichen, das der Diener zwischen den Handflächen zu einem lockeren Kügelchen gerollt hatte: Das warf er einer Ente vor, die es aufpickte. Der Diener begann sogleich ein zweites Brotkügelchen zu rollen.
Der Prinz stieg vom Pferd, ging leise zum Sultan. Der nickte ihm zu, schnippte das zweite Brotkügelchen zu einer der Haubenenten; die Flamingos waren zu träge, um von ihrer Höhe herab ins Wasser zu picken. Der Prinz wollte den Sultan etwas fragen, aber sein Vater winkte ab: »Ich denke gerade über etwas nach, wie du merken dürftest. Also bitte!«
Und er wandte sich wieder den Haubenenten und Flamingos zu, denen der Prinz vor Wut am liebsten die angeberisch langen und dünnen Standbeine weggeknickt hätte.
Er schwang sich aufs Pferd, ritt in den Palast zurück, in den leeren Thronsaal, knickte dort eine der wertvollen, mit Edelsteinen besetzten Pfauenfedern ab – das war mindestens so gut, wie ein Flamingobein knicken!
Außerdem rempelte er mit dem Pferd eine wertvolle Bodenvase, ließ sie in Stücke klirren. Nun ging es ihm schon etwas besser. – – –
Die Wörter aus der Pferdesprache nahmen weiter zu. Der Prinz nannte seine Bettdecke nur noch ›Pferdedecke‹.
Und weil er nicht nur Pferdedecke nennen wollte, was doch nur eine normale Bettdecke war, so legte er sich eine Pferdedecke auf das Bett, in dem auch schon reichlich Stroh raschelte. Nur auf Pferdestroh, unter einer Pferdedecke

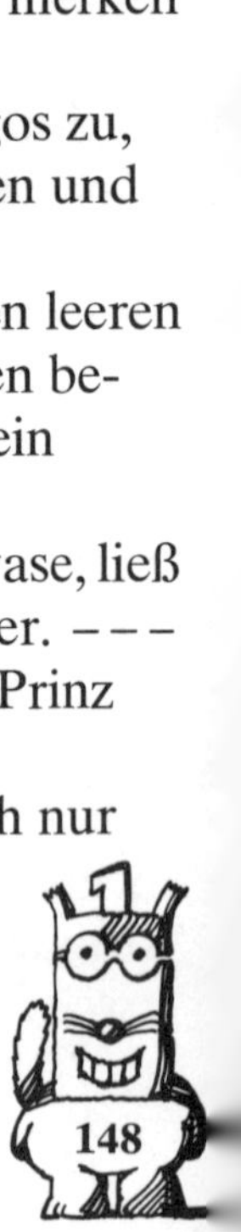

mit echtem Pferdegeruch konnte er wirklich gut schlafen.
Was ihn ärgerte, war, daß er noch nicht wie die Pferde im Stehen schlafen konnte. Er hatte das mehrfach ausprobiert, war beim Einschlafen aber jedesmal umgekippt. Dabei nützte auch Anketten nichts: Da riß ihn die Kette wach. Er mußte also nach wie vor liegen, um zu schlafen.
Zu seinem sehr großen Bedauern konnte der Prinz auch mit 16 Jahren noch keine Pferdeäpfel machen; ganz traurig beschaute er, was morgens aus seinem Körper kam: Dampfen konnte es schon, im Winter, aber es wurden und wurden keine Pferdeäpfel. – – –
Eigentlich, so dachte der Prinz eines Tages, müßte es überall im Palast nach Pferd riechen; dann würde der Sultan vielleicht öfter an ihn denken, ihn mal zu einem kurzen Gespräch einladen, oder man aß gemeinsam. So warf er Pferdeäpfel in bauchige Vasen, legte Pferdeäpfel hinter Bücher und Schriftrollen, steckte Pferdeäpfel unter Sitzkissen, schmuggelte im Ankleidezimmer sogar Pferdeäpfel in die Turbane, die vorgewickelt auf Stangen steckten: Überall, wo er ging, stand, saß, lag, sollte der Sultan an seinen Sohn denken.
Das tat er auch, aber wütend: Er stieß einen kräftigen orientalischen Fluch aus, wenn er einen Raum betrat, in dem es mal wieder nach Pferdeäpfeln roch, brüllte die Diener an, und die liefen dann schnuppernd umher, holten Pferdeäpfel aus dickbauchigen wie aus schlanken Vasen, schüttelten Pferdeäpfel mit vielen Daunenfedern aus Kissen, pokelten Pferdeäpfel aus vorgewickelten Turbanen.
Wenn die Diener einen Raum verließen, in dem sie erfolgreich alle Pferdeäpfel aufgespürt hatten, und sie begannen im nächsten Raum zu suchen, so huschte der Prinz zur Türe des durchsuchten Raums, öffnete sie einen Spalt weit, schmiß einen Pferdeapfel mitten in den Raum, zog die Türe zu und verschwand. Wenn die Fenster offenstanden, zum Auslüften, warf er von draußen frische Pferdeäpfel hinein.
Auch diesen Trick bekam man bald heraus: Lautlos

huschten Diener mit Schippchen herum, schoben sie unter die nachgeworfenen Pferdeäpfel. Der Prinz mußte seine Technik immer wieder ändern. – – –

Mit 18 Jahren war der Prinz der bekannteste, wagemutigste, ausdauerndste Reiter des Morgenlands. Er galoppierte am liebsten mit zwei Pferden, sprang von einem galoppierenden Pferd hinüber auf das nebenher galoppierende Pferd, sprang nach Lust und Laune wieder zurück.

Einmal forderte er die jungen Männer des Palastes, die jungen Offiziere des Sultansheeres zu einem Dauerritt ins Gebirge heraus. Da saß er 136 Stunden, also fast eine Woche lang, ohne Pause in verschiedenen Sätteln und ritt schließlich ganz allein – alle anderen Reiter waren zurückgeblieben, mit wundgerittenen Hintern, ächzend, Salbe streichend, schimpfend. Der Prinz aber machte zum Abschluß des Dauerritts noch einen funkensprühenden Galopp über Steinflächen, sprang dann mit scharfgefeilten Hufen über Gletscherspalten, die saugend tief waren.

Als der Sultan davon hörte, fürchtete er um das Leben seines Sohnes und ließ ihn zu sich kommen, ganz offiziell.

Der Prinz erschien natürlich nicht zu Fuß – seine O-Beine waren zum Gehen ziemlich unpraktisch geworden. Er ritt in den Thronsaal. Das Pferd blieb vor dem Thron stehen und schnupperte an einer der Frauen, die malerisch den Sultan umlagerten. Zehn Schritt hinter dem Thron ein Halbkreis von Großwesiren und Wesiren, die feierlich und amtlich dreinschauten.

Der Sultan nickte seinem Sohn zu, beschaute ihn dann etwas genauer, was er schon lang nicht mehr getan hatte. Hatte der Prinz so etwas wie einen Pferdeblick? Waren seine Zähne schon ein wenig gelblich wie bei Pferden? Schnaubte er durch die Nase wie ein Pferd durch seine Nüstern? Dachte er vielleicht schon mit einem Pferdeverstand?

Schließlich sagte der Sultan seinem Sohn, der an ihm vorbeischaute: »Ich höre von tagelangen Gebirgsritten, von lebensgefährlichen Sprüngen über Gletscherspalten –

denkst du eigentlich nie daran, daß du eines Tages als Sultan auf diesem Thron sitzen sollst?«
Der Prinz fletschte kurz mal die Zähne, schnaubte, starrte weiter zum Fenster. Der Sultan wartete ein Weilchen, blickte auf das Uhrenpendel, das der Uhrendiener pendeln ließ, wiederholte dann, was er eben gesagt hatte. Nun endlich antwortete der Prinz: »Ein gesundes Pferd frißt an einem Tag 4 Pfund Hafer. Wieviel frißt ein krankes Pferd, das nur die Hälfte frißt, an zwei Tagen?«
Der Sultan stutzte, dann lächelte er zu den Lieblingsfrauen, die sowieso schon lächelten, nun aber doppelt stark lächelten. Auch lächelte der Sultan zu den Wesiren und Großwesiren, die vertrocknete Amtsmienen zeigten; als sich nun Lächelfalten durch ihre Gesichter zogen, klang es fast, als würde Pergamentpapier rascheln. Selbstverständlich lächelten auch die Diener an den Türen. Das allgemeine Lächeln sollte zeigen, daß der Prinz mit seiner Antwort nur ein Späßchen gemacht hatte, um alle zu unterhalten.
Der Sultan wollte als verständnisvoller Vater und Herrscher erscheinen und erklärte: »Ich weiß, das ist eine deiner Rechenaufgaben, und ich höre gern, daß du sie so gut behalten hast. Ich hoffe, du hast in deiner Schulzeit überhaupt vieles gelernt, was du einmal auf diesem Thron brauchen kannst, falls ich mal alt werde und meinen Sultansturban endgültig abwickeln muß. Was hast du denn so an Nützlichem gelernt?«
Der Prinz setzte das Pferd mit Schenkeldruck in Bewegung, ließ es im Kreis gehen, drehte sich auf dem Sattel um, lehnte sich mit dem Rücken an den Pferdenacken, streckte die Beine auf dem Pferderücken gemütlich aus. Der Sultan mußte auch diese Frage wiederholen; diesmal klang es fast ein wenig mürrisch, obwohl er wieder lächelte. Der Prinz sagte nur: »Drei Pferde trabten auf einem staubigen Pferdweg zur Hauptstadt und wieherten.«
Wieder schaute der Sultan lächelnd zu den Haupt- und Nebenlieblingsfrauen, zu den Wesiren und Großwesiren, in deren Gesichtern das Lächeln bereits ausgetrocknet war – sie mußten es gleich wieder auffrischen. Der Sultan meinte:

»Es freut mich, daß dir so lustige Antworten einfallen und daß du so bequem auf diesem Pferd sitzt. Aber es werden auch mal andere Lebewesen zur Hauptstadt kommen, die nicht bloß wiehern, sondern die mit dir reden wollen, über verschiedenartige Probleme, und da wäre es gut, wenn du darauf vorbereitet bist. Ist das der Fall?«
Der Prinz räkelte sich auf dem Pferd, das weiterhin im Kreis ging. Dann sagte er wie im Schlaf zwei Sätze auf: »Ein Pferdehändler übergab einem Pferdeknecht ein Pferd samt Pferdegeschirr, Pferdedecke und Pferdefutter. Der Pferdeknecht führte das Pferd erst auf eine Pferdekoppel, dann in den Pferdestall.«
Nun lächelte der Sultan nicht mehr die Frauen an, die mit anhaltendem Lächeln, mit duftender Haut, mit kostbaren bunten Tüchern seine Umgebung verschönten. Er lächelte erst recht nicht zu den Wesiren und schon gar nicht zu den Großwesiren, deren Gesichter wieder aussahen wie vereist: Sie schauten reglos zur Saaldecke hoch, um dem Sultan nicht auf den golddurchwirkten Turban und in den Nacken blicken zu müssen.
Der Sultan kniff seine Augenlider zusammen, zwang sich aber, weiterhin freundlich zu reden: »Ja, ich habe von deiner Vorliebe für Pferde gehört. Und daß du nur noch Sätze denkst und schreibst, in denen wenigstens einmal was mit Pferden vorkommt. Aber denk mal bitte dran, daß du eines Tages auf diesem Thron sitzen wirst. Dann hast du nicht nur mit Pferdeknechten, Pferdehändlern, Pferdekennern zu tun, sondern mit Lieblingsfrauen und normalen Frauen, mit Offizieren, mit Baumeistern, mit Kanonenherstellern, mit Köchen, mit Musikern, mit Wesiren und Großwesiren. Und diese Leute verstehen nicht deine Pferdesprache. Da mußt du mit den Offizieren in der Militärsprache, mit Baumeistern in der Architektensprache, mit Köchen in der Küchensprache, mit Wesiren und erst recht mit Großwesiren in der Amtssprache reden. Beherrschst du diese Sprachen?«
Der Prinz schwieg, drehte sich auf dem Pferderücken mit rascher elastischer Bewegung um, saß wieder richtig

im Sattel, brachte das Pferd auf Trab und rief: »Drei Pferde trabten in einer Reithalle. Das erste Pferd sagte zum zweiten Pferd: Ich habe neulich mit einem Pferd gesprochen, das ein berühmtes Pferd gesehen hat, wie es im Galopp in einer Reitbahn andere Pferde überholte und ihnen dabei folgendes zurief: Drei Pferde trabten in einer Reithalle. Das erste Pferd sagte zum zweiten Pferd: Ich habe neulich mit einem Pferd gesprochen, das ein berühmtes Pferd gesehen hat, wie es im Galopp auf einer Reitbahn andere Pferde überholte und ihnen dabei folgendes zurief: Drei Pferde trabten in einer Reithalle. Das erste Pferd...«

Während er das immer lauter rief, ließ er das Pferd im Kreis galoppieren und sprang schließlich über einen Tisch, auf dem Kristallschalen mit Früchten standen, auch kostbare Wasserpfeifen. Solche Sprünge machte der Prinz jeden Tag dutzendfach, nie ging etwas bei solchen Sprüngen in die Brüche, das wußte jeder am Hof. Um so erstaunter, um so erschrockener fuhren nun die Frauen in die Höhe, erhob sich sogar der Sultan vom Thron, als die Wasserpfeifen zerbarsten, als die Kristallschalen zerklirrten, und Scherben schlidderten über den Boden, Früchte kollerten herum. Ängstlich rissen die Türsteher die Doppeltüre auf, der Prinz galoppierte hinaus.

Draußen vom Flur her hörte man raschen Hufschlag, dann ein doppeltes, gleichzeitiges Wiehern. Wieherte auch der Prinz? Der Sultan spitzte unter dem Turban die Ohren: wieder ein doppeltes Wiehern, kein Zweifel. Der Sultan senkte den Kopf, schüttelte ihn langsam: »Wir verstehen uns nicht mehr. Mein Sohn und ich sprechen keine gemeinsame Sprache mehr. Wie kommt das nur? Was soll bloß daraus werden?«

Er schaute sich zu den Großwesiren und Wesiren um, aber sie blickten an ihm vorbei: Sie konnten dem Sultan ja nicht ins Gesicht sagen, daß er daran schuld war, weil er sich nie um seinen Sohn gekümmert hatte. Aus alter Gewohnheit begann der Sultan nun wieder die nächstbeste Lieblingsfrau zu kraulen, vergaß dabei schnell seine Frage. – – –

Der Prinz galoppierte zum großen Stallgebäude hinter dem Palast, sprang am Stalltor nicht ab, zügelte nur sein Pferd, ritt in den Gang zwischen den Pferdeboxen. Hier rief er den Pferdeknechten mit den braunen Arbeitsturbanen zu, sie sollten die Pferde freilassen, schnell, sofort! Die Pferdeknechte fragten nicht lange, sie banden die Pferde los, trieben sie rufend, klatschend, klapsend auf den Vorplatz. Der Prinz trabte mit seinem Leitpferd an. Als er um die Palastecke herumritt, folgten ihm in dichtem Pulk alle 48 Pferde. Nun trieb er sein Pferd zum Galopp an. Und sogleich begannen die Pferde hinter ihm zu galoppieren: eine dröhnende Masse von braunen und grauen und weißen und schwarzen Pferden, zum Teil wiehernd. Der Prinz lenkte sein Pferd auf die nächste Blumenanlage zu, trieb es aber nicht zum Sprung an, ließ es vielmehr durch die Blumenfläche galoppieren, daß Blütenfetzen und Blattstücke flogen. Da sprangen die anderen Pferde auch nicht, sie galoppierten ebenfalls durch die Blumenflächen, zerfetzten, zerstampften die Blüten, die Blätter, die Stengel, sogar die Blumenwurzeln, die Blumenzwiebeln, wirbelten mit den Stollen Blumenerde hoch, folgten weiter dem Leitpferd des Prinzen, der zur nächsten Blumenanlage galoppierte und quer hindurchpreschte. Dabei hielt ihn keiner der Gärtner auf mit den gärtnergrünen Arbeitsturbanen, vielmehr rannten sie in alle Richtungen davon, ließen Hacken, Spaten, Kannen liegen – und schrien.
Nun liefen im Thronsaal die Frauen, die Diener, die Wesire, die Großwesire und schließlich sogar der Sultan zu den Fenstern, schauten hinab auf die Pferde, die im Kreis durch die Blumenanlagen vor dem Palast galoppierten, alles unter den Hufen zerfetzend und zerstampfend.
Danach ritt der Prinz auf den Teich zu. Die Flamingos standen einbeinig im flachen Wasser und dösten, die Schmuckenten ließen ihre blauen oder türkisfarbenen Federhauben in die Sonne glänzen. Aber nun schlugen sie ihre Flügel, trippelten startend über die Wasserfläche. Die Flamingos holten das zweite Bein aus den Federn, setzten es ins Wasser, breiteten die Flügel aus.

Denn schon platschten die ersten Hufe ins Wasser, schon galoppierte der Pferdepulk quer durch den flachen Teich. Entenfedern flogen, einige Flamingobeine wurden geknickt; Entenschreie, Flamingoschreie, Gärtnerschreie. Hoch spritzte das Wasser auf über den galoppierenden Pferden, deren Felle im Sonnenlicht glänzten. Eine breite Trampelspur hinterlassend durch Zierkräuter, Ziergräser, Zierbüsche, dröhnte der Pulk zum hinteren Parkausgang.
Hier stellten sich auf Anweisung eines Schnelläufers, den der Sultan ausgeschickt hatte, die Palastwächter mit ihren blitzenden Krummschwertern auf: Sie sollten die Pferde aufhalten, vor allem den Prinzen. Als er aber schreiend auf sie zu galoppierte, vier Dutzend Pferde hinter ihm her, donnernd, da stoben die Palastwächter auseinander, und schon galoppierten die Pferde hinaus auf die Felder, von denen sofort Staub aufwirbelte, denn sie waren nicht so kostbar bewässert wie der Sultanspark, hier brannte die Sonne den Boden trocken. Rasch überzogen sich die nassen Pferdefelle mit Staub und wurden stumpf.
Als die Gärtner, Palastwächter, Lieblingsfrauen, Offiziere, Wesire, Großwesire und auch der Sultan den hinteren Parkausgang erreichten, schreiend, keuchend, da sahen sie über den Feldern in der flirrenden Hitze nur eine hochgekuppte Staubwolke, unter der sich etwas bewegte und rasch entschwand.

Bernd Jentzsch
Kinkerlitzchen

Sonntags wollen Vater und Mutter einmal so richtig faulenzen. Sie schlafen am liebsten bis in die Puppen. Da mußt du den Hebel ansetzen. Versuche es fürs erste mit folgendem Plan: Steh beizeiten auf, und zieh dich an. Sei spätestens um fünf auf den Beinen. Öffne die Tür deines Zimmers, und lasse sie rasant gegen die Wand prallen. Achte jedoch darauf, daß etwas Putz zu Boden rieselt, erst dann wird dir die Überraschung gelingen. Versetze der Tür also einen ordentlichen Fußtritt, und warte ab, was sich tut. Wenn sich nichts tut, wiederhole den Vorgang.

Kinder sind schulpflichtig
Kinder sind rechenschaftspflichtig
Kinder haben beizupflichten
auch Kinder haben Pflichten
es ist ihre verdammte Pflicht und Schuldigkeit

Oder schleiche dich ins Wohnzimmer, und schalte in aller Herrgottsfrühe den Fernseher an. Um die Feinabstimmung des Testbildes brauchst du dich nicht weiter zu kümmern. Ausschlaggebend ist allein die Lautstärke. Drehe den entsprechenden Knopf nach rechts, bis zum Anschlag. Es ist ratsam, gleich auf Nummer Sicher zu gehen und den Knopf kurzerhand abzuziehen.

geh mir da ja nicht ran
geh mir ja aus der Sonne
geh in dich

Die nächste Etappe leitest du am Frühstückstisch ein.

Besonders die Milch, mit der sie dir jeden Morgen zusetzen, ist dafür gut geeignet. Zum Beispiel macht es einen Heidenspaß, in das volle Glas hineinzuprusten und gleichzeitig den Ellenbogen auf das Marmeladenbrot zu stützen. Sieh zu, daß Blaubeermarmelade im Haus ist. Und nun pruste los, was das Zeug hält. Womöglich hast du Glück, womöglich hat Vater gerade ein frisches Hemd angezogen. Bitte aber vorher um Fruchtmilch.

sitz gerade
gerade heute muß das passieren
das passiert mir nicht noch mal
langsam reicht's mir
mir juckt's schon wieder in den Fingern
gern hau ich ja nicht auf die blauen Stellen

Weißt du eigentlich, daß Telefone richtige Spaßmacher sind? Du brauchst bloß die Telegrammaufnahme zu wählen und eine Woche lang jeden Tag drei oder vier dringende Telegramme aufzugeben. Schreibe den Text im voraus auf ein Blatt Papier, und bleibe um Himmels willen niemals unter fünfzig Wörtern. Wenn nach einiger Zeit die Telefonrechnung im Briefkasten steckt und Vater schöne lange Stielaugen bekommt und Mutter abwechselnd dumme Kuh, blöde Gans und alte Schlampe schimpft, dann weiß außer dir keiner, daß Telefone viel lustiger sind, als sie aussehen.

ist es dir nicht wie aus dem Gesicht geschnitten
ist es nicht ein süßes kleines Aas

Falls sie am Nachmittag, weil sie für sich sein wollen, wieder sagen: Geh in dein Zimmer, und mal was!, holst du wortlos eine Büchse Lackfarbe aus der Hobbywerkstatt und fängst einfach an. Gieße den Inhalt auf den Fußboden und schwupp! mit beiden Füßen hinein. Du kannst natürlich auch die

Hände benutzen. Laufe auf allen vieren Kreise und Schleifen, Ellipsen, Quadrate, Rechtecke, gleichseitige und gleichschenklige Dreiecke, Trapeze, Rhomben, selbst Vielecke werden dir glücken. Die ganze Geometrie wirst du so lernen, spielend. Danach nimmst du dir die Wände, das Bett und den Kleiderschrank vor. Du glaubst gar nicht, wie das popt! Deine Eltern werden bestimmt Guck dir das an! rufen und vielleicht sogar in die Hände klatschen.

hab ich dir nicht tausendmal gesagt
denk nur nicht du kannst machen was du willst
dafür sorge ich schon
da gibt es schon Mittel und Wege
so schlau wie du bin ich auch
wofür hältst du mich denn
deinesgleichen bin ich jedenfalls nicht

Im Sommer sind kurze Hosen das praktischste. Warum nicht auch kurze Gardinen, kurze Handtücher, kurze Teppiche? Kürze die Tischdecken, die Bademäntel und die langen Unterhosen, denn im Sommer sind kurze Hosen eben doch das praktischste. Servietten und Bettlaken, Schals und Krawatten, alles kurz und kürzer. Deine Mutter hat dir's wirklich oft genug gesagt: Die Schere liegt im Nähkasten, mein kleiner Schelm.

red dich nicht raus
mit dir werde ich allemal fertig
ich mach dich zur Schnecke
halt endlich den Mund
vielleicht kriegst du bald die Zähne auseinander

Mach dir nichts draus, daß du heute in der Küche essen mußt. Laß es dir trotzdem schmecken und drück ein paar Flachkopfschrauben in die Butter. Zieh den Netz-

stecker aus der Steckdose, und schließe die Tür des Kühlschranks, damit die Pilzkulturen die günstigsten Wachstumsbedingungen haben. Gib einen Schuß vom neuen fröhlichen Spülmittel in die Kaffeesahne. Mische Salz und Zucker im Verhältnis eins zu eins. Pfeif auf die Ordnung, spuck in den Zimt und sage wörtlich:

Kinder sind selbst daran schuld wenn es Prügel setzt
Kinder müssen zurückstehen weil das Leben noch vor ihnen liegt
Kinder kosten sowieso schon eine Menge Geld

Christine Nöstlinger

Das Leben der Tomanis

In der Siedlung am großen Fluß lebte eine Familie: der Vater Meier, die Mutter Meier und die zwei Töchter Meier. Sie wohnten in einem Haus, das in einem kleinen Garten stand. Vor dem Haus, hinter dem Haus und rechts und links von dem Haus war auch ein Haus, das in einem kleinen Garten stand.
Die eine Meiertochter hieß Luise, die andere Liese. Die Luise war neun Jahre, die Liese acht. Beide hatten vor jedem Ohr einen dünnen, braunen Zopf hängen. Beide hatten kleine, spitze Nasen, und beide waren sehr mager.
Die Meiertöchter waren brave Kinder. Sie tranken Malzkaffee, obwohl sie Malzkaffee nicht mochten. Sie bekamen in der Schule lauter Einser. Sie strickten für Vater Meier Socken. Zum Muttertag häkelten sie Topflappen. Sie zankten sich nie. Sie zeigten nie die Zunge. Sie kamen sofort, wenn die Mutter rief. Außerdem trockneten sie Geschirr ab, zupften Unkraut, sagten immer bitte und danke, wuschen sich sechsmal am Tag die Hände und grüßten stets höflich.
Vater und Mutter Meier liebten ihre Töchter sehr. Wenn Vater Meier am Abend von der Arbeit kam, hatte er immer ein kleines Geschenk für seine Töchter in der Tasche: ein Paar Stricknadeln, ein Stopfholz, eine Brause für die Gießkanne oder eine Rolle Nähgarn. Manchmal brachte er auch zwei Fingerhüte oder eine Schuhbürste.
Einmal aber brachte Vater Meier ein Buch. Ein großes Buch in einem blauen Leineneinband. Er hatte es beim Buchhändler aus der Wühlkiste geholt. Auf dem Buchdeckel stand: *Das Leben der Tomanis.*
Und auf der ersten Seite stand: *Aufgeschrieben von*

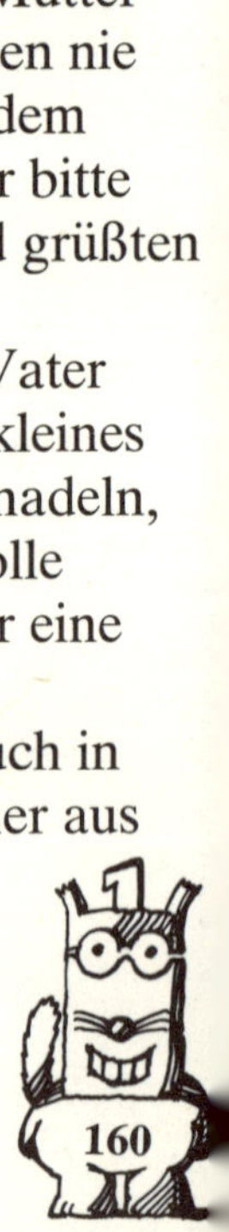

Kapitän Ole Oleson, der als einziger Mensch mit diesen erstaunlichen Lebewesen in Berührung kam.
Mutter Meier sagte: »Hoffentlich ist es ein schönes, lehrreiches Buch!«
Vater Meier blätterte in dem Buch. Auf einer Seite war ein großes Bild. Vater Meier starrte das Bild an und murmelte: »Was sind denn das für entsetzliche Wesen?«
Die zwei Wesen auf dem Bild waren kugelrund und zwetschkenblau. Sie hatten dicke, kurze Beine und Krallen an den Fingern und Struwwelpeterhaare. Sie hatten buschige Schweife und große, dunkle Augen und knollige Nasen und riesige Ohren und spitze, lange Zähne.
Unter dem Bild stand: *2 Tomanimädchen, 8 und 9 Jahre alt.*
Mutter Meier sagte: »Pfui Teufel, sind die grauslich!«
Doch die Meiertöchter waren mit dem Buch zufrieden. Sie wuschen sich die Hände, setzten sich aufs Sofa und begannen zu lesen.
Die Meiertöchter lasen nun täglich in dem Tomanibuch. Vor der Schule und in der großen Pause. Nach dem Essen und zwischen dem Schuhputzen und Blumengießen. Am Abend im Bett lasen sie auch. Sie lasen in jeder freien Minute. Und weil sie so gerne in dem Tomani-Buch lasen, so machten sie sich viele freie Minuten.
Sie zupften nicht mehr Unkraut, und Mutter Meier wusch das Geschirr alleine, und Vater Meier putzte seine Schuhe selber.
Wenn die Meiertöchter nicht in dem Tomani-Buch lasen, lagen sie im Gras und ließen sich die Sonne auf den Bauch scheinen. Oder sie schlugen Purzelbäume und balgten miteinander.
Sie tranken auch keinen Malzkaffee mehr, und Einser bekamen sie auch keine mehr. Sie bekamen jetzt Strafarbeiten. Zehnmal: Ich darf in der Schule nicht laut lachen. Oder zwanzigmal: Ich darf nicht unter die Bank kriechen.
Mutter Meier unterschrieb seufzend die Strafen. Sie dachte: »Man muß Geduld mit den Kindern haben!«
Doch eines Nachmittags kam die linke Nachbarin der Familie Meier gerannt und schrie: »Frau Meier, das geht

zu weit! Ihre Töchter sitzen in meinem Pfirsichbaum und essen meine Pfirsiche und spucken die Kerne in mein Küchenfenster!«
Da war Mutter Meiers Geduld zu Ende. Sie lief in den Nachbargarten und beutelte den Pfirsichbaum, bis die Meiertöchter herunterfielen, und schleppte sie nach Hause. Zu Hause schimpfte sie, daß das keine Art sei. Und daß die Meiertöchter die schlimmsten Kinder in der Siedlung seien und daß sie sich ihrer schämen müsse.
Die Meiertöchter lachten. Mutter Meier hatte Tränen in den Augen, als sie rief: »Was hat euch so verändert, Kinder?«
Die Luise sagte: »Die Tomani-Mädchen jäten kein Unkraut und gießen keine Blumen!«
Die Liese sagte: »Die Tomani-Mädchen stricken nicht und waschen kein Geschirr und häkeln keine Topflappen!«
»Was tun die Tomani-Mädchen?« fragte Mutter Meier.
»Sie lachen, singen, springen und schlagen Purzelbäume«, rief die Liese, und die Luise rief: »Keine Tomani-Nachbarin schreit, wenn sie von den Pfirsichen kosten!«
»Ihr seid aber keine Tomani-Mädchen«, schluchzte Mutter Meier.
»Wir wollen aber Tomani-Mädchen werden«, erklärte die Liese, und die Luise fügte hinzu: »Und wo ein Wille ist, ist auch ein Weg!«
Mutter Meier war ratlos. Vater Meier tröstete sie. Er sagte:
»Die Kinder schauen viel fröhlicher aus als früher, und so mager sind sie auch nicht mehr!«
Die Meiertöchter waren tatsächlich nicht mehr mager. Sie waren kugelrund. Vor allem ihre Beine wurden von Tag zu Tag fetter, und ihre Augen wurden größer. Die Spitznasen waren jetzt dick und knollig. Ihre Haare konnte man nicht mehr zu Zöpfen flechten. Sie wurden ganz steif, struppig und gekräuselt und standen borstensteif nach allen Seiten. Die Fingernägel der Meiertöchter ließen sich auch nicht mehr schneiden, so hornig und hart waren sie. Dann begannen die Ohren der Meiertöchter zu wachsen. Sie wurden kaffeeuntertassengroß. Und ihre Zähne wurden lang und spitz.
Eines Morgens schimmerte die Haut der Meiertöchter

hellblau, und am Abend zeigten die Luise und die Liese der Mutter Meier stolz die nackten Hinterteile. An jedem Hinterteil war ein kleiner buschiger Schweif.
Da ging Mutter Meier in die Schule und sagte dem Lehrer, daß ihre Kinder krank seien und längere Zeit nicht in die Schule kommen könnten.
Mutter Meier versuchte die seltsame Veränderung ihrer Töchter geheimzuhalten. Doch das war nicht einfach. Denn so rund und borstig die Meiertöchter waren, sie waren sehr gelenkig und geschickt. Kaum hatte Mutter Meier sie ins Zimmer gesperrt, waren sie zum Fenster hinausgesprungen und auf einen Baum geklettert. Mutter Meier kam kaum zum Staubsaugen und zum Kochen. Dauernd jagte sie hinter ihren Töchtern her. Einkaufen ging Mutter Meier auch nicht mehr gerne. Die Nachbarinnen und die Milchfrau und die Greißlerin (Eine Greißlerin hat eine Greißlerei. Das ist ein winziges, altmodisches Lebensmittelgeschäft. So eines, wo der Zucker in einem großen Sack hinter dem Pult (echt: Pudel) steht und mit einer Holzschaufel mühselig herausgeschaufelt wird. Die Greißlerin hat auch Rollmöpse und Quargeln und Kletzen und große Gläser mit verpichten sauren Zuckerln, und Zündhölzeln hat sie auch. Sie kann auch eine schwarze Katze haben, die neben dem Quargelsturz auf dem Mannes-Bruch schläft. (Der Mannes-Bruch ist verbilligt abgegebener Waffelstaub aus einer Fabrik namens: Mannes.) Die Greißlerin läßt um halb sieben ihren Rollbalken halb herunter. Bis halb acht kann man dann unten noch durchschlüpfen, um einen Laib Brot zu kaufen.) schauten sie jetzt immer so sonderbar an. Oft wurde sie gefragt: »Frau Meier, wie geht es denn Ihren Töchtern?«
Mutter Meier sagte dann: »Die Kinder sind krank« und ging schnell weiter. Wenn eine Nachbarin hinter ihr herrief: »Das soll eine merkwürdige Krankheit sein!«, dann ging Mutter Meier noch schneller und wurde rot im Gesicht. Sie schämte sich sehr wegen ihrer Töchter.
Vater Meier schämte sich nicht. Fuhr er am Morgen im

Bus zur Arbeit, fragten ihn die anderen Väter: »Meier, sind deine Kinder wirklich so komisch geworden?«

Dann sagte Vater Meier: »Alle Kinder können nicht gleich aussehen!«

Die anderen Väter ärgerte das. Bald sprachen sie nicht mehr mit Vater Meier. Sogar der Sitzplatz neben Vater Meier blieb leer.

So konnte Vater Meier bequem seine Tasche abstellen; doch froh war er über den leeren Sitzplatz nicht.

Die Meiertöchter waren nun so rund, struppig und zwetschkenblau wie die Tomani-Mädchen in dem Tomani-Buch.

Vater Meier baute ihnen im Flur einen Kletterbaum.

In der Kellertür machte er eine Schaukel fest, und in die Küche hängte er ein Tau. Die Luise und die Liese waren so glücklich darüber, daß sie Vater Meier vor Freude in die Nase bissen. Auch mit der Trommel und der Gitarre, die Vater Meier nach Hause brachte, hatten die Meiertöchter viel Freude. Sie machten Musik und sangen dazu. Die Liedertexte konnten Vater und Mutter Meier nicht verstehen. Es klang alles so wie: a bi la bu, ba ba bububa a bi ba bu. Aber die Melodien gefielen Vater und Mutter Meier.

Weil sich Mutter Meier wegen ihrer Töchter schämte, ließ sie sie nur mehr nachts in den Garten. Da sprangen sie dann von Baum zu Baum oder tanzten schweifwedelnd im Mondschein. Die Nachbarn beobachteten es oft. Manchmal weckte mitten in der Nacht ein Nachbar seine Frau und flüsterte: »Hörst du? Die Meiertöchter gehen wieder um!«

Die Frau vom Nachbarn meinte dann schlaftrunken: »Es ist ein Skandal! Es gehört verboten!«

Einmal, als Mutter Meier zum Gemüsemann um Kartoffeln gehen wollte, sagten die Meiertöchter: »Nimm uns mit.«

»Das geht nicht«, erklärte Mutter Meier, »ihr paßt nicht mehr in eure Kleider!« (Die Meiertöchter liefen nämlich, seit sie so kugelrund und behaart waren, nackt herum!)

»Wir verkühlen uns sicher nicht!« rief die Liese, und die Luise rief: »Wir sind doch so sehr hübsch und blau!«

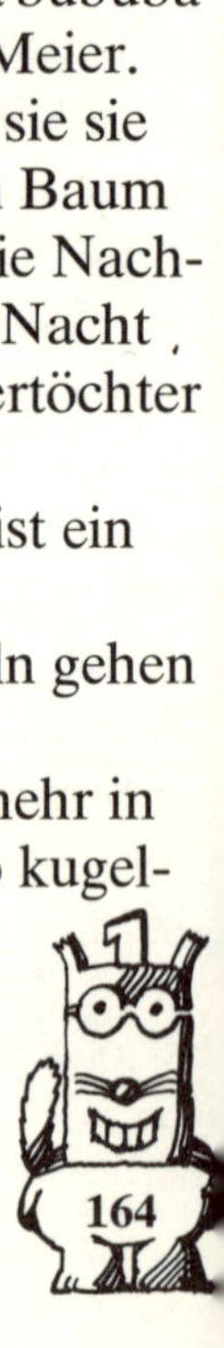

Dann griffen sie sich an die Tellerohren und kicherten:
»Schau Mutti, wie schön die sind!«
Da nahm Mutter Meier die Liese an die rechte Hand und die Luise an die linke und machte sich auf den Weg zum Gemüsehändler.
Dabei dachte sie: »Hoffentlich begegnen wir nicht vielen Leuten!«
Doch sie begegneten vielen Leuten, und alle starrten auf die Meiertöchter.
»Sind die vom Zirkus?« fragte ein Mann.
»Solche Viecher will ich zum Geburtstag!« rief ein Mädchen.
Und ein Bub schrie: »Das sind doch die Meiertöchter, bäh, bäh!«
Als Mutter Meier zum Gemüseladen kam, liefen mindestens dreißig Erwachsene und vierzig Kinder hinter ihnen her.
Mutter Meier schob ihre Töchter in den Laden, schloß die Tür und sagte: »Schnell bitte, einen Sack Kartoffeln!«
Vor dem Gemüsegeschäft hatte sich eine große Menschenmenge versammelt. Die Leute glotzten neugierig in den Laden und drückten ihre Nasen an die Fensterscheiben.
»Verflucht«, schrie der Gemüsemann,« die drücken mir die Scheiben ein!«
»Lassen Sie uns bei der Hintertür hinaus«, bat Mutter Meier.
Der Gemüsemann hatte keine Hintertür. Er jammerte: »Frau Meier, verlassen Sie sofort mein Geschäft. Wegen Ihrer zwei Idioten lasse ich mir doch die Auslage nicht kaputtschlagen!«
Mutter Meier sagte: »Kommt, Kinder!« und öffnete die Ladentür.
Da purzelten einige von den Neugierigen in den Laden, und die anderen drängten nach. Alle wollten die Meiertöchter anschauen.
Der Gemüsemann kreischte: »Ihr Deppen! Paßt doch auf meine Eier auf! O Gott! Mein Salat! Gebt doch acht!«
Die Neugierigen lachten, stießen und drängten. Sie schrien: »Nein so was! Tatsächlich! Die Meiertöchter!«
Sie tapschten und grapschten nach der Luise und nach der Liese. Sie befühlten die Tellerohren und die Knollennasen, kraulten die Borstenhaare und zogen an den Wedelschweifen.

Zuerst hielten die Meiertöchter still und ließen sich zupfen und kneifen. Doch als gleich sechs Leute die Luise am Schweif zogen und die Luise »Auweh, auweh« stöhnte, da biß die Liese den einen Schweifzieher in den Zeigefinger, dem nächsten schlug sie die Krallen in die Nase, und die anderen verpeitschte sie mit dem Wedelschweif.
Die Schweifzieher fluchten und begannen auf die Meiertöchter loszuschlagen. Die anderen Neugierigen halfen ihnen dabei.
Mutter Meier brüllte: »Laßt meine Kinder in Frieden!«
Die Schweifzieher schrien: »Diesen Ungeheuern werden wir es zeigen!«
Da griff Mutter Meier in die Eierkiste und in die Tomatenkiste und in das Krautfaß. Päng: ein Ei. Wumm: eine Tomate. Flutsch: eine Handvoll Kraut.
Bald hatte sie den letzten Neugierigen vertrieben. Mit Sauerkraut an den Ohren, einem Eidotter im Auge und einer Tomate im Genick hatte er schimpfend und drohend den Gemüseladen verlassen. Mutter Meier zog ihre Töchter unter einem Berg Kraut hervor, nahm sie an der Hand und verließ den Laden.
»Warum mögen uns die Leute nicht?« fragte die Liese.
»Warum haben sie uns geschlagen?« fragte die Luise.
Mutter Meier gab keine Antwort.
»Wir haben die Kartoffeln vergessen«, sagte die Liese.
»Sollen wir sie holen?« fragte die Luise.
»Nein«, rief Mutter Meier, »wir gehen nie mehr dahin zurück.«
Mutter Meier lief mit ihren Töchtern nach Hause. Zu Hause setzte sie sich in die Küche und weinte. Als Vater Meier von der Arbeit kam, weinte sie immer noch.
»Sollen wir wieder so werden, wie wir früher waren?« fragte die Liese.
»Wenn wir uns plagen, gelingt es vielleicht«, meinte die Luise. Da rief Mutter Meier: »Untersteht euch! Ihr seid nicht böse! Ihr braucht euch nicht zu schämen! Ihr bleibt, wie ihr seid!« In dieser Nacht gingen Vater und Mutter Meier nicht schlafen.

Sie saßen auf dem Sofa und rechneten. Als die Sonne aufging, nahm Vater Meier die vier Sparbücher, die zwei Sparschweine, die Eheringe, die Perlenkette und die zehn Suppenwürfelaktien. Er fuhr in die Stadt.

Gegen Abend kam er zurück. Er sagte: »Ich habe alles verkauft, was uns gehört, und das Geld von den Sparbüchern abgehoben. Für das Geld habe ich ein Boot gekauft. Es liegt unten am großen Fluß. Wir werden morgen früh wegfahren und nie mehr wiederkommen!«

Die Meiertöchter kreischten vor Freude. Sie schlugen Purzelbäume, tanzten durchs Gladiolenbeet und kletterten dann auf den großen Nußbaum. Dort schliefen sie ein.

Mutter Meier kochte eine Kanne Kaffee, und Vater holte das Tomani-Buch. Sie setzten sich aufs Sofa, tranken Kaffee und lasen. Sie lasen das Buch vom Anfang bis zum Ende und dann vom Ende bis zum Anfang und dann wieder vom Anfang bis zum Ende. Einmal lasen sie leise, einmal lasen sie laut.

Als es Tag wurde, konnten Vater und Mutter Meier das Buch auswendig.

Da sprangen sie vom Sofa auf, hüpften ins Vorzimmer und betrachteten sich im großen Spiegel.

»Hurra«, schrie Mutter Meier, »es ist geglückt!«

Sie fiel Vater Meier um den Hals und biß ihn mit ihren langen, spitzen Zähnen in die tellergroßen Ohren.

Vater Meier kraulte Mutter Meiers blaue Struwwelpeterhaare und zog sie am buschigen Wedelschweif.

Sie klatschten ihre kugelrunden Bäuche aneinander, verdrehten die dunklen Knopfaugen, liefen in den Garten und beutelten ihre Töchter vom Nußbaum.

Die Liese fiel in Vater Meiers blaubehaarte Arme. Die Luise fiel auf Mutter Meiers Kugelbauch.

»Nun seid ihr so hübsch wie wir«, freuten sich die Meiertöchter.

Dann holte die Liese die Gitarre, und die Luise holte die

Trommel. Vater Meier holte das alte Fernrohr, und Mutter Meier holte gar nichts.
Sie verließen das Haus und den Garten und gingen die Straße zum großen Fluß hinunter.
Die Nachbarn schauten aus den Fenstern und schimpften hinter ihnen her. Die Familie Meier hörte das Geschimpfe nicht. So laut trommelte die Liese, so wild spielte die Luise Gitarre und so dröhnend sangen Vater und Mutter Meier.
Als sie beim großen Fluß ankamen, sprangen sie in das Boot. Mutter Meier zog die zwetschkenblaue Fahne am Mast hoch. Vater Meier setzte sich ans Steuer.
Am Ufer standen viele Leute.
»Halt!« riefen sie, »fahrt nicht weg! Ihr gehört eingesperrt! Halt!«
Das Meierboot war aber schon in der Flußmitte. Die Leute liefen am Ufer neben dem Boot her. Sie sahen es kleiner und kleiner werden. Da gingen sie empört nach Hause.
Eine Woche lang sprachen die Leute, die in der Siedlung beim großen Fluß wohnten, nur von der Familie Meier.
Dann zog eine neue Familie in das Meierhaus. Die hatte zwei brave Töchter, die Malzkaffee tranken, die in der Schule lauter Einser bekamen, Geschirr spülten, Unkraut jäteten und Socken strickten. Da vergaßen die Leute in der Siedlung die Familie Meier.
Manchmal allerdings – weit draußen auf dem Meer –, da taucht ein Boot auf mit einer zwetschkenblauen Fahne am Mast. Und die Fischer hören dann ein sonderbares Gelächter und Gekicher. Und Trommelschlagen und Gitarrespielen hören sie auch. Dann fürchten sich die Fischer und schlagen ein Kreuz.
Der alte Matrose, der oft im Wirtshaus sitzt, erzählt, daß ihn einmal ein behaartes, blaues Wesen mitten in der Nacht geweckt habe. Das behaarte, kugelrunde Wesen habe in seiner Kajüte einen Purzelbaum geschlagen und ihn gefragt: »Bitte, sind Sie vielleicht der Kapitän Ole Oleson?«
Und der alte Steuermann, der oft neben dem alten Matro-

sen im Wirtshaus sitzt, behauptet, sogar vier solcher Wesen gesichtet zu haben. Sie seien neben seinem Fischkutter aus dem Wasser aufgetaucht und hätten gefragt: »Bitte schön, wissen Sie vielleicht den Weg zu den Tomani-Inseln?«
Die Meierfamilie ist wohl längst auf den Tomani-Inseln angekommen. Was aber wäre wohl passiert, wenn Vater Meier nicht die Sparbücher und die Suppenwürfelaktien und Mutter Meier nicht die Perlenkette und die Ringe gehabt hätte?

Uve Schmidt

Herr Bimbam

s war einmal ein Mann, der hieß Bimbam.
Im Telefonbuch meiner Stadt finde ich keinen Bimbam. Nur fünf Bimmel finde ich – wie schön! Im Telefonbuch steht auch kein Tuppe, kein Ipolt, kein Kwatzky und kein Palmwurst. Aber irgendwo gibt es die, denn mit Tuppe, Ipolt, Kwatzky und Palmwurst bin ich zur Schule gegangen. In eine Schule, wo die vielen kleinen Müller, Meier, Schulze und Schmidt sich darin einig waren, daß die Namensväter der Tuppe, Ipolt, Kwatzky und Palmwurst mit Sicherheit vom Mond oder vom Müll kämen. Heute find' ich das gar nicht mehr so ulkig.
Also: Herr Bimbam war ein Werbedichter. Ein Dichter, der Reklame macht. Auch die anderen Dichter, die Kunstdichter, machen Reklame, aber sie tun's nur für sich oder für ihren Verein. Herr Bimbam hingegen dichtete für Waschpulverfabriken, Sparkassen, Tankstellen, Hühnerfarmen, Schnapsbrennereien und so weiter. Ihr kennt ja die Sprüche. Auf diese Weise hatte der Werbedichter Bimbam sehr viel mehr Leser, Zuhörer und Zuschauer als die gewöhnlichen Dichter. Er hatte ein Millionenpublikum. Und er hatte eine Eigentumswohnung, einen Sportwagen, ein Sportboot, eine Mühle am Südmeer und viele Freundinnen. Herr Bimbam wurde bestens bezahlt.
So konnte man glauben, er sei zufrieden gewesen. Allein er war es nicht. Herrn Bimbam bekümmerte, daß er eine namenlose Arbeit tat. Auch die kleinsten Fürze seiner Kunstdichterkollegen wurden mit vollem Namen abgedruckt, manchmal mit Ortsangabe und Datum sogar:

»Das Leben ist schön,
man muß es nur verstöhn.«

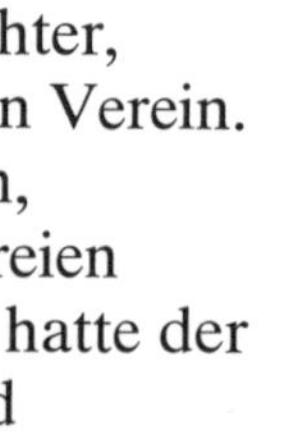

Tobias Taschengeld
Kreutzberg, im *Eierkasten*
am Muttertag

Herr Bimbam war nicht neidisch, er war weder krank noch dämlich. Er wußte, er teilte seine Namenlosigkeit mit jedem Maurer und jeder Pelznäherin, die zwar etwas herstellen, deren Arbeit jedoch auf dem Haus oder dem Mantel nicht beschrieben steht: »Diese Mauer mauerte Gustav Fröhlich« oder »Dieses Nerzkrägelchen schneiderte Elli Liebsam«.
Hingegen kann man lesen, daß Otto der Kurzatmige der Erbauer von Buxtehude war. Das möcht' ich gesehen haben: der kurzatmige König Otto auf dem Bau! Pustekuchen.
Natürlich können an einem VW nicht die hundert Italiener, Griechen und Wolfsburger verewigt sein, die irgendwie daran gedreht haben, bis die Karre vom Band läuft. Und der Stadtbeamte Reblaus kann nicht gut auf jedes Papier, das er stempelt, noch einen letzten Stempel drücken: »Dieses Dokument stempelte für Sie… Hugo Reblaus.« (Aber warum eigentlich nicht? Beamte stempeln für ihr Leben gern!) Was Herrn Bimbam, den Maurer Fröhlich und die Pelznäherin Liebsam betrifft, so wäre es weder unmöglich noch albern, wenn man ihrer Arbeit das kleine Denkmal ihres Namens setzte. Nur ist kaum zu glauben, daß Maurer und Pelznäherinnen genau diese und keine anderen Sorgen haben. –
Eines Morgens stellte der Unter-Chef Herrn Bimbam ein durchsichtiges Schächtelchen voll weißer Pastillen auf den Tisch. »Das sind Pfefferminzchen«, sprach der Unter-Chef, »die Firma Ramona hat sie mit Erfolg schon in Afrika, Australien und Liechtenstein verkauft. Nun soll auch den deutschen Kindern Freude und frischer Atem gebracht werden. Das Zeug heißt *Lutschipusch*. Wie klingt das?«
»Tja…«, sagte der Werbedichter Bimbam, »ich weiß nicht recht…«
»Dann dichten Sie mal einen schönen neuen Namen für unsre Kleinen…«

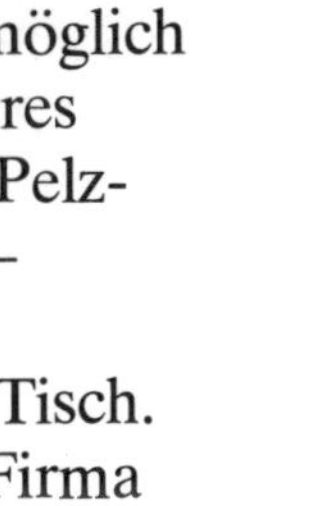

Bevor Herr Bimbam zu dichten begann, dachte er nach, wie immer.
Da hatte er eine Idee: »Ich werde diese dämlichen Pfefferminzlinge einfach *Bimbam* nennen! Dann ist mein Name in aller Munde.«
Und schon war Herr Bimbam am dichten. Als er damit fertig (und zufrieden) war, las man es so:
»Rummelplatz und Eisdiele, Fernsehen und Micky Maus, Kindergarten und Schule – das macht nicht nur Spaß. Das strengt auch an, das greift an die Substanz unserer Lieblinge. Da geht ihnen die Puste aus. Neue, frische Puste, die brauchen sie, täglich, von früh bis spät.
Atemfrische rund um die Uhr, das bringt *Bimbam!*
Bimbam – die tollen Minzelmännchen aus dem Hause Ramona.
Bimbam ist das neue Bombom!«
Auch der Chef und der Boß von Ramona waren zufrieden. Herrn Bimbams Spruch wurde vertont und verfilmt, und bald sangen alle Kinder *Bimbam ist das neue Bombom trallalallalallalatrallalallalalala!* Herr Bimbam bekam ein goldnes Feuerzeug von der Firma Ramona und den ersten Preis für den besten Werbetext des Jahres. Er war glücklich – doch er blieb es nicht.
Saß er in seiner Stammkneipe und bestellte ein Bier, dann sangen die Gäste *Bimbam trinkt ein kühles Bockbier* und lachten sich halb tot.
Kam Herr Bimbam zum Bäcker um frische Semmeln, so fragte die Verkäuferin: »Und eine Tüte *Bombom,* Herr *Bimbam?*«
Ging er spazieren, liefen ihm die Kinder hinterher und trällerten das Bimbam-Liedchen; größere Kinder verlangten gar sein Autogramm. Natürlich geschah das nur dort, wo man Herrn Bimbam kannte, aber auch anderswo, auf Reisen, im Hotel, auf Ämtern – wo und wann immer Herr Bimbam sich namentlich vorstellte, da schmunzelten die Leute, und Herr Bimbam glaubte zu hören, wie sie im Stillen den Pfefferminz-Vers summten. Am meisten fuchste es Herrn Bimbam,

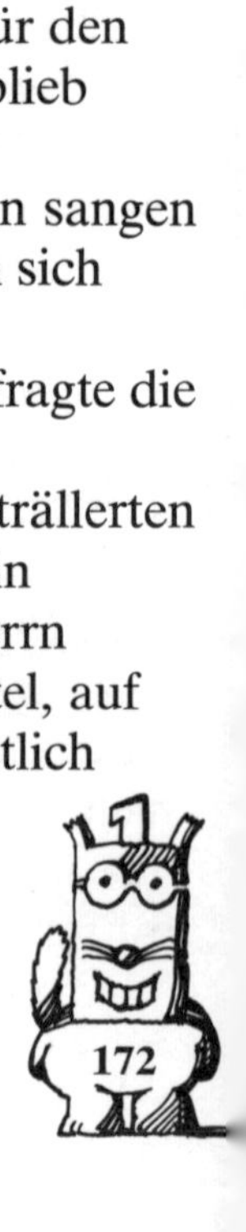

daß seine Freundinnen ihn Bom-Bom nannten. Das Allerärgste jedoch war, daß er von nun an nur noch Bonbons bedichten sollte. Die Chefs meinten nämlich, jetzt habe man Herrn Bimbams eigentliches Talent erkannt, und das wolle man nutzen, solange die Kinder noch soviel Geld hätten, um sich Zähne und Magen zu verderben.

Da beschloß Herr Bimbam auszuwandern. Er kaufte sich einen Rucksack, einen Schlafsack, einen Spirituskocher und eine Fahrkarte nach Indien. Dort übt er jetzt den Kopfstand und schreibt Liebesgedichte.

So geht's natürlich auch. Leider aber können Millionen Menschen weder vor ihrem Namen noch vor der Reklame davonlaufen. Sie kaufen und machen, was ihnen die Bimbams tagtäglich vorsingen. Es ist ein Jammer.

Michael Scharang
Das Märchen vom Recht, das nicht nur vom Volk ausging, sondern auch wieder zu ihm zurückkehrte

Es war einmal ein Recht, das lebte in einem großen Königreich. Es war jung und schön und wurde von jedermann gern gesehen.
So kam es, daß eines schönen Tages eine Kutsche des Königs, gefolgt von einem Reitertrupp, vor der Hütte seiner Eltern hielt und es aufgefordert wurde, rasch einzusteigen und mit aufs Schloß zu kommen. Der Abschied fiel dem Recht nicht leicht. Aber der Abschiedsschmerz verflog beim Anblick der blühenden Weingärten, durch die der Weg führte. Die Eltern trösteten sich mit der Hoffnung, daß das Wohlgefallen des Königs an dem lebhaften Kind von kurzer Dauer sein und er es ihnen bald zurückschicken würde.
Das Recht war auf den weichen Kissen eingeschlummert, und als es erwachte und aus dem Fenster der Kutsche schaute, sah es Bauern mit einem Strick um den Hals auf Bäumen hängen, die inmitten verwüsteter Felder standen. Es wußte nicht, ob es wachte oder träumte, und vergewisserte sich beim Kutscher, ob es richtig sähe. »Das sind die bösen Feinde des Königs«, erklärte ihm der Mann, wobei er die Pferde mit der Peitsche anfeuerte. »Sie wollten den König töten und das Schloß dem Boden gleichmachen. Aber er hat sie, wie du siehst, vernichtend geschlagen.« Das Recht schaute auf den Rat des Kutschers zum anderen Fenster hinaus, wo sich neben dem Weg ein Bächlein hinschlängelte.
Hinter der Mauer, hinter der das Bächlein verschwand, lag das Schloß. Der König empfing das Recht mit so viel Freundlichkeit, daß manch einer von seinen Ratgebern (es waren die unklugen) den Kopf schüttelte und nicht wenige Höflinge (die eitlen) neidisch wurden. Er lud es ein, im Schloß zu verweilen, solange es wolle, und bat es, nicht allzubald wegzugehen,

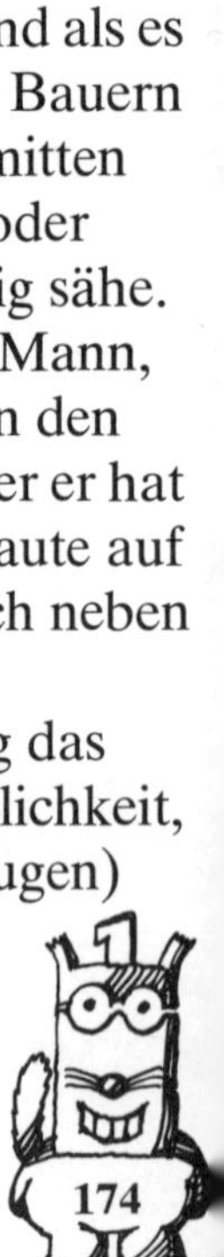

damit man in dieser schweren Zeit etwas habe, woran man seine Freude finden könne. Das Recht bedankte sich mit den artigen Worten, die ihm der Kutscher unterwegs beigebracht hatte, und als es weiter nichts zu sagen wußte, wurde es von den Hofdamen umringt und auf sein Zimmer geführt. Dort nahmen sich die jungen Frauen aufs anmutigste seiner an, wuschen es, richteten es zurecht und kleideten es neu ein.
Die erste Zeit fühlte es sich sehr wohl. Es fehlte nicht an Kurzweil in den ausgedehnten Anlagen des Schlosses und auch nicht an Überraschungen: Es waren nämlich anfangs nicht alle freundlich zu ihm. Und das war ihm neu, so etwas war ihm in seinem Dorf nie untergekommen. Die Höflinge versuchten das Recht zu trösten, indem sie sagten, es handle sich bei den Unfreundlichen ja nur um ein paar Diener, Mägde und Roßknechte. Aber das war für das Recht kein Trost. Es folgte denjenigen, die ihm aus dem Weg gingen, und fragte sie nach dem Grund ihres Benehmens. »Du bist dem König sein Recht«, murrten sie, »nicht unseres.« – »Wie könnt ihr das sagen«, entgegnete es bestürzt, »ich bin zur Freude aller da.« Und es erzählte ihnen, wie es hierhergekommen war; und daß es freiwillig hier sei und auf der Stelle weggehen würde, wenn es nicht zum Wohlgefallen aller da wäre. Es sprach so eindringlich zu den Unfreundlichen, daß sie ihm Glauben schenkten und fortan freundlich zu ihm waren.
Immer wenn es dem Recht gelungen war, einen mißmutigen Knecht umzustimmen, ließ der König es zu sich rufen, bedachte es mit einem Geldgeschenk und sagte, es sei nicht mit Gold aufzuwägen, daß in seinem Reich der Friede und das Glück Stück um Stück zunehmen würden. Nachdem das Recht vom König so viel Gold bekommen hatte, daß seine Kleidertruhe bis zum Rand damit voll war, erwirkte es von ihm die Erlaubnis, diese Geschenke unter jene Leute zu verteilen, die früher unfreundlich zu ihm waren. Da es auf dem Schloß mit allem reichlich versorgt war, konnte es mit dem Gold ohnehin nichts anfangen. Einen kleinen Teil freilich behielt es für sich, um seinen

Eltern etwas mitbringen zu können, wenn es einmal von hier fortginge. Die beschenkten Diener, Mägde und Knechte verloren die letzte Spur von Mißtrauen, da das Recht auch durch Taten bewies, daß es nicht nur des Königs Recht war.
Nun, da es von allen gern gesehen wurde, empfand das Recht es als langweilig, nichts zu tun zu haben, als von allen gern gesehen zu werden. Den immer gleichen Vergnügungen am Hof konnte es auch nichts mehr abgewinnen. Da es längst im lernfähigen Alter stand, äußerte es den Wunsch, am Unterricht teilzunehmen, den einige Kinder von einem Hauslehrer erhielten. Dieser Wunsch wurde ihm abgeschlagen. Als Gast des Königs, sagte man ihm, dürfe es nur die angenehmen Seiten des Lebens kennenlernen. Mit diesen Worten drängte man es auch ab, wenn es sich im Vorübergehen irgendwo nützlich machen wollte.
Deshalb faßte es den Entschluß, heimlich einen Streifzug durch die Gegend um das Schloß zu machen. Warum heimlich, werdet ihr fragen. Nun, aus dem einfachen Grund, weil man dem Recht verboten hatte, seinen Fuß vor die Befestigungsmauern zu setzen. Der Feind, so redete man ihm andauernd vor, habe Kenntnis vom Aufenthaltsort des Rechts, und er sei fest entschlossen, es zu fangen und zu töten. Zwar wage er es nach der fürchterlichen Niederlage noch nicht, seine Soldaten abermals gegen das Schloß zu schicken; er habe aber Spione ins Land geschickt, die sich unter die Bevölkerung gemischt, sich im Aussehen ihr angeglichen hätten und deshalb schwer auszumachen seien. Das machte das Recht um so neugieriger. Es wollte nicht glauben, daß man es fangen und mir nichts, dir nichts töten würde. Es hatte ja schließlich niemandem etwas zuleid getan.
Also stieg es des Nachts über die Mauer. Es durchstreifte den Wald, ging dem Geräusch fließenden Wassers nach, denn der Weg, das wußte es noch genau, führte neben dem Bächlein. Es dauerte nicht lange, so hatte es den Weg gefunden. Der Mond leuchtete ihm, und es wanderte ungezwungen dahin. Im Morgengrauen sah es von einer Anhöhe aus ein kleines

Dorf im Tal liegen. Es schritt darauf zu, und während es näher kam, begann das Dorf lebendig zu werden. Einige Landleute nahmen bereits ihre Arbeit auf. Das Recht klopfte beim ersten Bauernhof, den es erreichte, an die Tür, in der Hoffnung, gegen gutes Geld ein gutes Frühstück zu bekommen. Es trat mit einem freundlichen Gruß ein.

Wie überrascht war es aber, als die Leute in der Stube unter Schreckenslauten aufsprangen und sich in einer Ecke zusammendrängten. Das Recht fragte, nachdem es sich gefaßt hatte, warum man sich vor ihm ängstigte. Die Leute schoben eine alte Frau vor, sie war wohl die älteste von allen, damit sie sprechen sollte. »Gnädiger Herr«, sagte die Alte und rang dabei die Hände, »vor zwei Tagen erst waren die Soldaten da, sie haben uns geschlagen und uns Fragen über Fragen gestellt und uns dann wiederum geschlagen. Sie haben das Unterste zu oberst gekehrt und uns das Letzte genommen. Und wir hatten geglaubt, es gäbe längst nichts mehr bei uns, was man uns nehmen könnte. Den Kindern haben sie die durchlöcherten Strümpfe von den Beinen gezogen und das Stroh unter den ausgehungerten Leibern weggerissen. Was man uns jetzt noch nehmen kann, ist das Dach über dem Kopf, und wir flehen Euch an, gnädiger Herr, nehmt es uns nicht.«

»Ich bin kein gnädiger Herr«, sagte das Recht, »aber das tut jetzt nichts zur Sache. Ich werde sofort zurückeilen auf das Schloß und dem König berichten, daß feindliche Soldaten eingefallen sind. Ich werde ihm sagen, was sie euch angetan haben, und er wird euch gleich Hilfe schicken. Warum habt ihr dem König keine Nachricht gegeben? Wie soll er euch helfen, wenn er nicht weiß, was geschehen ist?« Nun war es an den Landleuten, verwirrt zu sein. Sie vermuteten, der Eindringling wende eine List gegen sie an. Deshalb murmelten sie der Alten etwas ins Ohr und schoben sie dann abermals vor. »Gnädiger Herr«, sprach sie, »Ihr wollt prüfen, ob wir dem König treu ergeben sind. Wir können Euch nur sagen, was wir den Soldaten des Königs

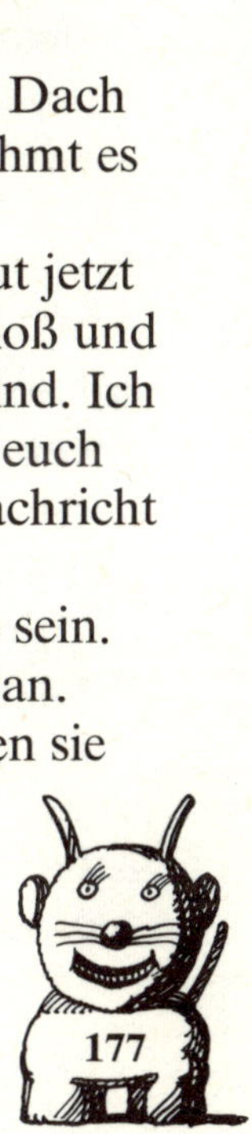

auch gesagt haben: Wir sind ihm ergeben.« – »So waren die Soldaten des Königs schon hier?« fragte das Recht. Die Landleute nickten. »Dann weiß der König also schon von dem Überfall und von eurer Not?« fragte es weiter. Die Landleute standen regungslos. »Und warum hat er euch noch keine Hilfe geschickt?« fragte das Recht ungeduldig. Die Leute in der Stube schauten die Alte an, bis sie wiederum ihren Mut zusammennahm und sprach: »Es waren die Soldaten des Königs.«

Das Recht wunderte sich, daß es über die Nachricht nicht überrascht war. »So ist das also«, sagte es ruhig und trat zum Fenster. Es ließ den Blick über die leeren Weidegründe schweifen, weshalb es die angsterfüllten Gesichter der Leute nicht sehen konnte, welche nun, da die Alte die Wahrheit ausgesprochen hatte, damit rechneten, daß der Eindringling eine neue, noch fürchterlichere Strafaktion gegen sie ankündigen würde. Statt dessen sprach es, sich ihnen zuwendend: »Ich komme zwar vom Schloß, wie ihr an meinen Kleidern seht. Ich gehöre aber nicht dorthin. Ich bin einer von euch. Das Dorf, aus dem ich stamme und in dem meine Eltern leben, ist ein Dorf wie eures. Vielleicht kennt ihr es. Es liegt hinter dem Berg bei den drei Seen. Man nennt mich das Recht. – Einmal nächtigte ein Herr vom Schloß in unserem Dorf. Er befand sich auf der Reise in ein fernes Land und mußte bei uns Station machen, da sein Wagen gebrochen war. Als er durchs Dorf spazierte, um sich die Zeit zu vertreiben, liefen wir Kinder hinter ihm drein. Schließlich sahen wir nicht alle Tage einen so reich gekleideten Mann. Er trat auf uns zu, schaute uns lange an und fischte mich dann aus der Menge der Kinder.«

»Er gab mir ein Geldstück und forderte mich auf, ihn durchs Dorf zu führen. Danach mußte ich ihn zu meinen Eltern bringen. Er sprach zu ihnen vom Ziel und Zweck seiner Fahrt und sagte dann, er habe sich vorgenommen, von seiner Reise ein Kind mitzubringen; seine Frau wünsche sich nämlich nichts sehnlicher als ein Kind, könne aber selber keines bekommen. Schließlich rückte er mit dem Wunsch heraus, mich mitzunehmen.

Meine Eltern wagten nicht, ihm den Wunsch freiweg abzuschlagen, und erbaten Bedenkzeit. Sie wollten sich mit den anderen Dorfbewohnern beraten. Die aber überlegten in ihrer Empörung nicht lange, griffen zu Sensen und Dreschflegeln und zogen mit dem Ruf ›Das ist unser Recht!‹ vor das Gasthaus, in dem der noble Herr wohnte. Dieser tat so, als müßte er sich erst von den Bauern klarmachen lassen, worum es ginge. Er beruhigte sie, indem er sagte, sein Wunsch wäre nicht ernstgemeint. Dann suchte er rasch das Weite.«

Die Leute in der Stube faßten Zutrauen zu dem Jüngling und setzten sich auf die Bänke, nachdem auch er Platz genommen hatte. Das Recht fühlte sich schwach vor Hunger, brachte es aber nach dem, was es gehört hatte, nicht über sich, um Essen zu bitten. Es erzählte nun, wie es aufs Schloß gekommen war. Die Alte brachte ihm eine Schale Milch, und das Recht trank sie in einem Zug aus. »Mich interessierte natürlich auch«, fuhr es hierauf fort, »warum man mich, ausgerechnet mich, aufs Schloß geholt hatte. Der König, die Minister und auch die Hofdamen gaben mir ein und dieselbe Antwort. Die Wahrheit erfuhr ich erst von einem der Diener, an die ich mein Geld verteilte. Er hatte bei dem Fest, das der König bei der Rückkehr jenes Herrn gab, die Speisen aufzutragen. Dieser Herr ist übrigens dazu ausersehen, den Hof mit Seide, Gewürzen, Edelsteinen und anderen ausländischen Luxusgütern zu versorgen, und diesem Zweck hatte auch seine Reise gedient. Zu vorgerückter Stunde erzählte er, was er in unserem Dorf erlebt hatte. Seine Zuhörer lachten so laut darüber, daß ihr Übermut den König herbeilockte. Der König verlangte, daß man ihm die Geschichte erzähle. Beim Zuhören wurde er immer ernster, und er lachte auch nicht, als die Geschichte zu Ende war. Vielmehr rief er nach seinen Ratgebern, trug ihnen das Gehörte vor und fragte sie nach ihrer Meinung. Sie rieten, Soldaten ins Dorf zu schicken, damit sie die Bewohner, die den Reisenden bedroht hatten, lehrten, wer der Herr in diesem Lande sei. Der König schüttelte den Kopf und sagte, diese Maßnahme sei erst sinnvoll,

wenn vorher eine andere Maßnahme durchgeführt würde. Die Ratgeber sannen nach, aber vergebens. Der König belehrte sie, daß jedes Reich vom Zerfall bedroht sei, wenn das Volk sich herausnehme, von *seinem* Recht zu sprechen, auch wenn es sich, wie in diesem Fall, nur um ein Kind handle. Es dürfe nur *ein* Recht geben, und nur der König, der dieses Recht verkörpere, dürfe die Worte ›Das ist unser Recht‹ in den Mund nehmen.«

Das Recht biß ein weiteres Stück von dem Brot ab, das man ihm zugeschoben hatte, und berichtete, welche Gedanken ihm bei der Erzählung des Dieners gekommen waren: Wie es gefürchtet hatte, die Soldaten könnten eine Strafaktion in seinem Dorf durchgeführt haben, nachdem es aufs Schloß gebracht worden war; wie es sich gefragt hatte, ob es dem König durch diese List tatsächlich gelungen sei, dem Volk weiszumachen, es habe nun kein Recht mehr; wie es sich entschlossen hatte, dieser Frage in der Wirklichkeit nachzugehen; wie man im Schloß versucht hatte, es davon abzuhalten. So redete es weiter, wobei es alles, was sich am Hof zugetragen hatte, unter dem Eindruck der Erfahrungen schilderte, die es im Verlauf der letzten Stunde hier in dieser Stube gemacht hatte. Es war so vertieft in seine eigene Erzählung und mehr noch in das Essen, daß es gar nicht merkte, wer noch in der Stube war und wer nicht. Es saßen nämlich nur noch ein paar alte Frauen um das Recht herum.

Die anderen hatten sich hinausgestohlen, um die Nachricht von dem Fremden zu verbreiten, der zwar aus dem Schlosse kam, aber einer der ihren war; von dem Jüngling, der glaubwürdig erzählt hatte, man nenne ihn das Recht. Jeder Dorfbewohner, dem die Nachricht zu Ohren kam, fragte sofort: »Ist es am Ende das Recht aus dem Dorf bei den drei Seen, das der König aufs Schloß hatte bringen lassen? So sagt schon, ist es dasselbe Recht, von dem der König behauptet, es sei nun seines, er habe es leibhaftig bei sich, womit erwiesen sei, daß wir kein Recht haben?«

»Ja«, erhielten sie zur Antwort, »genau dieses Recht ist es.«

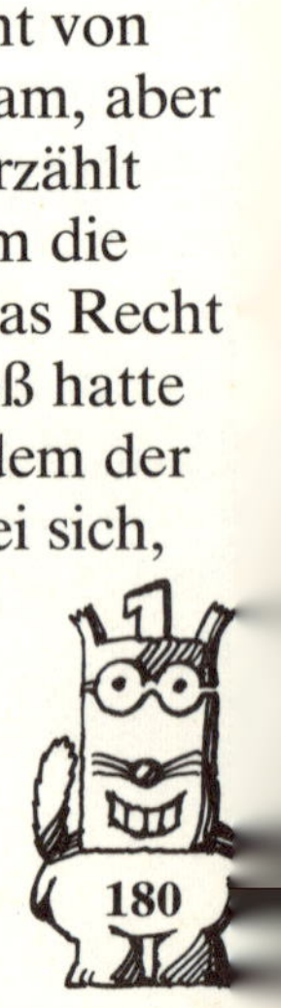

Im Dorf verbreitete sich große Freude. Die Bewohner, die sonst immer ein Auge argwöhnisch auf den Waldrand gerichtet hatten, merkten in ihrem Überschwang nicht, daß aus dem Wald Soldaten kamen und auf das Dorf zuritten. Nur die Alte, die in der Stube bei dem Jüngling saß, blieb wachsam. Da sie aber sehschwach war, merkte sie das Herannahen der Soldaten erst spät. Dann aber schlug sie um so lauter Alarm. Sie trug einigen jungen Bauern auf, die letzten Pferde zu satteln, die den plündernden Soldaten entgangen waren, und mit dem Recht die Flucht zu ergreifen. Sie befolgten die Anweisung der Alten so rasch, daß das Recht gar nicht wußte, wie ihm geschah.
Die übrigen Bewohner verkrochen sich nicht wie sonst, wenn des Königs Soldaten anrückten, in ihre Hütten, sondern griffen nach ihrem Handwerkszeug, das sie als Waffe einsetzten, und stürzten den Soldaten entgegen. Diese waren von dem Angriff so überrascht, daß sie sich nach kurzer Gegenwehr ergeben mußten. Man stellte ihnen frei, hierzubleiben und in Hinkunft auf der Seite der Dorfbewohner zu kämpfen und zu arbeiten oder in Unterhosen in den Wald getrieben zu werden. Nur die Anführer der Soldaten entschlossen sich für letzteres. Die Soldaten gaben freimütig zu, mit dem Auftrag gekommen zu sein, das Recht zu fangen und aufs Schloß zu bringen, und zwar lebendig. Er müsse es lebendig haben, habe ihnen der König in einem fort in die Ohren gebrüllt, andernfalls ließe er sie hängen.
Das war dem Volk eine gute Lehre. Wenn es in der Folgezeit auch alle seine Kräfte zusammennehmen mußte, um der Streitmacht des Königs zu widerstehen, so hatte es doch immer einen Teil seiner Kraft dafür bereit, das Recht in einem sicheren Versteck vor dem Feind zu verbergen. Diese Lehre vergaß es auch später nicht, als es den König längst besiegt hatte, aber andere kamen und sich unter dem Vorwand, Freunde oder Vertreter des Volkes zu sein, über das Volk erhoben und es aussaugten.
Eine Zeitlang kann das Volk diesen Betrug an ihm vertragen, weil es weiß, daß seine Beherrscher zwar

allerhand Rechte erfinden können, das wirkliche, leibhaftige Recht aber, das vom Volk ausgegangen und zu ihm zurückgekehrt ist, nur unter ihm weilt. Sein durch viele Leiden und Kränkungen geschärfter Verstand veranlaßt deshalb das Volk, keinem Dahergelaufenen, und sei es der scheinheiligste Volksfreund, auch nur einen Blick auf sein Recht werfen zu lassen. Das Volk läßt mitunter *sich* mit Füßen treten, niemals aber sein Recht. Denn auf dieses wird es bei Gelegenheit zurückkommen.

Günter Kunert

Von vier Brüdern besondrer Sorte, die man kennt an jedem Orte

s waren einmal vier Brüder,
die standen vor ihrem Haus:
Sie sahen sich die Mauern an,
die schauten jämmerlich aus.

Der erste tat den Mund auf:
Das hat der Feind angericht'!
Die andern blickten den Bruder an,
als blickten sie in ein Licht.

Der zweite räusperte sich laut:
Das hat die Geschichte gemacht!
Die Brüder nickten gewichtig dazu,
und keiner hat gelacht.

Der dritte hob den Finger steil:
Der Vater hat's nicht repariert!
Die Brüder dachten stumm an den Greis,
der vor zwanzig Jahren krepiert.

Die Steine sind nicht die besten! –
Die Stimme des vierten klang schwach,
derweil sich ein kleiner Sturm erhob
und rüttelte an dem Dach.

Die Brüder fanden mehr Gründe,
die dienten dem Zorn zum Ziel.
Doch schwiegen sie dann ganz plötzlich,
weil das Haus auf einmal zerfiel.

Peter O. Chotjewitz
Der Elektriker Karl

In einem stillen Tal lebte einst ein König mit seiner schönen jungen Tochter und einem großen Hofstaat.
Es war das Jahr des heiligen Affen, und das heißt, daß dem König und seinen Leuten noch allerlei Ärger bevorstand.
Des Königs Tochter aber war so lieblich und schön, daß es keinen Königssohn im Tal und in den angrenzenden Tälern gab, der nicht von ihrer Schönheit gehört hatte.
Nur die Bergbewohner saßen auf ihren Bergen und sahen immer in zwei nebeneinanderliegende Täler. Sie kümmerten sich aber nicht um die Leute im Tal.
So kommt es, daß bisher noch niemand von dieser Geschichte gehört hat.

2

Eines Tages geschah es, daß der ganze Hofstaat an einer langen Tafel in prächtigen Kleidern in einem spiegelverzierten Festsaal saß, weil die Tochter des Königs Geburtstag hatte.
Der König saß in einem weißen Seehundsmantel obenan. Das Volk stand unter den Fenstern des Schlosses und rief laut: »Hurra!!«
Es war trotzdem ein schöner sonniger Tag, so wie es ein König erwarten konnte, wenn seine Tochter Geburtstag hat.
Aber der König sah aus wie jemand, der eine Fliege auf seiner Leber entdeckt hat. Er hatte die Patentante des Mädchens nicht eingeladen, weil sie alt, häßlich und arm war, und das sind Eigenschaften, die ein König nicht mag.

3

Es ergab sich nun, daß in einem Nachbartal ein armer Landarbeiter, der nichts außer einem kleinen Gemüsegärtchen und einer Ziege besaß, die noch nicht

einmal Milch gab, seinen winzigen, schreienden, neugeborenen Sohn zum ersten Mal auf den Arm nahm.
Er dachte bei sich: »Mein Sohn soll es einmal besser haben als ich.«
Und weil er zu sehen glaubte, was für kluge Augen sein Sohn hatte, sagte er zu dem Kind, das nichts verstand: »Aus dir wird einmal ein großer Mann.«
Weil er aber im Auge seines Sohnes ein Glitzern bemerkt hatte, sagte er: »Du sollst Elektriker werden.« Denn das war ein Handwerk, das bei den Königen sehr beliebt war. Und er nannte seinen Sohn Karl.
So gingen die Jahre ins Land.

4

Nun saß aber der König in seinem schönen Mantel mit seiner schönen Tochter noch immer in seinem schönen Festsaal an seiner schönen Geburtstagstafel und sprach: »Meine Tochter, heute sollst du ein Geheimnis erfahren, das alle Könige auf der ganzen Welt und alle ihre Kinder und Verwandten, ihre Priester, Soldaten, Polizisten, Beamten und Generale und ihren ganzen Hofstaat von den anderen Menschen unterscheidet.«

5

Währenddessen wuchs der kleine Karl heran, und seine armen Eltern gönnten sich keinen guten Bissen, denn sie mußten für seinen Beruf sparen.
Nur einmal im Jahr, wenn die Beamten des Königs den anderen Menschen ihren Lohn auszahlten, feierte das Volk ein Fest, und man aß und trank viele Tage. Dann nahm der Vater seinen Sohn auf den Arm und zeigte ihn allen, die gekommen waren, und sprach: »Seht nur, was für kluge Augen und was für geschickte Finger mein Sohn hat. Er wird sicher einmal ein großer Mann.«
Da lachten die Leute nur, und einer sagte: »Wenn er ein großer Mann wird, schaltet er den König und seinen Hofstaat aus.«
Der Junge dachte: »Wie kann man denn einen König und seine ganze Familie ausschalten?«

6

Nun saß aber der König noch immer mit seinem Hofstaat in seinem Festsaal und redete mit seiner lieblichen Tochter und sprach: »Mein Kind, heute an deinem Geburtstag sollst du erfahren, warum du noch nie einen Königskuchen und eine Kanne Schokolade bekommen hast.

Wir Könige und unsere ganzen Familien und unser ganzer Hofstaat sind nicht aus Fleisch und Blut wie das Volk, sondern aus dünnen Eisenstäben, wo andere Leute die Knochen haben, aus Plastik, wo andere Leute Fleisch und Muskeln haben, und aus Gummischläuchen, wo andere Leute Adern haben. Wir haben einen ledernen Geldbeutel, wo andere einen Magen haben, einen kleinen elektrischen Motor, wo andere ein Herz oder ein Gelenk haben, wir haben kein Blut in den Adern, sondern blaues Wasser, unsre Augen sind kleine Photoapparate, und du hast eine Nase, die noch nie einen richtigen Schnupfen gehabt hat.«

7

Inzwischen war Karl ein junger Mann geworden und arbeitete als Elektriker im Hofstaat, wo es immer zu tun gab.

Hier fehlte einem Feldwebel an der Wade ein Kabel, so daß der elektrische Strom nicht bis in den Fuß kam und der kleine Motor, der die Zehen und das Fußgelenk bewegte, außer Betrieb war. Dann kam der Feldwebel zum Elektriker Karl und meinte, daß er einen steifen Fuß habe, und Karl nahm einen Schraubenzieher, etwas Isolierband und ein Stück Draht aus seiner Werkzeugtasche und sagte: »Das werden wir gleich haben.«

Dort hatte ein kleines Burgfräulein vergessen, am Morgen seinen Eßlöffel Maschinenöl zu trinken, und beim Spielen und Herumlaufen nicht darauf geachtet, daß das Thermometer an seiner Brust schon beinahe auf 100 Grad gestiegen war. Und nun dampfte das Kind unter den Armen wie ein Kaffeekessel, weil sein Motor heißgelaufen war. Das sah Karl sich nur an und sagte: »Das ist Sache des Mechanikers. Da muß der Mechaniker ran.«

Manchmal aber kam eine Frau aufgeregt angelaufen und meinte, ihr Mann liege im Sterben. Dann wußte Karl schon, daß der kleine Schalter, den der König und alle Maschinenmenschen am Hofe des Königs im Nacken haben, einen Wackelkontakt hatte. Am Abend hatte der Mann sich zur Ruhe gelegt und ausgeschaltet, und am Morgen, als er aufstehen wollte, konnte er sich nicht wieder anschalten.
Wenn der Elektriker Karl den Mann reparierte, hatte er oft den Wunsch, ihn ausgeschaltet zu lassen. Er sagte: »Wenn ich ein großer Mann bin, werde ich den König und alle seine Beamten, Priester, Soldaten, Polizisten, Generale und alle, die ihm den Hof machen, ausschalten.«
Und er träumte davon, eines Tages ein großer Mann zu werden.

8

Aber immer noch saß der König im Nachbartal an der Geburtstagstafel, denn die Maschinenmenschen am Hofe des Königs leben länger als das Volk, und ein Vierteljahrhundert ist in ihrem Leben nicht mehr als ein Tag.
Immer noch redete der König mit seiner Tochter: »Woher sollen wir wissen, wie wir uns fühlen sollen, wenn du Geburtstag hast? Woher sollen wir wissen, daß ein schöner warmer Sommertag Spaß macht? Woher wissen wir, daß man sich nach einem guten Schluck Maschinenöl den Bauch streicht und ›Ahh!‹ sagt? Das Volk zeigt uns, wie man sich freut und daß man ›Ahh!‹ sagt, wenn man einen guten Tropfen getrunken hat!«
Dann griff der König nach seinem goldenen, juwelengeschmückten Trinkbecher, trank einen guten Schluck Maschinenöl, rieb sich lange den Bauch und sagte: »Ahh!«
Einer der Beamten des Königs aber beugte sich aus dem Fenster und rief den königlichen Polizisten und Beamten, die das Schloß bewachten, zu: »Auf Befehl des Königs: Das Volk soll endlich weggehen unter den Fenstern; es verschandelt uns ja den schönen Schloßplatz!«

9

In diesem Augenblick öffneten sich die Flügeltüren des Festsaales, und der König erschrak.
Mit wehendem Haar und weit geöffnetem Mantel und zornigem Gesicht stand die Patentante der Königstochter im Saal.
Ein Diener wollte sich ihr in den Weg stellen, aber sie griff mit einer schnellen Bewegung zum Schalter an seinem Nacken und stellte ihn ab.
»Aber das ist ja Verrat!« rief der König und sprach: »Wir haben dich zwar zur Geburtstagsfeier nicht eingeladen; nun gut, vergessen wir das. Aber du stellst den Diener sofort wieder an!«
Aber die Patentante der Königstochter ging unbeirrt durch den Saal. Der ganze Hofstaat erstarrte. Sie benahm sich so, als wäre sie ein ganz gewöhnlicher Mensch und nicht die Schwester des Königs.
Als die Tante bei der schönen Königstochter angekommen war, griff sie an den Nacken des Mädchens. Sie riß den Schalter heraus, so daß alle Drähte hervorsahen, und schaute ruhig zu, wie die Königstochter mit einem leisen Seufzer wie tot auf den Fußboden sank.
Der König stieß einen lauten Schrei aus, als ob er ein Mensch wäre. Dann befahl er seinem Hofstaat, sich abzuschalten, denn niemand bei Hofe sollte leben, wenn seine Tochter kaputt war.
Als aber im Tal bekannt wurde, daß der König und sein ganzer Hofstaat wie tot auf dem Schloß lag, brach ein großer Jubel aus, und das Volk tanzte, bis es außer Atem war, und sie aßen und tranken viele Tage lang.

10

So gingen weiter die Jahre ins Land, und dem Volk ging es immer besser, weil der Hofstaat wie tot oben in seinem Königsschloß lag.
Der Generalfeldmarschall hatte noch den Säbel in der Hand, mit dem er die eindringende Tante daran hindern wollte, die Königstochter abzuschalten, und der Diener sah immer

noch so erstaunt aus, weil die Tante einfach hereingekommen war, obwohl sie keine Einladungskarte hatte.
Die Königstochter war in ihrer Leblosigkeit so lieblich, daß man meinen konnte, der König habe ihr gerade den schönsten Königssohn der Welt versprochen, und der König hatte den Mund weit geöffnet, als ob er soeben erst demjenigen Mann seine Tochter zur Frau versprochen hätte, der das Mädchen wieder heil machte.
So blieb es einige Jahre lang.

11

Eines Tages aber war Karl, der Elektriker, alt genug, die Wanderschaft zu machen, die damals jeder Handwerksgeselle antrat, wenn er 25 Jahre alt war. Seine Wanderschaft führte ihn auch in das Tal, wo der König mit seinem ganzen Hofstaat wie tot in seinem goldenen, spiegelverzierten Festsaal lag. Das Volk hatte das Schloß und den Hofstaat in ein großes Museum verwandelt, damit jeder Besucher sich daran freuen konnte, daß der König und seine Verwandtschaft sowie alle seine Beamten, Priester, Soldaten, Polizisten, Generale, die sich ein schönes Leben gemacht hatten, während das Volk schwer arbeiten mußte und arm war, wie tot dalagen.
Deshalb machte Karl sich eines schönen Morgens auf und ging zum Schloß, um sich daran zu erfreuen, da es sein Jugendtraum gewesen war, einmal einen König und seinen Hofstaat abzuschalten.

12

Er betrat das Schloß, und überall sah er die Beamten und Bediensteten des Königs in tiefem Schlaf. Er ging durch das ganze Schloß, bis er die Königstochter sah, die lieblich und schön auf dem Fußboden lag. Es schien ihm, als werde sie gleich aufwachen und ihre weichen, weißen Arme um seinen Hals legen und ihn umarmen. »Reparier mich!« schienen die süßen, sanften Lippen der Königstochter zu sagen.
»Mein Vater wird dich mir zum Mann geben, und du sollst sein Königreich haben!«

Der Elektriker Karl sah hinüber zum König, der wie tot auf seinem kostbaren Thronsessel saß, und es schien ihm, als habe der König gelacht. Er sah wieder zur Königstochter hinab und sah, wie schön sie war.
Da öffnete er seine Werkzeugtasche, drehte die Königstochter auf den Bauch, so daß der herausgerissene Schalter und die Kabel zu sehen waren, und machte sich an die Arbeit, bis die Tochter des Königs heil war und ihn aus kleinen Photoapparaten, die diamantene Photolinsen hatten, verwundert ansah.
Er reparierte auch das Gefolge des Königs und den ganzen Hofstaat. Die Beamten, Priester, Polizisten, Soldaten und Generale schüttelten ihm die Hand, als sei er einer von ihnen, und sagten, in ihren Augen sei der Elektriker Karl ein ganz großer Mann.
Der König gab ihm seine Tochter zur Frau und versprach, ihn eines Tages zum König zu machen.
Als aber das Volk merkte, daß der König und sein ganzer Hofstaat wieder angeschaltet und wieder am Leben war, herrschte große Trauer im Tal. Wenn das Volk den Elektriker Karl einmal von weitem zu sehen bekam, sprach es: »Das ist der Schafskopf, der den König heil gemacht hat.«

Günter Herburger
Birne erlebt die Weihnachtszeit

Birne, die in einer Straßenlampe wohnt, arbeitet nachts, tagsüber ruht sie. Das ist verständlich, wenn man zehn, zwölf Stunden leuchten muß mit Strom im Leib, der, falls die Nachtschicht im Elektrizitätswerk nicht aufpaßt, manchmal schwankt, so daß es vielen Birnen schwindlig wird. Man muß sich vorstellen, wenig Strom bedeutet niedrigen Druck, auch Hunger, während bei zu hoher Spannung die metallenen Glühfäden durchzubrennen drohen. Es ist, als würden Nerven und Herz schmelzen. So ein Birnenleben ist also oft Gefahren ausgesetzt.

Birne hängt kopfunter in ihrer Fassung und sieht zu, wie aufdder Straße viel Publikum unterwegs ist, meist mit Schachteln und Tüten bepackt. Vor Weihnachten kaufen alle ein, selbst die, die schon viel haben. Eine Art Kaufwut ist ausgebrochen, Besitzgier und Rafflust.

»Weshalb macht man Geschenke«, fragt Birne.

Alle Birnen sind durch die Stromleitungen gegenseitig verbunden und können miteinander sprechen.

»Man macht Geschenke, weil viel hergestellt wird, was alles wieder verkauft werden muß«, antworten die Birnen aus dem größten Kaufhaus der Stadt. Besonders die Reklamebirnen und Dekorationsbirnen sind davon überzeugt. Sie brennen abwechselnd rot, grün, gelb, in allen Farben, tun so, als sei es immer Sommer und gutes Wetter.

»Man sollte nicht so viel fabrizieren«, sagt Birne.

»Dann gäbe es weniger Arbeit und viel Arbeitslose«, melden Birnen aus den Schreibtischlampen des Arbeitsamtes.

»Wir sind froh, wenn jeder unterkommt. Wir kennen Not und Jammer.«

Die Arbeitsamtbirnen seufzen und blinzeln, so daß Türken und Jugoslawen, die im Arbeitsamt gerade auf Arbeitssuche sind, schon glauben, das Amt schließe, habe keine Stellen mehr zu vermitteln, weil es in vielen Zimmern für kurze Zeit dunkel wird.
»Die Antwort befriedigt mich nicht«, sagt Birne. »Wer bestimmt eigentlich, wieviel Kühlschränke, Autos, Schnürsenkel oder Colaflaschen hergestellt werden? Natürlich braucht man das Zeug, aber nicht in dieser fürchterlichen Menge.«
»Angebot und Nachfrage bestimmen die Produktion«, hört Birne eine andere Birne aus weiter Ferne durch die Stromleitungen flüstern.
»Wer bist du«, fragt Birne. »Tu nicht so vornehm.«
»Ich bin die automatische Drucklichtbirne aus der Direktionslampe der obersten Etage einer Konzernverwaltung. Ich höre und sehe als erste die wichtigsten Entscheidungen.«
»Papperlapapp«, schreit es aus einer anderen Richtung des Stromnetzes. »Hier spricht eine alte Funzelbirne aus einer öffentlichen Bedürfnisanstalt. Ich bin es, die die wichtigsten Entscheidungen hört und sieht. Wenn ich versage, finden meine Kunden nachts nicht mehr den Weg zu mir und platzen. Ich bin wahrhaftig lebensnotwendig.«
»Schrecklich, so schrecklich, hosianna«, hört Birne es in ihrem Fernmeldesystem jammern, dann jauchzen.
»Wer seid ihr«, fragt sie. »Euch kenne ich noch nicht.«
»Wir sind Kirchenbirnen.«
»Hosianna! Na, endlich! Jetzt beginnt Weihnachten«, tönt es aus verschiedenen Richtungen. »Mal hören, was die Kirchenlichter zu verkünden haben.«
»Wir stecken im Allerheiligsten und passen auf, daß das ewige Licht ewig leuchtet. Außerdem bestrahlen wir ein sehr teures Barockkreuz, an dem der Herr hängt, dann noch verschiedene Gemälde, Stationenbilder und die Kirchenkuppel. Eine Scheinwerferbirne ist auch unter uns. Sie ist ein Kilowatt stark. Auf die Kanzel gerichtet, versteht sich.«

»Wir haben zehn Kilowatt im Kopf«, hören die Stadtbirnen aus der Gegend des Filmgeländes sagen. »Wir tauchen gerade im Atelier eine Szene in Licht, die in Hawaii spielt. King Kong kommt aus dem Wasser, hat Marylin Monroe im Arm und wird von Japanern beschossen. Aber King Kong macht das nichts aus.«

»Wunderbar«, hauchen die Kirchenlichter im Chor. »Bei uns passieren nur alte Geschichten und nie wirklich. Sie werden nur behauptet. Können wir nicht einmal einen Wechsel versuchen?«

»Unmöglich«, melden die Atelierbirnen. »Unser Arbeitstempo ist viel zu hart für euch. Bleibt, wo ihr seid. Wir brauchen auch Kollegen, die sich mit klassischer Geschichte befassen.«

»Arbeitstempo, Arbeitstempo«, höhnen die Kaufhausbirnen, »das Risiko am Ultimo ist viel zu hoch!«

»Ich möchte von den Kirchenleuchten eines wissen«, sagt Birne, die immer noch geruhsam kopfunter in der Fassung ihrer Straßenlampe hängt. »Weshalb schenkt man so viel an Weihnachten?«

»Weil man Ferien macht, weil es üblich ist, weil man ein schlechtes Gewissen hat, weil man gern angibt, weil man Freude machen will«, sagen die Kirchenbirnen. »Das Jahr ist zu Ende, die Menschen hoffen, daß das nächste wenigstens so gut wird wie das letzte.«

»Schenk mir doch ein kleines bißchen Liebe, Liebe, sei ein bißchen nett zu mir«, schmettern alle Birnen den alten Schlager durch das Stromnetz, so daß die Spannung schwankt, alle Lampen im Takt zu flackern beginnen. »Kennst du nicht die innigsüßen Triebe, Triebe, wie mein Herz verlangt nach dir.«

»Mir reicht's«, ächzt Birne.

Sie schraubt sich aus der Fassung und fliegt, angetrieben von zwei kleinen Düsenmotoren, die sie an Bord hat, davon. Viele Flugzeuge sind vollbesetzt spätnachmittags auch unterwegs, besonders vor Weihnachten, wenn Manager, Bezirksvertreter, Mannequins, Gattinnen und Theaterkritiker, die Weihnachtsmärchen in verschiedenen Städten angesehen haben, endgültig nach Hause wollen. Birne berührt die vorgeschriebenen Flugschneisen nicht, sie bewegt sich auf Vogelflughöhe,

grüßt da und dort eine angefrorene Krähe, Taube oder einen Spatz, sagt öfters in die Luft einen freundlichen Satz.
Die Stadt sieht, von oben betrachtet, schön aus, überall von Lichtern getüpfelt, als sei sie das Königreich der Glühwürmchen. Aber das ist sie nicht. Am meisten funkelt der Flugplatz mit seinen vielen Positionslichtern, damit die Flugkapitäne merken, aus welcher Richtung sie landen können oder welche Richtung sie beim Starten einzuhalten haben. Die Radaranlage auf den Schuttbergen ist kaum beleuchtet, dafür spürt Birne in ihrem technischen Leib, wie Ströme der Suchstrahlen durch sie hindurchgehen, sie im Gleichgewicht halten und ihr zeigen, wie sie fliegen soll. Radar ist ein Segen. Wenn die Menschen einmal gelernt haben, nicht nur ungehemmt zu sprechen, sondern auch geübt zu denken, könnten sie sich gegenseitig insgeheim leiten ohne Mißtrauen und Zorn als Verbündete. Sie bräuchten keine Präsidenten und Vorgesetzten mehr.
»Vorerst nur hoch in der Luft ist die Ehrfurcht verpufft«, singt Birne. Dann stößt sie im Sturzflug, weit entfernt von der Stadt und nahe dem Gebirge, auf das dunkle Land hinunter. Auf einer Überlandleitung, die Strom von den österreichischen Wasserkraftwerken nach Deutschland bringt, ruht sie sich aus und nimmt einen tiefen Schluck. Die rabiate Stromstärke kracht, zischt dann in Birnes von Luft leergepumpten Magen, als hätte sie einen Blitz verschluckt. Vorsichtig löst sie sich, ihre kleinen Hubschrauberflügel ausfahrend, von dem summenden Kabel und schwebt weiter. Vor Überdruck, weil sie zu viel gegessen hat, läßt sie eine Portion leuchtender Birnenkacke fallen, die sich entfaltet wie ein Schirm.
»Eine Sternschnuppe ist geplatzt«, sagen Landleute, die zufällig nach oben schauen. »Es wird Weihnacht.«
Von Pferden gezogene Schlitten möchte Birne sehen, wie sie auf verschneiten Straßen durch den Wald fahren. Auch sollten Rehe und Nikoläuse sich zeigen und in das Fenster eines einsam stehenden Bauernhauses blicken, während drinnen unter der Petroleumlampe die Familie um den

Tisch sitzt und gekochte Kartoffeln ißt, sonst nichts. Der Vater, der am schwersten tagsüber arbeitet, fettet seine Bissen mit einer abgenagten Speckschwarte ein. Dann erscheint das Christkind in Gestalt eines kleinen, schwarzhaarigen Türkenmädchens und beschert den armen Leuten einen vollen Tisch, was es selbst auch noch nicht lange kennt. Nichts dergleichen geschieht. Stattdessen treibt Birne auf einen in Flutlicht getauchten Hang zu, über den zahlreiche Skifahrer abwärtsschwingen. Es ist eine beleuchtete Piste, die nachts befahrbar ist. Dieselben Anlagen gibt es in Japan schon, von riesigen Hallen überdacht, mit verstellbaren künstlichen Schneewiesen. Für einen Läufer, der geschickt von einer Piste zur anderen zu wechseln vermag, nimmt die Fahrt kein Ende.

Birne gesellt sich zur nächsten Flutlichtbirne über dem Hang und fragt sie, wie lange der Betrieb noch dauere.

Gearbeitet werde die ganze Nacht, antwortet die Skibirne. Sie trägt über ihrer Glashaube einen blauen Filter, damit das Licht auch die Mulden im Schnee aufhellt.

»Es ist Weihnachten«, sagt Birne. »Hört auf zu arbeiten. Es gibt Geschenke.«

»Keine Zeit«, antwortet die Kollegin. »Wir müssen strahlen. Ein Sonderzug voll Wintersportler ist angekommen. Die Läufer wollen skifahren bis Mitternacht, dann bringt sie der Zug wieder in die Stadt zurück.«

»Laßt die Sportler im Dunkeln herumpfuschen«, sagt Birne. »Es ist aus Gründen der Gleichberechtigung unbedingt erforderlich, daß die Birnen sich zusammentun und ihr Weihnachten veranstalten.«

»So wahr, so wahr«, hört Birne es von Flutlicht zu Flutlicht raunen. Kurz darauf verlöschen mit einem Schlag alle Lampen. Von der Piste ist nichts mehr zu sehen, nur noch ein dämmriger Schimmer liegt über dem Schneehang, von dem Rufe zu hören sind, Flüche, Gelächter und das Zischen von Stahlkanten, wenn Läufer Kurven reißen, um ihre Ski zum Halten zu bringen. Ein paarmal kracht es auch, als Fahrer zusammenprallen,

doch niemand bricht sich den Knöchel oder verstaucht sich den Fuß.
Die Birnen haben sich indessen aus den Lampen geschraubt und wälzen sich im Schnee. An einer Stelle, wo mehrere Birnen gleichzeitig ihre Hitze loswerden wollten, sollen, so behaupteten später einige Rennasse, die nach Stürzen merkwürdigerweise in Blumen bissen, mitten in Nacht und Kälte Schneeglöckchen und Schlüsselblumen gewachsen sein. Kinder in dem Sonderzug prüften die Gewächse und behaupteten, man könnte künstliche Blumen derart gut nachahmen, daß sie kaum von echten zu unterscheiden wären. Ihr plötzlicher Wuchs sei Kundendienst der Pisten- und Liftgesellschaft gewesen, da die Flutlichtanlage versagt habe.
Die Birnen aber erheben sich in die Luft und schweben davon in Form eines Drachens, der sich ständig vergrößert, denn auch andere Birnen schließen sich an, so Stallbirnen, Autobirnen, Kegelbahnbirnen oder Taschenlampenbirnen. Die Kühe in den Ställen sehen nichts mehr und beginnen zu schlafen. Autos, die noch unterwegs sind, müssen angehalten werden. Kegelbahnen veröden, Taschenlampen, die Diebe oder Förster auf Erkundigungsgängen in der Hand halten, nützen nichts mehr.
Noch nie sind auf dem Land innerhalb kurzer Zeit so viel Menschen zusammengekommen. Es klopft an verschlossene Türen und Fensterläden, in Kirchen beginnt es zu lachen, in den Wirtshäusern wird es auch lebendig. Raketen, die eigentlich für die Sylvesternacht vorgesehen waren, werden von Misthaufen, Urlaubshütten und Friedhöfen, auf denen die Wachslichter für ein ewiges Leben der Toten auch erloschen sind, jetzt schon abgeschossen. Es ist viel los im sonst stummen Land.
Über der Stadt wächst der Birnendrachen noch mehr, bekommt eine Schleppe, die bis zum Horizont reicht, verbreitert sich zu einem Wasserfall aus Licht, tanzt, zeigt die Zähne, überschlägt sich in allen Farben, als sei die Polargrenze nähergerückt. Alle Birnen machen mit, von denen es in

jeder Großstadt unzählige gibt. Die Birnen aus den elektrischen Christbaumkerzen der protzigen Kunst- und Edeltannen vor Kaufhöfen, Versicherungsanstalten und aus den Gärten der Vorstadtvillen waren die ersten, die sich davongemacht haben. Da kein Licht mehr funktioniert, ein weihnachtlicher Birnengeneralstreik ausgebrochen ist, halten auch die U-Bahnen an, sind zum Beispiel auch die Eisschränke nicht mehr beleuchtet, so daß man blindlings in ihnen nach Wurst, Spaghettiresten oder Käse herumtasten muß. Auch die Schaufenster sind dunkel geworden, die Verkehrsampeln, Leuchtreklamen, Autobahntafeln, Kinos, in denen Einsame sitzen, Mißgelaunte und Zerstrittene. Selbst die Notlichter in den Krankenhäusern versagen, Kranke und Schwestern wehklagen im Chor. Ein Frischoperierter, der besonders unruhig war, schon den ganzen Tag über nach Flaschenbier verlangte, das ihm verweigert wurde, soll im allgemeinen Durcheinander entwichen sein. Man hat ihn nie mehr entdeckt. Die Kinder sind die ersten, die die Fenster aufreißen, dann auf die Straße laufen. Bald ist die ganze Bevölkerung unterwegs, selbstgefertigte Fackeln oder Gasfeuerzeuge hochhaltend oder fortwährend Streichhölzer entzündend. Wohnungen werden getauscht, überraschend Freundschaften geschlossen, Feindschaften werden endgültig ausgetragen. Schrammen und blutige Köpfe heilen in der Dunkelheit schneller, weil die Streithähne nicht sehen, wie schlimm sie zugerichtet sind. Sie erschrecken nicht.

Alle blicken nach oben, denn über der Stadt findet Weihnachtskino statt. Die zahllosen Birnen, leuchtend und sprühend, obwohl nicht zu ergründen ist, woher sie den vielen Strom beziehen, jedenfalls wunderbarerweise drahtlos aus den Elektrizitätswerken, die trotz des totalen Lichtausfalls auf Hochtouren laufen – die Birnen führen in der Höhe vor, was man gern sieht, so zum Beispiel:

Wie Jesus und Batman paarlaufen von
Stern zu Stern, aber dann stürzt Batman
ab und bleibt auf einer Wolke
winzigklein liegen.

Wie ein Wurm von einem Huhn gefressen
wird, das von einem Fuchs, der von einem
Tiger, doch alle spucken sich gegenseitig
wieder aus, und keiner ist verletzt
oder tot.
Wie zwei oder drei Inder auf einem
Missionar reiten, der sie immer weiterschleppt,
was die Armen fröhlich stimmt,
denn endlich haben sie wenigstens bessere Aussicht.
Wie Winnetou mit Richard Nixon einen
Boxkampf veranstaltet, der lange dauert
und spannend ist. Wer gewinnen muß,
das ist klar.
Wie die Prinzessin auf der Erbse trotz der
vielen Matratzen seufzt und klagt, bis Flipper
und Zwerg Nase kommen und ein furchtbares
Donnerwetter machen.
Oder wie Autos in Autofabriken in Hängematten
hin- und herschaukeln, während die
Arbeiter rollschuhlaufen.

Nichts ist zuviel, was passieren könnte. Wenigstens in dieser Nacht versöhnen sich die Wintermäntel mit den Badeanzügen, unsere Freßlust mit den Tieren, der Gestank mit den Schloten, der Abschied mit dem Willkommen, das verseuchte Wasser mit den Fischen, die Rolltreppen mit den Bergsteigern, die Tränen mit den Taschentüchern, während die Glühbirnen am sternenklaren Himmel Kino vorführen, das unbedingt Wirklichkeit werden muß.

Siegfried Lenz
Eisfischen;
oder was man mit Hechten erleben kann

Auch im Winter ist mit unserm See noch was los. Man muß nur warten, bis das Eis dick und blau geworden ist, und am liebsten läßt man überhaupt erst einen Schlitten mit Pferden darüberfahren, bevor man durch den braunen, knackenden Schilfgürtel geht. Wenn sich kein Schlitten mit Pferden sehen läßt, genügt es auch, die Luftblasen und Äste und Flaschen zu zählen, die in der Tiefe des Eises einfrieren, und wenn genug eingefroren ist, und man kommt nicht weiter mit Zählen, dann kann man gleich mit Anlauf raufglitschen.

Was am allerbesten ist? Am allerbesten ist, wenn die Eisfischer kommen auf ihren flachen kleinen Schlitten, die sie mit einer Stange vorwärtsschieben. Die Eisfischer haben immer was zu rufen, ich weiß nicht, warum, und wir hörten die Rufe »Hooo-oh« oder »Hooo-ah«, noch bevor sie um die nackte Halbinsel bogen. Da tickten wir erst gar nicht mit den Absätzen ans Eis. Sobald die Eisfischer zu hören waren, flitzten wir gleich durch die Schneewehen am Ufer. Wir nahmen Anlauf. Und tsss, so glitten wir ihnen entgegen, und der Schwung war so groß, daß man noch auf dem Rücken weiterrutschte, wenn man hinplumpste auf der glatten, glatten Fläche.

Zuerst tranken die Eisfischer Kaffee, das war nun mal so. Sie saßen auf ihren flachen Schlitten in einem Kreis. Die Eisfischer hatten Schnauzbärte, daran hingen kleine Eiszapfen, und ihre Augenbrauen waren mit Rauhreif gepudert. Die sahen schon so aus wie der Januar, ganz gewiß. Ihren Kaffee tranken sie etwas zu langsam, sogar im Schneegestöber.

Dann rief einer »Hooo-oh«, und die anderen nahmen von einem Schlitten Äxte und Eisenstangen, die bekam das Eis

jetzt zu spüren. Die Eisfischer hackten und pickten. Das splitterte nur so und brach und seufzte. Manche Splitter funkelten wie buntes Glas. Die Eisfischer hackten so lange, bis da ein großes Loch im Eis war, und dann stellten sie zuerst Stangen mit einem Strohwisch auf. Jetzt wußte jeder: Hier heißt es aufpassen. Das Loch war vielleicht viermal so groß wie ein Küchentisch, das genügte. Wieder rief einer »Hooo-oh«; – ohne zu rufen bekamen die wohl nichts fertig. Sie schleppten das glitzernde, steifgefrorene Netz zum Loch. Das Netz knisterte. Es sang. Es hörte sich an wie eine sehr dünne Stimme, die sang, als sie das steifgefrorene Netz zerrten und zogen. Dann drückten sie das Netz mit Stangen in das Loch und schoben die Stangen unter das Eis.
Wir kannten das schon. Mit Hilfe der Stangen zogen die Eisfischer eine Leine unter dem Eis entlang. Die Leine lief in einem Bogen und öffnete das Netz, das sich ganz vollgesogen hatte und auf Grund lag. Die Eisfischer hackten noch viele kleine Löcher, um die Leine immer weiterzuziehen, und neben jedem Loch stellten sie einen Strohwisch auf. Geld hatte sicher keiner von den Eisfischern in der Tasche. Aber eine Flasche, die hatte jeder. Und wenn sie nicht »Hooo-oh« riefen, dann mußten sie einen langen Schluck aus der Flasche nehmen. Wir versuchten erst gar nicht, die Schlucke zu zählen.
Auf zwei Schlitten waren braune Tonnen drauf; die konnten sich drehen. Und als die Eisfischer weit genug von dem großen Loch entfernt waren, holten sie die Leine herauf. Sie legten sie um die Tonne, und die Tonne drehte sich, und die Leine wurde straff und zitterte. Jetzt sang die Tonne. Zwei Eisfischer drehten sie. Die Leine fror gleich an der Luft zu einer weißen Schlange. Da liefen wir dem Netz entgegen, das unter dem Eis langsam und stetig wanderte mit seinen offenen Flügeln. Wir legten uns auf das dunkle, durchsichtige Eis. Unten wanderte das Netz in aller Stille über den Grund, mehr kann man nicht sagen.
Die Tonne hörte nicht auf mit ihrem quietschenden Gesang, und einige Eisfischer schlugen wieder ein großes

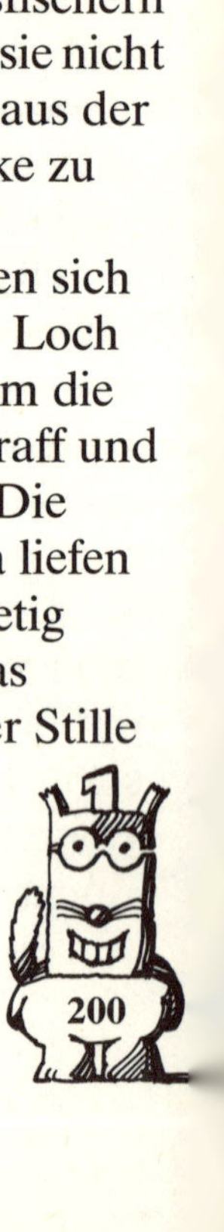

Loch. Hier sollte das Netz herausgeholt werden. Wir standen neben dem Loch und beobachteten den braunen Grund. Ffft, ffft, so zuckten da die Fische durcheinander, sehr schlank oder spindelförmig. Immer mehr Fische wurden es, die flohen vor dem stetig wandernden Netz mit den offenen Flügeln. Die Eisfischer freuten sich über das Gewimmel, und einer rief »Hooo-ah«, danach schnaubte er in sein Taschentuch.

Aber jetzt wurde das Wasser unruhig. Es brauste. Es riffelte sich. Die Eisfischer kloppten sich die Hände warm, so heißt das. Das Wasser schäumte nur so von all den aufgeregten Fischen, und einige schnellten sich in die Luft. Nun waren die Flügel des Netzes zu sehen. Da steckten Schilfplötze drin mit rot leuchtenden Flossen. Die Eisfischer zogen die Flügel zusammen und hoben das Netz auf das Eis; dann schüttelten sie die Fische aus. Die Fische hopsten und sprangen auf dem Eis, viele Fische: dunkelgrüne Barsche, die ihre Stacheln aufrichteten, silberne Brassen, Schleie, Zander und fünf silbergrüne Hechte mit Mäulern wie Entenschnäbel. Die Eisfischer sortierten die Fische in Holzkästen. Die kleinen Fische schenkten sie uns.

Natürlich wollten wir am liebsten einen Hecht haben, denn das ist der beste Fisch in unserem See. Aber einen Hecht wollten uns die Eisfischer nicht schenken. Und einen aus der schuppenbedeckten Kiste nehmen, das konnten wir nicht, weil jeder Eisfischer die fünf Hechte gezählt hatte. Langsam gezählt.

Nun wußten wir aber schon, daß jeder Räuber seine Beute abgibt, wenn er ertappt wird; darüber wundert man sich nicht mehr. In unserm See ist der Hecht der schönste und stärkste Räuber. Wir sahen uns die fünf Hechte in der Kiste aufmerksam an. Die Eisfischer tranken wieder mal Kaffee. Ein Hecht war sehr dick und atmete auch angestrengt. Wir massierten seinen silbernen Bauch. Wir hoben ihn am Schwanz in die Höhe. Plötzlich spuckte er einen kleinen Hecht aus, den er kurz vorher verschluckt hatte.

Den hatten die Eisfischer nicht gezählt, und als sie sahen, daß wir einen Hecht hatten, gingen sie gleich zur Kiste

und zählten nach, einmal und noch einmal: Da waren immer noch fünf drin. Jetzt strichen sich die Eisfischer die kleinen Eiszapfen aus dem Schnurrbart und wunderten sich, und weil sie sich lange wundern können über etwas, wundern sie sich vielleicht auch heute noch. Als sie mit ihren flachen Schlitten davonfuhren, riefen sie »Hooo-oh«. Da riefen auch wir »Hooo-ah«, und es klang wie »Hob Dank«.

(Für Sebastian Schramm)

Karl Alfred Wolken
Ein schlimmer Winter

Eines Tages, ich war noch ein Junge, glaubte ich plötzlich zu wissen, daß es auf zweierlei Art kälter wurde auf der Welt, wenn es auf den Winter zuging. Man fing nicht nur an zu frieren, sondern neigte auch dazu, eben weil man fror und Frieren wehtat, Böses zu tun oder wenigstens irgendwas anzustellen, was einem sonst nie in den Sinn gekommen wäre. Ich kam darauf, als ich ohne jeden Grund die Fensterscheiben im Frühbeet von irgendwelchen Leuten zerschmissen hatte, die mich gar nichts angingen und mir weiter nichts getan hatten, als mir ihr Frühbeet mit einer ganzen Reihe von Fensterscheiben verlockend vor die Nase zu stellen. Das war eine bedeutende Entdeckung für mich, denn jetzt lag es auf der Hand, daß es auch den Ratten schlechtergehen würde als im Sommer und es also sehr ungerecht von mir wäre, weiter mit meiner Flinte auf sie zu schießen, bis sie tot umfielen oder schreiend in die Luft sprangen. Ich ging ernstlich in mich, und ich ließ von diesem Tag an das Schießen auf die Ratten; ich sah ruhig zu, wie sie den Hühnern das Futter aus dem Napf fraßen.
Aber damit ich auf die Dauer nicht so unter meiner Zurückhaltung litt, ging ich immer öfter spazieren. Es wurde kälter und würde bald anfangen zu schneien, das roch ich an der Luft. Ich sah mit besonderer Aufmerksamkeit den Himmel an, weil ich mir sagte, wenn es erst einmal schneit, wirst du ihn länger nicht mehr sehen. Wir hatten einen Nachbarn, der ging viel am Deich spazieren und wurde allgemein für spinnig gehalten, denn obwohl er ein älterer Mann war und immer sehr vornehm angezogen, machte er sich doch ein kindisches Vergnügen daraus, Wasser aus einer Blechbüchse in die Mauselöcher zu gießen und dann darauf zu warten, bis die armen Mäuse herauskamen,

genauso wie wir es gemacht hatten, als wir noch ein bißchen jünger waren.
Ich traf ihn auf dem Deich und sah, wie er Wasser in die Mauselöcher leerte und dann mit einem dicken Knüppel zuschlug. Und ich sah auch, wie ihm eine kleine Maus weglief und er hinterherrannte, daß ihm sein blauer Mantel um die Beine flappte. Da er im Rennen mit seinem Knüppel nicht zuschlagen oder wenigstens nicht treffen konnte, trat er sie schließlich wütend und keuchend mit dem Absatz in den Boden. Ich war nebenher gelaufen und fragte ihn, warum er das tue. Nu, sagte er und zog die tote Maus am Schwanz aus der Vertiefung, in die sein Absatz sie gedrückt hatte, und hielt sie mir am Schwanz vor die Augen: Weißt doch selbst, daß es kalt wird, und wenn der Boden hart wird, geht das nicht mehr.
Es dauerte gar nicht lange, und es fing tatsächlich an zu schneien. Dicke weiche Flocken, die langsam runterkamen. Es war auch wieder ein bißchen wärmer geworden. Mein Vater hatte mir erklärt, warum das so war beim Schneefall, und es leuchtete mir auch ein, obwohl ich bedauerte, daß der Schnee so nicht gleich liegenbleiben konnte, sondern immer wieder wegschmolz. Das brüchige Wintergras sah immer noch mit den Spitzen heraus. Und auch die Sonne war noch zu sehen, wie sie rund und blaß hinter den Schneewolken längs zog.
Ich ließ den alten Mäusetöter stehen, den ich in diesem Stadium meiner Güte verachtete, und hörte noch eine ganze Weile die Mäuse pfeifen, ehe er sie stumm machte.
In den nächsten Tagen schneite es unentwegt auf die gleiche Art. Langsam sammelte sich der Schnee nun doch an, und da wieder einmal wegen Krieg die Schule ausfiel, war nun das Schneemannbauen unsere Hauptbeschäftigung. Unsere Englischlehrerin, Fräulein Kiekat, ein sehr fülliges Mädchen, hatte uns von einem dicken englischen Witzbold erzählt, der Falstaff hieß. Eine ganze Weile sahen nun alle Schneemänner wie Falstaff aus. Statt Säufernasen hatten sie Karottennasen und statt Lederstiefeln bis unter die Knie mit umgeknickten Stulpen

trugen sie schlappe Filzgaloschen, aber sonst waren sie sehr würdig. Wir hatten ihnen Zylinder aufgesetzt. Sie wollten sie immer absetzen, hoben die dicken Arme zum Kopf, und wir mußten erst immer ein großes Geschrei anstimmen, bis sie die Zylinder obenließen. Aber sie wurden wütend, weil wir sie dazu zwangen, und sie schielten an ihren roten Karottennasen vorbei nach einem Ausweg. Am nächsten Morgen, wenn wir wiederkamen, lagen die Zylinder auf dem Boden, aber da es auch der Wind gewesen sein konnte, ließen wir die Dicken in Frieden, setzten ihnen die schwarzen hohen Hüte nur wieder auf. Aber etwas wütend machte uns das auch.

Überhaupt brach in diesen Tagen etwas wie eine allgemeine Wut aus, die man nicht sah, die aber plötzlich da war und anfing zu schreien, wenn man gar nicht darauf gefaßt war. Zum Beispiel prügelten wir Jungen uns wegen der Schneemänner oder weil unsere Schlitten beim Rodeln zusammenstießen und jeder dem anderen vorwarf, er hätte seinen Lack angekratzt. Dabei ging es eklig zu, und dann noch einmal, wenn wir mit den nassen, verdorbenen Schuhen nach Hause kamen – weil es so leicht keine Schuhe zu kaufen gab und schon eine Sünde war, die Zylinder an die Schneemänner zu verschwenden. Aber das ging noch eher, weil man damals keine Zylinder tragen durfte, sie lagen nur noch in den Schränken.

Es passierten viel schlimmere Dinge, als wir sie anrichteten. Gar nicht weit von uns ging ein großes Schiff unter, es war auf eine Mine gelaufen, und nun wartete alles darauf, daß die guten Sachen dieses Schiffes vom Wasser bei uns an den Deich geworfen würden, wie es das Wasser noch immer gemacht hatte. Aber diesmal dachte das Wasser nicht daran, jedenfalls nicht gleich; es brachte zuerst die toten Matrosen, und alle Leute, die gierig auf die guten Sachen waren, mußten nun anstandshalber die toten und steifgefrorenen Matrosen in die Hand nehmen und in die Leichenhalle tragen, und begraben mußten sie ja auch werden. Mein Vater hatte auch damit zu tun, es drückte ihn nieder, es

waren lauter junge Menschen, ein bißchen älter als wir. Und weil er nicht wußte, wie er die Bedrückung loswerden konnte, wurde er manchmal fast böse mit mir, und man konnte zwischendurch nicht mehr die richtige Freude am Schnee haben wie zu Anfang. Schließlich wurden doch auch die guten Sachen angeschwemmt, Zigaretten und Tabak in Zinnbüchsen, Bananen, Orangen und Zitronen und Schnaps; und viel Holz von dem zerschlagenen Schiff. Alles sammelten und schleppten die Leute zusammen, nur war bis auf Zigaretten, Tabak, Schnaps und Holz fast alles andere verdorben, weil es zu lange im Salzwasser geschwommen war. Daß der Schnaps in den Flaschen nicht auch verdorben war, machte die Sache vielleicht fast noch schlimmer, denn nun wurde auf die Enttäuschung getrunken, und dabei gab es Händel und Streit, nicht gerade Raufereien, aber doch beinahe Gewalttätigkeiten, die ohne den Schnaps vielleicht erst im Frühjahr oder aber überhaupt nicht gekommen wären, nach meiner Theorie: Kälte macht Böses mobil. Natürlich bekamen wir das auch zu spüren – dabei hatte schon, zu unserer Strafe, die Schule wieder angefangen, weil wir immer zu den toten Matrosen an den Strand gelaufen waren und durch nichts zu vertreiben als dadurch, daß man uns wieder Unterricht gab, obwohl die Kohle immer noch fehlte. Aber man heizte jetzt mit dem angeschwemmten Holz, und kamen wir aus der Schule, gab es daheim irgendeinen anderen Ärger. Mein Vater war da auch keine rühmliche Ausnahme, wie sonst wohl, sondern manchmal richtig gemein zu mir, wie ich jetzt auch zu Kindern mal gemein bin, wenn ich den Kopf voller Sorgen habe. Er wußte gar nicht, wo anfangen zu arbeiten. Von meinen vier Tanten waren alle Männer Soldat geworden, alle Tanten hatten aber einen großen Garten, den sie alleine nicht umtreiben konnten oder mochten bei der Kälte, in der man Kohl und Schwarzwurzeln und anderes Spätgemüse erntet, das ein paarmal richtig durchgefroren sein muß, wenn es richtig schmecken soll. Nun mußte mein Vater auch diese Gärten abernten, und das war ihm eben manchmal zuviel. Er las nämlich gerne Bücher, sobald die Lampe anging und den Abend über brannte; nun hielten ihn die Gärten davon ab. Die Folge war, daß ich meine Schularbeiten so gründlich machen mußte wie noch nie, denn wenn er in diesen Tagen einen Fehler entdeckte, ließ er mich gleich alles zweimal machen – einmal machen und einmal abschreiben, und das wollte ich nicht. Kurz, ich hatte überhaupt keine Lust mehr, mich nach meiner eigenen Vorschrift zu verhalten, obwohl ich es mir fest vorgenommen hatte.

Außerdem fing es nun auch noch, zu unserem Ärger, an zu tauen. Weil bei uns selten Schnee fiel, war das grausam. Man konnte sich schon an den Fingern abzählen, bis wann kein Schnee mehr dasein würde, und das würde wahrscheinlich genau an Weihnachten sein. Auf Weihnachten freut sich jeder, ausgenommen die Kaninchen, die dann der Festtage wegen geschlachtet werden, aber sonst alle. Nur Weihnachten ohne Schnee, das hatte einen geringeren Wert, sagten wir uns und hofften alle, daß die Kälte vielleicht doch nicht nachlassen würde. Sie ließ aber nach, von Tag zu Tag mehr, und einen Tag vor Heiligabend war klar, daß Weihnachten kein Schnee mehr dasein würde.

An diesem Mittag, die Sonne schien schon warm, und überall tropfte es, machte ich aus allem Schnee, den ich auf dem Hof noch zusammenkratzen konnte, Schneebälle, weil es zu Schneemännern nicht mehr reichte. Ich buk die Schneebälle mit den Händen und drückte sie auf dem Knie so fest zusammen, wie es ging; und damit sie noch härter wurden, tauchte ich sie in Schmelzwasser, daß sie zu einer Art von Eisbällen wurden, die sehr viel weher taten, wenn sie einen trafen. Damit schossen wir den ganzen Nachmittag aufeinander, bis wir vor Schmerzen die Arme nicht mehr heben konnten. Schließlich hatte ich noch einen einzigen Schneeball über, und den hatte ich in der Hand, als mein Vater mit einer großen Ladung Grünkohl auf dem Rücken aus den Gärten meiner Tanten kam und den schrägen Weg von der Straße in unseren Hof hinunter wollte, um noch schnell, solange es hell war, die Kaninchen für uns und unsere Tanten zu schlachten.

Schon beim Mittagessen hatte er sich darüber beklagt, weil er es haßte, etwas umzubringen, aber die Tanten und in diesem Fall auch meine Mutter bestanden darauf, daß er es machte. Glücklich war er darüber nicht, und noch weniger freute ihn, daß ich unbedingt bei der Schlachterei zusehen wollte, die in seinen Augen etwas Gemeines und Rohes war, während ich mir einredete, ich wollte nur sehen, wie er sie mit dem Stock auf den Kopf schlug, daß sie mit den Beinen zappelten – bis er ein Messer nahm, es ihnen in den Hals stieß, und das Blut rot rauskam: und es sei nichts Rohes dabei. Kommt nicht in Frage, sagte er. Spiel du, du bist noch ein Kind, ich würde das ausnutzen.
Jetzt ging er also mit dem Kohl der Tanten in den Hof, ich wog meinen letzten Schneeball, einen Eisball, in der Hand und warf nach all den Enttäuschungen und Demütigungen sehr kräftig. Schon die toten Matrosen hatte man uns nicht ansehen lassen – und dabei hatte ich soviel aufgegeben, um gut zu sein, das Abschießen der Ratten und das Ersäufen der Mäuse im Deich. Wir sollten wohl bei überhaupt nichts mehr dabeisein dürfen! Das alles gab dem Ball besondere Fahrt, und er traf auch, er traf ihn im Genick, vor Schreck kam er auf der nassen Schräge ins Rutschen, beim Hinfallen tat er sich weh, weil er nicht auf den weichen Kohl fiel, und als er wieder hochkam und sah, wer da geworfen hatte, kam er über die Straße und schlug mich wütend und kurz ins Gesicht. Dann gab er mir den Kohl und sagte mir, ich solle ihn den Tanten bringen und es mir ja nicht einfallen lassen, vor sieben zurück zu sein. Ich zog los mit dem Kohl, wütend. Als ich zurückkam, waren die Kaninchen geschlachtet und abgehäutet, er hatte das Blut von den Steinen gewaschen und alles so getan, wie man es für ein Kind tut, damit es das Schlechte nicht sieht, das es aber auch sehen will, gerade das. Ich habe ihm das übelgenommen, bis ich es vergaß, aber zwischendurch und auch später fiel es mir wieder ein, gerade jetzt auch wieder, und ich muß schon sagen, ich wundere mich über meinen Vater, daß er mir nicht gelegentlich erzählt, was für ein gräßlicher Schlingel ich war.

Aber es machte eben keinen Spaß, anders zu sein. Glücklicherweise fing in dem Jahr schon gleich nach Weihnachten eine Art falsches Frühjahr an mit milder Luft, und wir konnten uns herumtreiben wie gewohnt. Ich hatte bald alles vergessen, was er gut behalten hat. Ich sehe das an seinen Augen, wenn ich ihn heute einmal ansehe, dann sitzt da der hochberechtigte Zweifel an mir und mischt sich mit dem dunklen, warmen, alles verzeihenden Gefühl, gegen das er nicht ankann.

Thomas Valentin
Das Fernglas

Noch eine!«
Natürlich, Christa Baumann. Sie verwechselte Otto den Großen mit dem Erfinder des Viertaktmotors, aber um gut' Wetter anhalten, das konnte sie! Vor allem mit den Augen. In Rechnen und Naturkunde hatte sie trotzdem eine satte Fünf.
»Noch eine Geschichte!«
Ich mußte auf der Stelle nachgeben oder – im Nu energisch werden. Doch dazu hatte ich fünf Minuten vor den Sommerferien keine Lust mehr.
»Also gut! Doch es ist garantiert...«
»Die allerhinterste!« sagte Werner Kurafeiski und machte sich sofort unglaublich schmächtig.
Ich setzte mich auf die vorderste Bank neben ihn.
»Da hatten wir einen in unserer Klasse, der hieß Rudi.«
»Wie hieß er denn wirklich?«
Renate Buxot wollte meiner Geschichte, wie immer, von Anfang an auf den Zahn fühlen.
»Kann doch sein, er hieß tatsächlich Rudi?«
»Lebt der noch?«
»Vielleicht. In meiner Geschichte heißt er jedenfalls Rudi, Rudi Siebeck. Und sein Vater saß im Zuchthaus.«
»Sagen Sie bloß!«
Selbst Heinzchen Grau wurde gespannt und nachdenklich.
»Ehrenwort!«
Ingrid Balk fragte:
»Warum denn?«
»Er hatte Falschgeld fabriziert. Zwanzigmarkscheine.«
Ernst Meyer setzte zu einem vernichtenden Urteil über die technischen Fähigkeiten von Rudi Siebecks Vater an.

Doch dann übermannte ihn sein Mitleid, und er schwieg angestrengt.
»War das Ihr Freund?« fragte Gisela Cholet.
»Rudi? Freund, das ist zuviel gesagt. Wir saßen auf einer Bank. Im vierten Schuljahr. Dann ging ich aufs Gymnasium und er nicht.«
»Zu dumm?« fragte Dieter Westen. »So dämlich wie wir?«
»Dumm war der nicht! Nicht dümmer als ich. Aber seine Mutter hatte kein Geld fürs Gymnasium, die Universität und so weiter. Damals gab's noch nicht haufenweise Förderungen wie heute. Nur ein paar Freistellen, und daran war schwer zu kommen.«
Otto Ahlert fragte: »Hat darum sein Vater die Blüten gedruckt?«
»Ich denke, ja. Jedenfalls hat das dem Rudi nichts geholfen, im Gegenteil! Und damit sind wir mitten in meiner Geschichte. Jetzt hört aber auf, laufend dazwischenzureden, sonst werde ich bis zum Klingeln nicht fertig. Ich kann euch ja nicht zwingen, in den Großen Ferien zu arbeiten.«
»Okay!« sagte Werner Kurafeiski neben mir.
»Jetzt fällt mir ein, Rudis Vater hatte gar kein Falschgeld gedruckt, es war so etwas Ähnliches: Er hatte Geld unterschlagen! Fast zehntausend Mark. Von der Firma, bei der er arbeitete, in der Buchhalterei. Und dafür bekam er vier Jahre aufgebrummt und zehntausend Mark Geldstrafe. Gerechterweise!«
»Wenn er doch in Not war!« rief Günther Stein.
»Das Geld gehörte ihm aber nicht!«
»Wem denn?«
»Der Firma natürlich.«
»Da arbeitete er doch!«
»Es war aber nicht seine Firma.«
»Warum nicht?«
»Also, jetzt komm mir einmal nicht linksrum, Günther, oder die ganze Geschichte stimmt hinten und vorne nicht.«
»Erzählen Sie doch weiter!« knurrte Gerd Eichborn.
»Die Leute, denen die Firma gehörte…«

»Was stellten die denn her?« fragte Friedhelm Harkener.
»Farben.«
»Ölfarben?«
»Auch, und Lack und überhaupt alles, womit man pinseln kann.«
»Reiche Leute?« fragte Edeltraut Mull.
»Ziemlich reich. Sie hatten einen beheizten Swimmingpool.«
Dieter Westen sagte: »Den hat doch jeder Kohlenhändler!«
»Damals noch nicht, vor zwanzig Jahren nicht! Es war der einzige geheizte Swimmingpool in meiner Heimatstadt«
»Wiesbaden!« stellte Renate Buxot befriedigt fest.
»Ja, und die Besitzer, sie hießen Becker, ich glaube Ludwig Becker A. G., die hatten Zwillinge. Wilfried und Albrecht. Die luden diesen Rudi immer in ihren Swimmingpool ein. Selbst im Winter.«
»Das find' ich prima!« sagte Ingrid Balk.
»Großzügig! Immerhin hatte Rudis Vater sie um zehntausend Mark erleichtert.«
Eduard Bachmann meinte: »Vielleicht wußten die Eltern, diese Beckers, gar nicht, daß der Rudi in ihrem Swimmingpool badete!«
»Doch, doch, die wußten das! Manchmal wurde am Swimmingpool Geburtstag gefeiert. Dann saßen die Eltern der Zwillinge dabei. Erst nur die Mutter, eine schöne Dame, und später auch der Vater. Sie tranken Waldmeisterbowle, weil die den Zwillingen so gut schmeckte, und aßen Erdbeertorte dazu mit Schlagsahne. Und dann begann das Gesellschaftsspiel.«
»Was für ein Gesellschaftsspiel denn?« fragte Reni Voß.
Es klingelte.
»Da habt ihr den ungewaschenen Salat! Ich wäre längst fertig mit meiner Geschichte, wenn ihr nicht ewig …«
»Die 6. Klasse hört auf mein Kommando!« rief Dieter Westen.
»Fünf Minuten rätselhaftes Schweigen!«
»In den Großen Ferien?« fragte ich.
»Erzählen Sie doch schon weiter!« rief Gisela Cholet und funkelte mich verbiestert an.

Ich sah auf meine Armbanduhr und sagte: »Mein Zug fährt in genau siebenundzwanzig Minuten. Zwanzig Minuten brauche ich von der Schule bis zum Bahnhof, also ...«
»Wohin fahren Sie denn?« fragte Renate Buxot.
»Es ging immerhin um Fünfzigpfennigstücke! Dieser Rudi fand sie todsicher wieder, wenn einer der Beckers sie vom Rand des Swimmingpools ins Wasser warf.«
»Kein Kunststück!« sagte Heinzchen Grau. »In einem Swimmingpool!«
»Er war drei Meter tief, und die Münze durfte noch nicht den Boden berührt haben! Sonst bekam Rudi sie nicht. Dann mußte er sie zurückgeben.«
»Ach so.«
»Als die Zwillinge ihren zehnten Geburtstag feierten, waren sie ganz besonders lustig und großzügig. Sie und auch ihre Eltern. Vor allem aber die Zwillinge! Sie warfen mindestens für acht oder neun Mark Fünfzigpfennigstücke in den Swimmingpool. Genau: für neun Mark fünfzig.«
»Wie sah dieser Rudi denn aus?« fragte Erika Neumann dazwischen. »Dünn, Haare Marke Igel, um den Friseur zu sparen, lange, glatte Arme, glatte Beine. Die richtige Figur für einen Schwimmer. Er ging im Wasser spazieren, auch in der Tiefe. Mühelos wie ein geborener Aal.«
»Dunkle Haare?«
»Ja, und graugrüne Augen. Ziemlich blaß. Jedenfalls am zehnten Geburtstag der Zwillinge. Jedenfalls nach neun Mark fünfzig. Blaß und bibberig. Blaue Lippen und Fingernägel.
Aber die Beckers wurden immer lustiger und großzügiger. Sie warfen plötzlich Markstücke ins Wasser! Ich glaube, es war Frau Becker. Sie sagte immer: ›Nein, die Eleganz, die der Junge hat – wie der geht, wie der schwimmt! Noch ein Stück Natur, einfach noch ein Stück Natur! In fünf Jahren laufen dem alle Mädchen nach. Ich kann's begreifen.‹
Aber schon beim ersten Markstück kam der Rudi nicht

mehr hoch. Er sprang elegant. Er tauchte wie ein Fisch. Aber er kam nicht mehr herauf an die Wasseroberfläche.«
»Ertrunken?« fragte Gisela Cholet und wurde bleich bis in die Lippen.
»Fast«, sagte ich. »Sie holten ihn vor dem letzten Atemzug noch heraus, die Zwillinge. Und die Eltern, die Beckers, holten einen Arzt. Der gab Rudi eine Spritze. Er wurde wieder lebendig.«
»Was war denn passiert?« fragte Peter Briewig.
»Kreislaufversagen. Aber, wie gesagt, er wurde ja wieder! Erdbeertorte mit Schlagsahne konnte er allerdings nicht mehr sehen, auch keine Waldmeisterbowle. Nie mehr!
Sie brachten ihn im Auto zu seiner Mutter. Die erschrak, natürlich. Aber nach acht Tagen Arzt und Bett und Mutter saß er wieder neben mir auf der Bank. Zu Beckers ging er nicht mehr.«
»Warum nicht?« fragte Ingrid Balk.
»Vielleicht haben sie ihn nicht mehr eingeladen. Vielleicht ist er auch einfach nicht mehr hingegangen! Vielleicht durfte er nicht mehr ins Wasser. Ein undankbarer Bursche jedenfalls. Er hätte wenigstens weiter hingehen können.«
Günther Stein sagte: »An der Geschichte ist etwas faul.«
»Was?«
»Irgend etwas gefällt mir nicht daran! Nicht, wie Sie die Geschichte erzählt haben, aber diese Beckers –«
»Sie haben getan, was sie konnten! Ich finde die ganz in Ordnung.«
»Das glaub' ich Ihnen nicht!« sagte Günther Stein.
»Kommt noch was?« fragte Dieter Westen und drehte seine Uhr auf.
»Ja, am Abend, am Abend nach dem Unfall schrieb dieser Rudi Siebeck einen Brief. An seinen Vater. In das Zuchthaus:
›Lieber Vater!‹ schrieb er. ›Ich habe neunundachtzig Mark fünfzig beisammen. Mutti darf nichts davon wissen! Alles selbst verdient. Ehrlich! Ich hab gedacht, daß ich Deine Geldstrafe bezahlen kann. Damit du früher heimkommst. Aber es hat nicht geklappt. Ich verdiene jetzt nichts mehr.

Lieber Vater! Ein Belgischer Riese ist mir fortgelaufen. Im Rechnen hab ich eine Zwei plus. In Geschichte auch. Mutti hat ziemlich viel Rheuma. Der Sommer ist futsch. Es gibt aber viel Himbeeren. Wir pflücken täglich eine Milchkanne voll.
Vielleicht finde ich eine neue Arbeitsstelle.

Dein Sohn Rudi.‹«

Werner Kurafeiski fragte: »Wäre Rudis Vater denn früher aus dem Knast gekommen, wenn er die zehntausend Mark bezahlt hätte?«
»Vielleicht, ich weiß es nicht genau.«
»Und die neunundachtzig Mark fünfzig?« fragte Reni Voß. »Hat er die wenigstens seinem Vater geschickt?«
»Nein, keinen Pfennig! Er hat sich selber etwas dafür gekauft.«
Renate Buxot fragte aufgebracht: »Was denn?«
Ich sagte: »Die Geschichte ist hier zu Ende. Mehr weiß ich auch nicht.«
Werner Kurafeiski schlenkerte seine Mappe über die Schulter.
»War das eine wahre Geschichte?« fragte Gisela Cholet.
»Ja.«
»Dann müssen Sie doch auch wissen, was sich dieser Rudi von dem Geld gekauft hat!«
»Weiß ich nicht! Ihr könnt's euch ja mal überlegen. Was hättet ihr denn gekauft?«
»Wissen wir jetzt auch nicht!« sagte Dieter Westen. »Seit fünf Minuten haben wir Große Ferien.«
Wir wünschten uns schöne Erholung. Ich packte meine Tasche. Günther Stein ging als letzter aus der Klasse. Er dachte nach. Höchste Zeit! Mein Zug fuhr in zwanzig Minuten, nach München. Ich wollte in die Berge. Rasch ins Lehrerzimmer! Mein Koffer. Mein Regenmantel. Mein Fernglas. Ich hatte es mir damals gekauft, in Wiesbaden, sobald ich wieder zur Kirchgasse gehen konnte, 12x50, Sehfeld 87 m auf 1000 m.

Otto Jägersberg

Die letzte Fahrt der Oscar Schmitz oder Ein Hoch dem Schienenverkehr! Ein Hoch der Flußschiffahrt!

Ich war ungefähr 9 Jahre alt, als sich die Geschichte mit dem alten Schmitz ereignete. Wir waren wieder einmal umgezogen, diesmal nach Köln am Rhein. Mein Vater war Straßenbahnführer, und weil er das auch bleiben wollte, verlor er öfter seinen Arbeitsplatz, weil damals in immer mehr Städten die Straßenbahnen abgeschafft wurden. Warum? Na ja, aus Gründen der Rationalisierung, der Kostenersparnis, des Fortschritts und so was.

Unser Wohnzimmer hing voller Fotografien mit den letzten blumenumkränzten Straßenbahnzügen von Baden in Baden bis Münster in Westfalen, vor denen mein Vater mit seinen Kollegen immer das gleiche Transparent emporreckte: *Der Schienenverkehr darf im Interesse des Volkes nicht abgebaut werden.* Aber es wurden weiterhin Bahnen stillgelegt, und meine Mutter hatte keine Lust mehr, in Köln überhaupt die Klamotten auszupacken. Aber als sie merkte, daß die Natur der Kölner auf die Bewahrung alter Verhältnisse zielt, gab sie der Straßenbahn in Köln Zukunft und richtete die Wohnung so gemütlich her, wie es eben nur einer durch viele Umzüge erfahrenen Frau gelingt.

Der Rhein war eine tolle Überraschung: Breit wie 10 Autobahnen wälzte er sich da unter den Brücken am Dom vorbei in Richtung Meer. Meine Tante Irmgard, die mit zur Familie gehörte, zog gleich vom ersten Tag an los zum Rhein runter, abmalen. Das war ihre ganze Leidenschaft: Die Staffelei an einem möglichst belebten Platz aufgestellt und auf Teufel komm raus abgemalt, was da so rumstand, rumlief, rumfuhr. Und dann mit den Leuten, die sich um sie versammelten, diskutiert. Denn jeder hat eine andere Vorstellung von den Dingen und Farben und

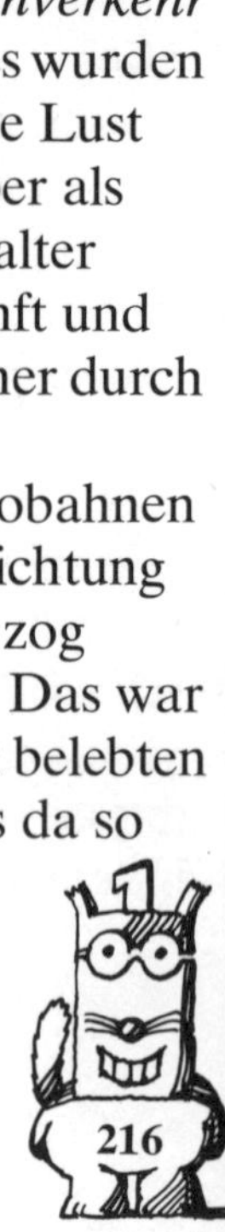

möchte am liebsten, daß der Künstler den Pinsel in seinem Sinne führt. Aber Tante Irmgard ließ sich nicht dreinreden, und hartnäckigen Bildverbesserern gab sie grundsätzliche Belehrungen über die Freiheit der Kunst und Farbenlehre mit auf den Weg.
Mir war das schon in Münster peinlich, wenn Tante Irmgard den münstrischen Dom abmalte und sich dabei mit den Münsteranern stritt. Jetzt ging's halt um den Rhein.
Ich trug ihr die Staffelei an die Uferstraße und verdrückte mich.
So lernte ich den alten Schmitz kennen. Er saß auf einer Bank und starrte auf den Rhein. Ich wunderte mich damals noch darüber, warum so dicke und lange Schiffe aus Eisen überhaupt schwimmen. Gut, sie sind wohl wasserdicht, und kräftige Motoren, die die Schiffsschrauben bewegen, bewirken, daß sie vorankommen. Aber was ist der wirkliche Grund, warum versacken sie nicht in den wild anstürmenden Wellen? Die Schiffer schien das alles nicht zu kümmern, ich sah, wie sie sorglos umhertuckerten, lässig die Steuerruder drehten, sich von ihren Frauen Kaffee und Kuchen auf die Kommandobrücke kommen ließen, mal kräftig tuteten, mal ins Fernglas guckten, während ihre Kinder in einem Drahtkäfig an Deck schaukelten, so seelenruhig wie unsereins auf dem Spielplatz.
Es ist hinreichend bekannt, wie der Rhein vom Ufer aussieht, aber umgekehrt? Mit den Schiffern ist es wie mit Förstern, Präsidenten oder Zirkusartisten, man kann sie nie fragen, man trifft sie nie.
Mit solchen Gedanken setzte ich mich neben den alten Mann auf die Bank. Er wollte gleich was von mir. Dreimal mußte er sich wiederholen, bis ich ihn verstand, so einen guten kölnischen Dialekt (›Kölsch‹ nennen die Kölner ihre Sprache und ›Kölsch‹ heißt das Bier, das sie reichlich trinken) sprach er. Er bat mich, einen Krug Bier – den Krug zog er dabei aus seiner geräumigen Jacke – aus dem Gasthaus da achtern, ›Vater Rhein‹ hieß es, zu holen, seine Beine würden nicht mehr so richtig wollen, den Rest des Geldes, das er mir gab, könne ich verbraten. Ich ging also für ihn in den ›Vater Rhein‹, Kölsch holen. Der Wirt mußte den Krug kennen, denn er brummte: »Einmal Spezial mit Schuß«

und goß eine Daumenbreite aus der Schnapsflasche in den gefüllten Bierkrug. Das kannte ich auch noch nicht. Ich trug den Krug vorsichtig zur Bank und reichte ihn dem Alten.
»Nichts verschüttet«, sagte er, »du würdest einen guten Matrosen abgeben«, blies ein Loch in den Schaum, damit er ihm nicht den traurigen Schnurrbart verklebte, und nahm einen kräftigen Schluck.
So kamen wir ins Gespräch. Ich erfuhr, der alte Herr war früher Kapitän gewesen. Kein Kapitän zur See, kein Meerkapitän, sondern einer, der nur auf Flüssen und Kanälen kapitänte.
»Das Meer ist groß, die See ist blau, da kann steuern jede Frau«, sagte der ehemalige Kapitän und prostete einem sich rheinaufwärts quälenden Schlepper zu: »Es lebe die Flußschiffahrt.«
Ich lief noch zweimal in den ›Vater Rhein‹, mein Banknachbar erzählte mir aus seinem langen Kapitänsleben, bat mich, Käptn zu ihm zu sagen, Käptn Schmitz, so sei sein Name, und wir verabredeten uns für den nächsten Tag. Dann holte ich Tante Irmgard ab und trug ihr die Staffelei und ein halb fertiggemaltes Bild von der Severinsbrücke nach Hause. Es wäre mir nicht recht gewesen, daß Käptn Schmitz meine Tante und vor allem ihre Malerei kennenlernte, davon würde ein so praktisch und beinah ausschließlich an die Rheinschiffahrt denkender Mann wie er wenig halten. Wie recht ich mit meiner Vermutung hatte, sollte sich einige Wochen später zeigen.
Ich ging nun beinahe täglich, nachdem ich Tante Irmgard begleitet und ihr geholfen hatte, die Staffelei an der Severinsbrücke oder an der Deutzer oder Hohenzollernbrücke (Tante Irmgard war gründlich) aufzubauen, zur Bank von Käptn Schmitz, machte zwei- bis fünfmal meinen Weg mit dem Krug in den ›Vater Rhein‹ und hörte mir seine Geschichte an.
Käptn Schmitz, so erfuhr ich, war der Sohn einer alten Deutzer Schiffskapitänsfamilie. Er hatte sein halbes Leben auf dem Schiff ›Oscar Schmitz‹, so benannt nach

Käptn Schmitz' Großvater, zugebracht. Die ›Oscar Schmitz‹ mußte ein gewaltiger Schleppdampfer sein, Käptn Schmitz stand sogar von der Bank auf, wenn er ihr Aussehen beschrieb, und malte mit seinem Spazierstock mächtige Schornsteine und riesenradgroße Schaufelräder in die Luft. In ihrer besten Zeit schleppte die ›Oscar Schmitz‹ sechs mit Autos, Zuckersäcken, Sand oder Kies, Zement, Kohle, Erz, Holz oder Steinen vollbeladene Kähne hinter sich her nach Rotterdam, Straßburg, Mannheim und Basel. Käptn Schmitz kannte sich aus auf dem Rhein, er hatte alle Untiefen und Sandbänke im Kopf, er wußte, wie tief das Wasser an der Loreley und am Drachenfels war, und in den Hafenstädten am Rhein kannte er jede Hafenkneipe. Da färbten sich die Backen vor Aufregung rot, wenn Käptn Schmitz aus diesen glücklichen Tagen erzählte, da wirbelte sein Spazierstock durch die Luft, da vergaß er auch ganz seinen Krug. Doch wenn die Geschichte weiterging, die ›Oscar Schmitz‹ und ihr Kapitän immer älter wurden und die Rheinschiffahrt in schwere Wirtschaftskrisen kam, dann sprach er mit leiser Stimme, sein Gesicht wurde bleich, und er schickte mich öfter in den ›Vater Rhein‹. Da brauchte die ›Oscar Schmitz‹ einen neuen Anstrich, da mußte der Schornstein erneuert werden, eine neue Schiffsschraube mußte her, der Motor brauchte neue Kolben. Und die ›Oscar Schmitz‹ schleppte nur noch drei Kähne, nur noch zwei, bald nur noch einen Kahn mit Kohle von Duisburg nach Rotterdam. Größere und schnellere Schiffe konnten viel mehr Lasten transportieren als die ›Oscar Schmitz‹, Käptn Schmitz bekam immer weniger Aufträge, immer öfter dampfte die ›Oscar Schmitz‹ mit leerem Schleppkahn in ihren Heimathafen Deutz. Trauer erfüllte das Herz des Kapitäns, und immer häufiger saß er brummend in der Kajüte und trank mehr Flaschenbier, als es einem Erwachsenen guttut. Eines Tages konnte Käptn Schmitz nicht einmal mehr die Hafengebühren zahlen. Und keine Aufträge in Sicht. Und Schulden bei den Werften für Reparaturen und Anstrich der ›Oscar Schmitz‹.

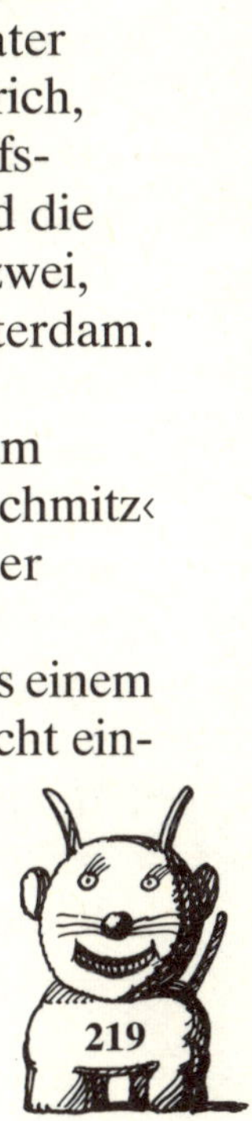

Käptn Schmitz war pleite, die ›Oscar Schmitz‹ wurde versteigert, der Kapitän mußte an Land.
Wenn er an diesem Punkt seiner Geschichte angelangt war, standen ihm Tränen in den Augen, und stumm reichte er mir den leeren Krug.
So war Käptn Schmitz zu einem Kapitän i. R. (in Ruhe) geworden, der am Morgen seine kleine Wohnung verließ und zum Rhein bummelte, wo er von seiner Bank aus ein Auge auf die Schiffahrt warf. Er war eine glückliche Natur, die guten Erinnerungen verdrängten die schlechten, und wenn mal ein Vergnügungsdampfer vorbeikam, von dem fröhliche Blasmusik ans Ufer schallte, dann schunkelte er mit, und es war enorm, was er alles noch an Liedanfängen mitsingen konnte.
Es ging auf den Herbst zu, als Käptn Schmitz mich mit einer großen Neuigkeit erwartete. Er war sehr feierlich angezogen, schwarzer Anzug mit dunkler Fliege und gebürsteter Kapitänsmütze, nervös rutschte er auf der Bank hin und her, dreimal rasch hintereinander schickte er mich in den ›Vater Rhein‹.
An diesem Nachmittag würde die ›Oscar Schmitz‹ an Köln vorbeidampfen, auf ihrer Fahrt nach Ludwigshafen, wo sie verschrottet werden sollte.
»Die letzte Fahrt der ›Oscar Schmitz‹, mein Junge«, sagte er, »es ist eine Schande, aber trotzdem auch ein Feiertag.« Wir warteten. Es war ein schöner Tag, windstill, die Sonne gab noch einmal ihr Bestes.
Gegen 16 Uhr stampfte die ›Oscar Schmitz‹, Fahnen auf halbmast, unter der Hohenzollernbrücke, fünf Minuten später war sie auf unserer Höhe. Käptn Schmitz erhob sich, stellte den Krug auf die Bank und nahm die Kapitänsmütze ab. Aus den Schloten der ›Oscar Schmitz‹ quoll der dicke schwarze Rauch. Käptn Schmitz hatte nicht übertrieben, die ›Oscar Schmitz‹ war ein Dampfer, wie ich noch keinen gesehen hatte: so lang wie ein halbes Fußballfeld, mit zwei haushohen Schorn-

steinen, und an der Seite, die ich sehen konnte, steuerbord, das riesige Schaufelrad. All die anderen Dampfer, Kähne und Schubschiffe wurden von der ›Oscar Schmitz‹ überragt, nur war sie nicht so schnell wie sie, und Lastkähne schleppte sie auch keine. Trotzdem: Die ›Oscar Schmitz‹ wirkte auf mich stolz, kühn, kräftig, überlegen, einfach großartig. Ich hätte auch sofort meine Mütze runtergenommen, wenn ich eine aufgehabt hätte.
Die anderen Menschen mußten ähnlich empfinden, sie standen von den Bänken auf und traten ans Ufer, Spaziergänger blieben stehen und zeigten voller Bewunderung rheinwärts: »Welch ein Schiff!« Ja, verdammt, wenn sie alle das Schiff so wunderbar fanden, warum wurde es dann verschrottet, warum machte man keinen Vergnügungsdampfer daraus oder ein Schulschiff; war denn dieses Schiff nicht erhabener als das Zeug im Römisch-Germanischen Museum, war denn nicht auch dieses Schiff ein wichtiger Zeuge unserer Vergangenheit wie der Kölner Dom?
Da dampfte der letzte deutsche Schaufelraddampfer zum Schrottplatz hin, unwiederbringlich.
In solchen Augenblicken klickert's einem, daß die Gesetze des wirtschaftlichen Fortschritts nicht im Dienst der Menschen stehen, daß geschäftliche Vorteile von wenigen für viele Nachteile sind. Es war nicht nur eine Tragödie für den alten Schmitz, daß der alte Dampfer verschrottet wurde, das war auch schlimm für mich und die Leute um uns herum und noch trauriger für die, die von der ›Oscar Schmitz‹ nur durch meine Geschichte hören.
Mein Vater fiel mir ein, und ich begriff nun, daß da eine Überlegung hintersteckte, warum er kein Busfahrer werden, sondern Straßenbahnführer bleiben wollte.
Käptn Schmitz sah ziemlich angeschlagen aus, wie selbstverständlich ging er dem Dampfer nach, rheinaufwärts, und so ergriffen war er, daß er sogar den Bierkrug vergaß.
Ich ging natürlich mit.
Da merkte ich erst, was es für ein heißer Tag war, dazu drückend und schwül, und kein Lüftchen regte sich. Wir

passierten den Malakoffturm, gingen den Uferweg am Rheinauhafen, kamen an der Schokoladenfabrik vorbei, wo ein widerlich süßer Gestank die Hitze noch unerträglicher machte, bogen hinter der Südbrücke auf die Oberländer Werft ein, immer auf gleicher Höhe mit der sich rheinaufwärts schaufelnden ›Oscar Schmitz‹. Vorbei ging es am Bismarckturm, vorbei an Marienburg, als kurz vor der Autobahnbrücke Käptn Schmitz so unglücklich stolperte, daß er sich die Nase verletzte. Ich half ihm auf und riet, die Wanderung aufzugeben, doch davon wollte er nichts hören. Er hielt sich ein Taschentuch vor die blutende Nase und faßte wieder verbissen Schritt. Lange würde er es nicht mehr schaffen, das war ihm anzusehen, aber was tun? Sein Gesicht überlief der Schweiß, das Taschentuch tränkte sich voller Blut, der Gang des Kapitäns wurde immer tattriger. Ich hatte keine Ahnung, wo Ludwigshafen lag, aber bis dahin würden wir es nie schaffen. Wir kamen nach Rodenkirchen, ich machte ihn auf eine Gartenwirtschaft aufmerksam, er antwortete nicht einmal.
Auf den Uferwiesen in Rodenkirchen war es, wo er fiel und nicht mehr aufstand.
Ich lief zur Straße und suchte einen Arzt. Der Arzt gab Käptn Schmitz eine Vitaminspritze, und die Sprechstundenhilfe fuhr uns zu seiner Wohnung. Käptn Schmitz fantasierte vom Rhein und von der ›Oscar Schmitz‹ und daß er nach Ludwigshafen laufen und ein großes Unglück verhindern müsse. Die Sprechstundenhilfe gab mir ein Rezept für Medikamente, die ich aus der Apotheke holen und ihm verabreichen sollte. Käptn Schmitz sei nicht richtig krank, nur eine Überanstrengung und ein kleiner Sonnenstich, das würde vorübergehen. Bettruhe sei wichtig, einige Tage absolute Bettruhe, und der Kapitän wäre wieder auf den Beinen. Ich ging die Medikamente holen, saß an Käptn Schmitz' Bett und machte ihm kalte Umschläge. Er stöhnte und redete wirr.
Auf dem Nachttischchen stand eine kleine Fotografie von der ›Oscar Schmitz‹ mit sechs Schleppkähnen hinter sich, mitten auf dem Rhein, und an den Ufern stiegen Weinberge

zum Rand der Fotografie empor. Dieses Bild nahm ich mit nach Hause, denn mir war eine Idee gekommen. Ich zeigte Tante Irmgard die Fotografie, erzählte ihr von der Krankheit des Kapitäns, von dessen Existenz sie bis dahin gar nichts wußte, und behauptete, wenn sie das Foto in schönen Farben und richtig groß abmalen würde, könne man von einem Sieg der Kunst über die Krankheit sprechen, denn der Kapitän würde vor Freude aus dem Bett springen. Man mußte bei Tante Irmgard immer mit einigen kräftigen Worten die Bedeutung der Malerei feiern, dann erledigte sie prompt die schwierigsten Aufgaben.
Am nächsten Tag besuchte ich wieder Käptn Schmitz, kochte ihm eine starke Würfelfleischbrühe, tunkte ein Handtuch in eine Waschschüssel mit Kamille und legte es ihm, ausgewrungen, auf die heiße Stirn. Er schimpfte, da sei eine kleine Sonne in seinem Kopf, die sei heißer als drei höllisch heiße Bügeleisen, und glückliche Menschen würde man heute nur noch im Eismeer antreffen, in der Bering-See, auf Grönland, am Nordpol!
Am nächsten Tag aß Käptn Schmitz drei Büchsen mit Bratheringen und trank zwei Flaschen Bier. Jetzt, wo die ›Oscar Schmitz‹ nicht mehr sei, könne ihm die ganze Rheinschiffahrt gestohlen bleiben, brummte er.
»Wie wär's, mein Junge, wenn wir mal in die Schweiz fahren würden, da zum Gotthard, wo der Rhein rauskommt, und klammheimlich einen kleinen Graben ausheben, in die andere Richtung, so daß der Rhein nach Venedig fließt oder nach Wien, da würden die Kölner aber Augen machen, was?«
Nach drei Tagen war das Bild fertig, groß und bunt. In der Mitte machte die ›Oscar Schmitz‹ viel Dampf, sie zog zwei tief im Wasser liegende Kähne, vom zweiten konnte man den hinteren Teil nicht mehr sehen, weil der Rhein da einen Knick machte und ein Berg davor war, ein Weinberg, auf dem Bauern mit Kiepen herumturnten. Eine gelungene Arbeit!
Ich versprach Tante Irmgard, bis an ihr Lebensende die Staffelei zu tragen, wohin sie auch immer wolle.

Käptn Schmitz aber, als ich voller Stolz das Bild vor ihm aufbaute, machte ein schiefes Gesicht.

»Welsche Jeck het dat denn jepinselt?« schimpfte er, »als ob die ›Oscar Schmitz‹ nur anderthalb Kähne geschleppt hätte!«

Ich war enttäuscht, ich konnte nichts sagen. Zu Hause, als man mich fragte, warum ich so wortfaul sei, habe ich geweint und erzählt, wie undankbar Käptn Schmitz sich benommen hatte.

»Welch ein Kunstverächter«, tobte Tante Irmgard, »erlaubt sich ein Urteil über mein durchdachtes Bild. Dem werde ich was erzählen!«

Und obwohl ich nicht wollte, mußte ich Tante Irmgard sofort zu ihm führen.

»Sie mögen etwas von der Rheinschiffahrt verstehen«, legte Tante Irmgard sofort los, »aber von der Kunst der Malerei haben Sie keine Ahnung!«

»Ich weiß, was ich weiß«, sagte Käptn Schmitz, »die ›Oscar Schmitz‹ schaffte in ihren guten Zeiten sechs vollgeladene Kähne und nicht anderthalb wie auf Ihrem verleumderischen Bild!«

»Mein lieber Mann«, sagte Tante Irmgard, »ich weiß nur, was ich sehe! Und in einem anständig gemalten Bild kann man nicht um die Ecke gucken.«

Käptn Schmitz gab nicht nach: »Ich empfinde diesen abgeschnittenen Kahn hinter der ›Oscar Schmitz‹, die, das gebe ich zu, ansonsten geschmackvoll dargestellt ist, als eine persönliche Beleidigung.«

»Aber begreifen Sie doch: Ich habe Ihren Kahn nicht halbiert, das war der Berg, der steht davor, die anderen Kähne sind alle hinter dem Berg, das liegt an der Perspektive!«

»Was heißt hier Perspektive? Anderthalb Kähne beleidigen mich als Mensch und als Kapitän und die ›Oscar Schmitz‹, Gott hab' sie selig, auch.«

Und so ging es weiter, ein Wort gab das andere, aber bald waren die Worte nicht mehr so heftig, und Käptn Schmitz

sagte bald schon Sachen wie: »Eigentlich viel netter, auf einem Schiffsbild auch mal Bauern bei der Weinernte zu sehen, als immer nur Lastkähne, die doch alle gleich aussehen.«
Und Tante Irmgard sagte eigentlich ganz liebenswürdig: »Eine abscheuliche Unordnung herrscht ja hier, ich dachte, Kapitäne seien immer so ordentlich?«
»An Bord«, sagte Käptn Schmitz, »an Bord sind wir überaus ordentlich.«
Als Tante Irmgard irgendwann sagte: »Jetzt mach' ich uns erst mal einen guten Kaffee«, bin ich dann gegangen.
In Zukunft brauchte ich auch nicht mehr die Staffelei von Tante Irmgard zum Rhein hinunterzutragen, das machte jetzt Käptn Schmitz. Es gab eine Familienfeier, »zur Eröffnung unserer Lebensgemeinschaft«, sagten Tante Irmgard und Käptn Schmitz, das war so eine Art von Hochzeit, und Tante Irmgard zog bei uns aus und in die Wohnung von Käptn Schmitz ein. Und wenn ich jetzt mal zum Rhein runtergehe, dann sehe ich Käptn Schmitz auf der alten Bank sitzen, und neben ihm, wo früher mein Platz war, sitzt Tante Irmgard an der Staffelei und malt, längst keine Brücken mehr, natürlich nur noch Schiffe, Dampfer und die von ihnen gezogenen oder geschobenen Kähne, und Käptn Schmitz gibt ihr gute Ratschläge.

Herbert Rosendorfer
Jacob und Herr Polegatzer, der sich vor der 13 fürchtet

Im Himmel knallte es. Herr Polegatzer erschrak, als hätte jemand plötzlich ›13‹ gesagt.
»Beruhigen Sie sich«, sagte Jacob, »das war nur ein Düsenjäger, der die Schallmauer durchbrochen hat.«
»Dann knallt es?« fragte Herr Polegatzer.
»Ja«, sagte Jacob.
»Wenn der Knall hier unten schon so laut ist«, sagte Herr Polegatzer, »dann tut mir der Düsenjägerpilot leid. Wie laut muß das erst dort droben sein!«
»Gar nicht«, sagte Jacob. »Der Düsenjägerpilot hört den Knall nicht, weil ja sein Flugzeug schneller als der Schall fliegt.«
»Das ist sehr schwierig zu verstehen«, sagte Herr Polegatzer.
»Finde ich nicht«, sagte Jacob. »Viel schwieriger wäre es, wenn ich Ihnen erklären wollte, wie es ist, wenn man schneller als das *Licht* fliegt.«
»Geht das?« fragte Herr Polegatzer.
»Ja«, sagte Jacob. »Wenn ein Gegenstand schneller als das Licht ist, also das Licht langsamer als der Gegenstand, käme das Licht sozusagen gar nicht mehr nach. Wo der Gegenstand ist, sähe man nichts mehr. Das Bild des Gegenstandes läuft dem Gegenstand hinterher.«
»Das ist in der Tat sehr schwierig«, sagte Herr Polegatzer.
»Es gibt Sterne«, sagte Jacob, »die kreisen im Weltall mit Überlichtgeschwindigkeit. Da kann es vorkommen, daß ein Stern mit der Zeit sein eigenes Bild überholt. Anders ausgedrückt: Mit der Zeit sieht der Stern auf der Umlaufbahn sich selber von hinten, wenn er sehen könnte, logisch.«
»Woher weißt du denn das?« fragte Herr Polegatzer.
»Das hat mir mein Pappi erzählt«, sagte Jacob, »logisch.«

»Hochinteressant«, sagte Herr Polegatzer. »Wenn ich mit Überlichtgeschwindigkeit laufe, sehe ich mich von hinten?«
»Ja«, sagte Jacob, »aber nur, wenn Sie im Kreis herumlaufen.«
»Los«, sagte Herr Polegatzer, »das probiere ich aus. Ich möchte mich sehr gern einmal von hinten sehen.«
»So schnell können Sie nicht laufen«, sagte Jacob. »Stellen Sie sich vor: Das Licht saust in der Sekunde 300000 km weit.«
»Man muß es versuchen«, sagte Herr Polegatzer und sauste los. Seine Krawatte flog über die Schulter, er keuchte, der Schweiß rann ihm von der Stirn, als er wieder ums andere Eck des Hauses kam.
»Schneller, viel schneller«, sagte Jacob, »das ist noch längst nicht die Lichtgeschwindigkeit.«
Herr Polegatzer holte tief Luft und rannte wieder los. Plötzlich schrie er: »Ich habe die Lichtgeschwindigkeit erreicht! Dort sehe ich schon meinen linken Schuh von hinten.«
Jacob lachte: »Den haben Sie nur auf der vorigen Runde verloren.«
»Ach so«, sagte Herr Polegatzer. »Ich versuche es noch mal. Vielleicht schaffe ich heute wenigstens die Schallgeschwindigkeit, dann kann ich morgen weiterüben.«
Also rannte er wieder los. Als Herr Polegatzer ums Hauseck verschwunden war, gab es einen Knall. »Sollte Herr Polegatzer tatsächlich die Schallmauer durchbrochen haben?« dachte Jacob und rannte auch ums Haus. Herr Polegatzer hatte aber nicht die Schallmauer, sondern nur die Auslagenscheibe des Metzgermeisters Winkel auf der anderen Straßenseite durchbrochen. Er hatte mit seiner ungeheuren Geschwindigkeit die Kurve nicht mehr gepackt und war schnurgerade in die Scheibe gerannt. Jetzt saß Herr Polegatzer scherbenübersät in der Auslage, ein Kranz Wurst hing um seinen Hals.
»Um Gottes willen«, rief Jacob, »haben Sie sich wehgetan?«
Aber zum Glück war Herr Polegatzer unverletzt.

Der Metzgermeister Winkel schimpfte: »Sie müssen mir die Scheibe ersetzen!«
»Ja, ja«, sagte Herr Polegatzer, »was kostet sie denn?«
»513 Mark«, sagte Metzgermeister Winkel.
»Uiiiwiwi –« schrie Herr Polegatzer und wollte – vielleicht hätte er jetzt wirklich die Schallmauer durchbrochen – davonlaufen. Der Metzgermeister hielt ihn aber am Wurstkranz fest.
Herr Polegatzer weigerte sich, für die Scheibe 513 Mark zu zahlen.
»Gut«, sagte der Metzgermeister, »dann zahlen Sie eben 514 Mark.«
Erleichtert zahlte Herr Polegatzer diesen seiner Meinung nach ungefährlichen Betrag.
»Ich werde das nächste Mal meine Übungen mit der Lichtgeschwindigkeit auf dem freien Feld machen«, sagte Herr Polegatzer zu Jacob, »dort, wo keine Metzgerauslagenscheiben sind.«

Franz Hohler
Das Kind im Manne

Ein Mann hörte kürzlich, als er seinen Mittagsschlaf machen wollte, ein entferntes Kindergeschrei, das gerade laut genug war, um ihn am Einschlafen zu hindern. Er schaute zum Fenster hinaus, sah aber auf dem Spielplatz keine Kinder, er ging zu seinen Nachbarn im oberen Stock, doch ihre Kinder schliefen.

»Mich dünkt«, sagte ihm die Nachbarin, »die Stimme kommt von Ihnen.«

Da merkte der Mann, daß die Stimme tatsächlich aus seinem Innern kam und ungefähr in der Magengegend nach außen drang.

Da er auch eine eigenartige Schwere im Leib spürte, ging er zu einem Arzt. Der untersuchte ihn lange, durchleuchtete ihn sogar und sagte ihm dann: »Sie haben ein Kind.«

Der Mann konnte das fast nicht glauben, aber der Arzt ließ es ihn selbst mit seinen Fingern fühlen.

»Das ist doch nicht möglich«, sagte der Mann.

Da gab ihm der Arzt sein Stethoskop, und jetzt hörte er sogar, daß das Kind etwas rief, und zwar tönte es wie »Spielen! Spielen!«.

Der Mann wurde bleich und ließ das Stethoskop sinken.

»Es will spielen«, sagte er zum Arzt.

Der Arzt tat zwar so, als wäre das nichts Besonderes für ihn, aber in Wirklichkeit hatte er so etwas auch noch nie erlebt. Er gab dem Mann die Anweisung, von jetzt an für zwei zu essen und fürs erste ein kleines Spielzeugauto zu verschlucken. Kaum hatte der Mann das Auto verschluckt, hörte er ein begeistertes Geschrei in seinem Innern und bald darauf das zufriedene Nachahmen eines Motorengeräusches.

Zwei Tage lang ging alles gut, dann vernahm er deutlich,

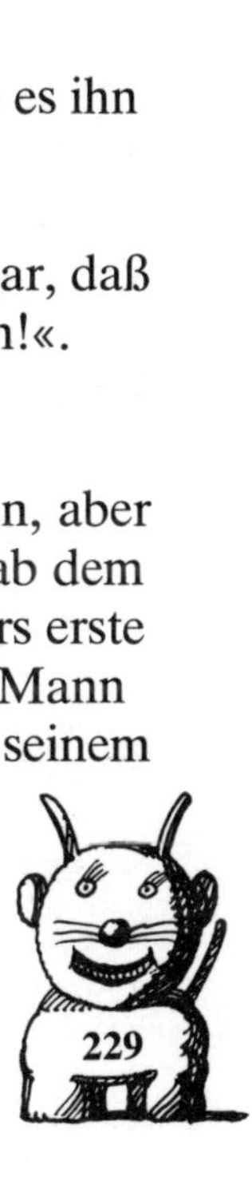

wie das Kind wieder rief: »Spielen! Spielen!« Der Arzt riet ihm, ein weiteres kleines Spielzeug zu verschlucken, und der Mann entschied sich für eine Holzkuh. Bald darauf hörte man, wie in seinem Innern das Muhen einer Kuh nachgemacht wurde. Wenn das Kind besonders lebendig war, machte es zuerst das Geräusch eines Motors und dann das Geräusch einer Kuh nach.
Dem Manne war das alles außerordentlich unangenehm, er arbeitete als Verkäufer in einem Teppichgeschäft, und das Kind war so laut, daß es auch die andern Leute hörten. Es half ihm nichts, daß er besonders laut sprach, man hörte es trotzdem, und als er seine Kunden anzubrüllen begann, entließ ihn sein Vorgesetzter. Der Mann kam darauf als Verkäufer in einem Kinderladen unter, wo er auch direkteren Zugang zu Spielsachen hatte. Da das Kind in ihm immer anspruchsvoller wurde, mußte er nach und nach Kasperlefiguren, Eisenbahnen, Aufziehmäuse verschlucken, wurde dadurch immer dicker und hatte bald ein kleines Spielzimmer in seinem Bauch, in dem das Kind in ihm herumzulaufen begann. Es wurde immer frecher und fing an, Dinge, die ihm nicht paßten, wieder hinaufzuschicken. Als der Mann während der Geschäftszeit anfing, Spielzeug zu erbrechen, mußte er auch aus seiner neuen Stelle entlassen werden.
Er lebt gegenwärtig sehr zurückgezogen in der Nähe einer größeren Stadt und läßt sich von der Invalidenversicherung die große Menge neuer Spielzeuge bezahlen, die er täglich verschlucken muß. Wie aber das Kind in ihn hineingekommen ist, ist bis heute nicht bekanntgeworden.

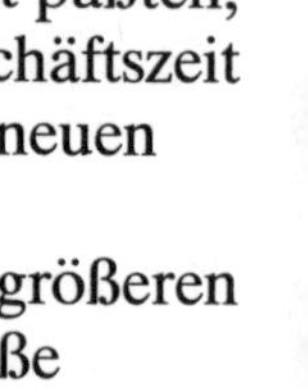

Gert F. Jonke
Mein Vater war eine Lokomotive

Mein Vater war Bahnbeamter. Mein Vater war bärenstark, nein, lokomotivenstark. Er wurde allgemein bewundert. Jeder bemühte sich um seine Gesellschaft. Mein Vater konnte nämlich Waggons und kleinere Lokomotiven mit der Kraft seines Körpers voranbewegen. Er schob die Waggons die Schienen entlang, was ihn gar nicht so sonderliche Anstrengung zu kosten schien. Die lockeren Bewegungen seines Körpers während solcher Arbeiten ließen auf Leichtigkeit, Anmut und Elastizität schließen, gewisse spielerische Züge waren unverkennbar. Das wird jeder bestätigen, der ihn auch nur einmal einen Waggon vom Hauptbahnhof über den Bahndamm zum Vorstadtbahnhof oder vom Vorstadtbahnhof über den Bahndamm zum Hauptbahnhof schieben sah. Wenn er zwei oder drei Waggons gleichzeitig beförderte, ging es verständlicherweise nicht so elegant zu, in solchen Fällen mußte er anfangs schon einen beträchtlichen Teil seiner Kraft aufwenden. »Aber richtig anstrengen«, erzählte er »mußte ich mich nur einmal, als ich eine kaputte Lokomotive vom Vorstadtbahnhof über den Bahndamm in die Lokomotivenreparaturwerkstatt schieben mußte, weil damals grade keine einzige Verschublokomotive zur Hand war und die Lokomotive möglichst rasch in die Werkstatt mußte, denn es geht uns jede Lokomotive ab, und wir haben viel zu wenig. Damals, das muß ich schon sagen, bin ich das erstemal in meinem Leben so richtig ins Schwitzen geraten. Später hab' ich dann öfters kaputte Lokomotiven geschoben, und langsam hab' ich mich dran gewöhnt, es kommt ja heutzutage nur aufs richtige Training an, und heutzutage«, sagte mein Vater, »kostet mich das Schieben einer Lokomotive lange nicht mehr soviel Kraft.«

Diese Tatsache allerdings wurde von den höheren Beamten der Bahn sehr ausgenützt, beinahe unverschämt, möchte man meinen. Man verwendete in unserem Bahnhof mit der Zeit gar keine Verschublokomotiven mehr. Man erachtete das Betreiben von Verschublokomotiven als paradox, unsinnig, geradezu lächerlich. Mit so was gab man sich doch gar nicht mehr ab, denn man hatte ja meinen Vater, der ab nun alles, auch alle Lokomotiven, verschob. Man arbeitete rentabler, da ja mein Vater die Bahn lediglich ein mittleres Monatsgehalt kostete, wohingegen Lokomotiven, die ja viel Kohle verbrauchen, die Bahn weitaus teurer gekommen wären. Außerdem war mein Vater ja nun schon mal bei der Bahn angestellt, selbst wenn er nicht so stark gewesen wäre. Also, rechnete man, kostet das Verschieben von Zügen in Zukunft überhaupt nichts mehr. Und die höheren Bahnbeamten brachen in schallendes Gelächter aus, wenn irgendwo oder irgendwann die Sprache auf das Betreiben von Verschublokomotiven kam, sprachen von lächerlicher wirtschaftlicher Rückständigkeit. »So was!« riefen sie, »wie kann man nur von Verschublokomotiven reden, damit befassen wir uns gar nicht mehr, Verschublokomotiven sind unpraktisch und altmodisch!« Tatsächlich erfuhr ich eines Tages, daß man alle Verschublokomotiven unseres Bahnhofs teils verkauft und teils verschrottet hätte, weil man sie nun nicht mehr brauchte. Man hatte erkannt, daß menschliche Energie viel billiger war als die Energie von Maschinen.
Mein Vater hatte Freude an seiner Arbeit, er war nicht der Ansicht, von der Bahn schamlos ausgenützt zu werden.
Mein Vater wurde von seinen Vorgesetzten bevorzugt behandelt, er war das beste Pferd im Stall. Was hätten die im Bahnhof auch machen sollen, wenn sie meinen Vater eines Tages plötzlich verloren hätten. Nicht auszudenken! Sie hätten den Bahnhof zusperren oder neue Verschubloks anschaffen müssen, wozu aber sicher viel zu wenig Geld vorhanden gewesen wäre, ein völliger Zusammenbruch wäre die Folge gewesen, ein heilloses Durcheinander. So war man auf meinen

Vater angewiesen, was ihm selber gar nicht bewußt war. Man wollte ihn keinesfalls verärgern, war immer bemüht, sich mit ihm so gut wie möglich zu stellen. Dabei war es fast unmöglich, meinen Vater zu verärgern. Er war der gutmütigste Mensch, den man sich vorstellen kann, und hätte eine strengere Behandlung seitens seiner Vorgesetzten ohne Aufhebens hingenommen. Er ersparte durch seine Tätigkeit unserem Land viel Geld und leistete im Verhältnis zu den Möglichkeiten eines einzelnen Menschen einen überdimensional erscheinenden Beitrag, die Wirtschaft unseres Landes, die sich in einem katastrophalen und skandalösen Zustand befand, vor dem totalen Zusammenbruch zu bewahren.

Oft bekam mein Vater Briefe aus dem Ausland. Meist waren es Abwerbungsschreiben. Die schönsten, größten und prunkvollsten Bahnhöfe wollten ihn haben und boten ihm viel Geld, aber er blieb seinem Bahnhof treu und dachte nie daran, die Stelle zu wechseln. Er öffnete mit der Zeit diese Briefe gar nicht mehr, sondern warf sie ungelesen in den Papierkorb. Auch Zirkusse bewarben sich um ihn, da sie sich durch kraftartistische, üblicherweise von Menschen nicht zu bewältigende Leistungen steigendes Publikumsinteresse und vollere Kassen erhofften. Aber mein Vater blieb seinem Bahnhof treu und verschob die Waggons. Er steigerte sich immer verbissener in seine Arbeit hinein, schob immer mehr vor sich her, zwischen den Schienensträngen dahinterherlaufend. Manchmal passierte ihm ein Mißgeschick. Er stieß eine Lokomotive mit solcher Wucht in die Remise, daß die Lokomotive die hintere Wand der Remise durchbrach und auf der anderen Seite herauspolterte, oder er versetzte einem für ihn leichten Waggon einen so starken Stoß, daß er ihn nicht mehr einholen konnte und der Waggon vom Hauptbahnhof über den Bahndamm rollte und im Vorstadtbahnhof auf einen unglücklicherweise dort stehenden Personenzug prallte. Einige Personen wurden dabei verletzt.

Wenn so etwas vorkam, ging man darüber hinweg, denn man glaubte, es sich nicht leisten zu können, meinem Vater wegen solcher Kleinigkeiten Schwierigkeiten zu bereiten.

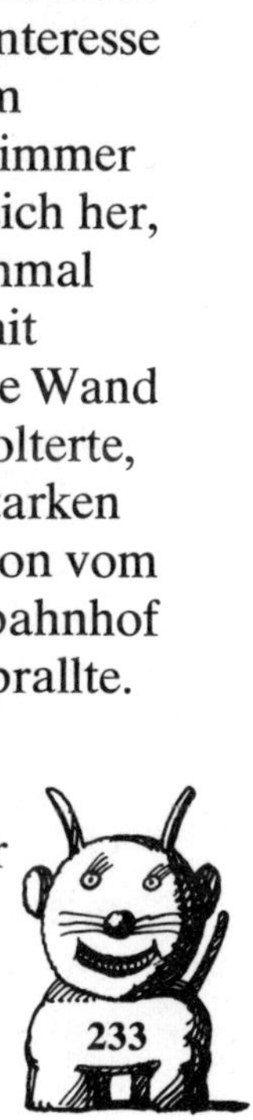

Oft kamen aus anderen Städten und Landstrichen, auch aus dem Ausland, Leute, die meinem Vater bei den Verschubarbeiten zuschauten. Illustrierte schrieben über ihn, Zeitungen brachten über ihn Schlagzeilen, ganze Reisegesellschaften kamen in Autobussen daher. Und unser Bahnhof organisierte das mit der Zeit auch recht geschickt, verlangte Eintritt, und nur wer eine Eintrittskarte vorweisen konnte, hatte die Berechtigung, meinem Vater beim Verschieben zuzuschauen. Die Leistungsfähigkeit meines Vaters steigerte sich von Tag zu Tag. Bald konnte er ganze beladene Güterzüge und Expreßzüge mit bis zu fünfzig Waggons von einem Gleis zum anderen schieben. Eine ältere Ausländerin, die einmal zufällig bei uns abgestiegen war und an einem Bahnsteig auf einen Zug wartete, sah plötzlich meinen Vater einen solchen Expreßzug vor sich her durch den Bahnhof schieben. Sie erschrak darüber dermaßen, daß sie auf der Stelle bewußtlos zusammenbrach. Sie war gezwungen, anschließend einige Monate in der städtischen Nervenheilanstalt zu verbringen. Als mein Vater davon erfuhr, war er einerseits sehr traurig, andererseits schüttelte er den Kopf.

»Warum sollte ein normaler Mensch nicht Züge verschieben, wenn es ihm Spaß macht?« sagte er.

Mit der Zeit wurde mein Vater unzufrieden. Er hatte seine Leistungsfähigkeit noch weiter gesteigert und fand deshalb sein Betätigungsfeld im Bahnhof zu klein. Er meinte, es gäbe selten was richtig Schweres, Greifbares, Handfestes. Er war mit den vorhandenen Aufgaben unzufrieden geworden, alles war ihm schon zu leicht. »Kein Arbeitsbereich«, sagte er, »nicht ausgelastet, nichts Richtiges zu tun, wo man sich wirklich einsetzen muß.«

Einmal sah ich ihn zufällig einen Güterzug nicht vor sich herschieben, sondern *hinter sich herziehen,* er lief, ich hatte ihn noch nie so schnell laufen gesehen. Als ich ihn damals sah, brachte ich ihn zum ersten Mal mit einer Lokomotive in Verbindung.

Mein Vater ist eine Lokomotive, dachte ich mir. War er in letzter Zeit immer schweigsamer und mürrischer

durch die in ihm aufgestaute Unzufriedenheit geworden, so war er an diesem Abend sehr freundlich, redete und lachte viel. Ich hatte den Eindruck, daß irgendwas Bedeutsames in ihm vorging, das ihn wieder hoffen ließ und zufrieden stimmte. In der folgenden Zeit sah ich ihn dann öfters seine neue Arbeitsmethode anwenden, Züge hinter sich herzuziehen statt vor sich herzustoßen. Oft äußerte er auch in Gesprächen, sein größter Wunsch wäre, einmal anstatt einer Lokomotive einen langen Zug über eine sehr lange Strecke befördern zu dürfen. Ich glaubte zunächst, er machte Spaß, aber er meinte es ernst und hatte schon richtig dafür zu trainieren begonnen. Er lieh sich jeden Abend vom Bahnhof einen ganz schweren Güterzug, den er dann laufend, so schnell er konnte, ein paarmal zwischen Hauptbahnhof und Vorstadtbahnhof hin- und herzog. Manchmal machte er auch größere Ausflüge in benachbarte oder weiter entfernte Städte und Dörfer.

Aber mein Vater ist nie ein guter Läufer gewesen, und ich wußte, das würde er auf keinen Fall schaffen. Er trainierte schon ganz verbissen und wild über ein Jahr, aber er wurde immer mürrischer, immer verbitterter, weil er einsehen mußte, daß er zu langsam war. Er war eben kein guter Läufer. Seine Schnelligkeit hätte kaum ausgereicht, einen normalen Personenzug fahrplangerecht zu befördern, geschweige denn einen Expreßzug, wie er es sich wünschte. Er war eben zu langsam. Ich hatte meinen Vater immer für einen Menschen gehalten, der seine Fähigkeiten richtig einschätzen konnte, aber in diesem einen Punkt schien er unbelehrbar zu sein. Er wurde auch immer unausstehlicher und vergrämter. Man konnte es in seiner Gegenwart zum Unterschied von früheren Zeiten, in denen er oft der lustigste Mensch gewesen war, kaum mehr aushalten. Er gab das Training auf.

Er war verzweifelt darüber, daß er sich gerade in diesem einen Punkt nicht verbessern konnte. Er verschob im Bahnhof weiter die Züge und Waggons, aber er wurde immer stiller und redete mit niemandem mehr, sein Anblick hinterließ den Eindruck eines gebrochenen Menschen.

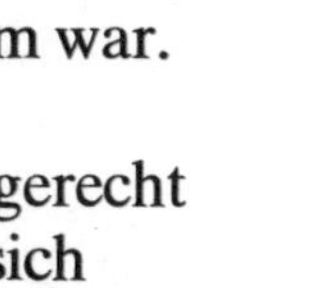

Eines Abends plötzlich kam er von der Arbeit nicht nach Hause. Wir nahmen an, er sei in ein Wirtshaus gegangen. Anders als in früheren Jahren, als er so gut wie nie in ein Wirtshaus gegangen war, hatte er in letzter Zeit öfters das Wirtshaus besucht, oft war er auch schon recht angeheitert und einmal sogar richtig betrunken nach Hause gekommen. Wir nahmen ihm so was wirklich nicht übel, da wir über seinen seelischen Zustand Bescheid wußten, und hatten Verständnis dafür, daß er seine Vorstellungen von der eigenen eingebildeten Unfähigkeit mit Alkohol zu verdrängen suchte.

Auch am folgenden Abend kam er nicht. Ich ging in alle Wirtshäuser der Stadt, in der Hoffnung, ihn irgendwo zu finden, aber er war nirgends. Ich rief im Bahnhof an und erfuhr, daß er den ganzen Tag nicht zur Arbeit erschienen war, wodurch man schon in arge Bedrängnis versetzt worden sei, da unbedingt einiges verschoben werden mußte.

Es ist sinnlos, die Suchaktionen nach meinem Vater, die sich jeder selbst vorstellen soll, zu beschreiben. Ich sage nur, daß mein Vater nie mehr zurückkam, nie mehr irgendwo gesehen wurde, er war eben einfach spurlos verschwunden, ohne irgendwas zu hinterlassen.

Im Bahnhof herrschte ein beängstigendes Chaos, niemand verschob etwas, weil niemand dazu imstande war. Alles stand im Weg herum, kein Waggon, keine Lokomotive am richtigen Gleis, und auch von auswärts kommende Züge konnten im Bahnhof nicht mehr einfahren.

Der Bahnhof wurde vorübergehend gesperrt, viele das Land durchquerende Züge mußten umgeleitet werden, was äußerst kompliziert war. Zudem kostete der Umweg viel Zeit und Geld und vergrößerte das Bahndefizit, wodurch unser Land in noch skandalösere wirtschaftliche Zustände geriet.

Der Bahnhof lag ruhig, da bewegte sich nichts, alles ausgestorben, stillgelegt.

Die Tatsache, daß kein Zug mehr unseren Bahnhof durch-

fahren konnte, führte dazu, daß unsere Stadt von der Außenwelt völlig abgeschnitten wurde. Schon gab es ernsthafte Schwierigkeiten mit der Versorgung, die Lebensmittelvorräte neigten sich langsam dem Ende zu.

Der Bahnhofsvorsteher war damals nur zufällig in den Bahnhof gegangen, weil er irgendwas im Büro vergessen hatte. Niemand betrat sonst den Bahnhof, außer man war dazu gezwungen. Auch die Bahnbeamten gingen nicht hin, sie hatten nichts zu tun, waren vorübergehend arbeitslos. Niemand wollte zum oder in den Bahnhof, weil einen jeden der Anblick des stillgelegten Bahnhofs schmerzte.

Der Bahnhofsvorsteher ging in sein Büro und holte, was er vergessen hatte. Er schaute ganz zufällig aus dem Bürofenster auf die verlassenen Bahnsteige, auf die verstopften Bahngleise.

Was sah er da?

Das kann doch nicht wahr sein, dachte er, denn er sah eine *funkelnagelneue Lokomotive* auf einem Gleis stehen. Er hatte schon lange keine Lokomotive mehr gesehn. Und jetzt ausgerechnet in diesem trostlosen, leeren, stillen, verrotteten Bahnhof eine funkelnagelneue Lokomotive neuester Bauart.

Natürlich konnte sich das niemand erklären, und wahrscheinlich war ich der einzige, der die Zusammenhänge ahnte.

Obwohl das eine sehr traurige Geschichte ist, mußte ich zunächst furchtbar lachen. Ich halte es für wahrscheinlich, daß mein Vater, dessen letzten Wunsch, viel lieber eine Lokomotive als ein Mensch zu sein, ich noch genau in Erinnerung hatte, sich derart heftig in diese Vorstellung hineingesteigert hat, daß es ihm mit der Zeit möglich geworden war, sich in eine Lokomotive zu verwandeln. Das klingt sehr unglaubwürdig, aber ich kannte meinen Vater und kann jedem versichern, daß ihm einiges, auch dergleichen, zuzutrauen war. Und dabei hätte er so gerne als Mensch die Expresszüge gezogen, aber dazu war er halt zu langsam (er war ja nie ein guter Läufer gewesen, was vielleicht seine einzige Schwäche gewesen war), und gerade das hatte ihn zur

Verzweiflung getrieben und veranlaßt, die letzten diesbezüglichen Konsequenzen zu ziehen, sich in eine Lokomotive zu verwandeln und sich als solche in seinen Bahnhof zu stellen. Der Betrieb im Bahnhof wurde wieder aufgenommen. Man hatte ja, auch wenn man nicht wußte woher, eine Lokomotive, mit der sich alles wieder ins richtige Gleis schieben ließ.
Also war mein Vater doch zurückgekehrt. Langsam kam wieder Leben in unsere Stadt, die Züge durchfuhren wieder unseren Bahnhof, wodurch auch die Versorgungskrise schnell in Vergessenheit geriet. Mein Vater war wieder im Bahnhof, das war in der ganzen Stadt und auch im umliegenden Land deutlich zu spüren. Nach einigen Monaten – die Verhältnisse hatten sich schon wieder normalisiert – erfüllte man ihm endlich seinen größten Wunsch: Man setzte ihn als Expresszuglokomotive ein, und wie meine Informationen ergaben, legte er so ziemlich alle Strecken zurück und durchkreuzte immer wieder unseren gesamten Kontinent.
Oder sie, die Lokomotive.
Nein, mein Vater.

Bitte als
Postkarte
frankieren

Das Einhorn sagt zum Zweihorn

– 41 Schriftsteller schreiben für Kinder –

»Middelhauve-Kinderbücher stecken voll von einer Welt, in der Probleme und Skurrilität, Erfreuliches und Unerfreuliches, Realität und Träume zu Hause sind. Schon diese Linie allein rechtfertigt den besonderen Ruf, den Middelhauve-Bücher seit Jahren genießen.«

Westdeutscher Rundfunk

Gertraud Middelhauve
Verlag
D-5000 Köln 80
Postfach 800723

Alf Poss
Der alte Kapitän

Der alte Kapitän saß im Park auf einem Baum und dachte nach. Dann stieg er von dem Baum herunter, ging nach Hause zu seiner Frau und sagte: »So. Mir reicht's. Ich fahre jetzt nicht mehr zur See.«
»Ja«, sagte seine Frau, die zum Fenster hinausschaute auf die Straße.
Die Kirchenglocke gegenüber schlug elf. Der alte Kirchturm wurde immer rissiger. Auf den Dächern der Nachbarhäuser saßen große schwarze Vögel. Der Kapitän war müde. Er zog seine dunkelblaue Kapitänsuniform aus, legte sich ins Bett, drehte sich ein paarmal hin und her und schlief dann ein. Plötzlich wurde er durch einen furchtbaren Krach geweckt. Er stand auf, zog seine dunkelblaue Kapitänsuniform an und stopfte sich eine Pfeife.
»Ein Unfall«, schrie seine Frau, die den Unfall vom Fenster aus beobachtet hatte. »Drei Autos sind zusammengestoßen.«
»Aha«, sagte der Kapitän. »Ich gehe jetzt.«
Die Nachbarn stürmten aus ihren Häusern auf die Straße und drängelten sich an der Unfallstelle.
»Was gibt's denn hier zu sehen?« fragte der Kapitän.
»Ein Unfall«, sagte ein Nachbar und warf seine Arme in die Luft. »Sehen Sie nicht?«
»Hier gibt's nichts zu sehen, ihr neugierigen Affen«, sagte der Kapitän, zündete seine Pfeife an und ging hinunter zum Strand.
Verletzte gab es nicht, aber zwei Tote und Blechschaden. Sanitäter legten die Toten auf Tragbahren, bedeckten sie mit weißen Tüchern, schoben die Tragbahren in den Krankenwagen, schlugen die Autotüren zu und fuhren ab.
Der Kapitän stand am Strand und schaute mit vorgehaltener Hand zum Himmel. Ein Hubschrauber kreiste

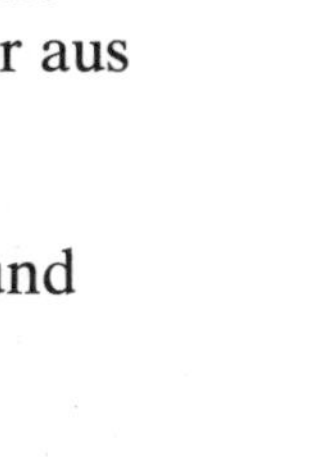

über ihm. Die Sonne schien. Der Pilot des Hubschraubers winkte aus dem Fenster.
In der Wohnung des Kapitäns war die Badewanne verstopft. Seine Frau zog mit einer Gabel ein Büschel verklebter Haare aus dem Abflußrohr, warf es ins Klo und spülte nach.
Aus dem Meer tauchten zwei Taucher auf und kletterten nacheinander an der Strickleiter, die ihnen der Pilot zugeworfen hatte, hinauf zu dem Hubschrauber. Am Horizont trieb ein brennendes Schiff, dem sich fünf Löschboote näherten. Der Kapitän zog seine Schuhe aus, krempelte die Hosen hoch und watete in den auslaufenden Wellen.
Die Kirchenglocke schlug fünf. Im Wirtshaus ›Zum grünen Baum‹ saß der Kapitän an einem hölzernen Tisch in der Ecke und trank Schnaps. An der Theke standen die beiden Taucher, die aus dem Meer aufgetaucht und an der Strickleiter zu dem Hubschrauber hinaufgeklettert waren. Sie trugen beide ein Sauerstoffgerät, einen Taucheranzug, Schwimmflossen und eine Taucherbrille und tranken auch Schnaps. Als sie den Kapitän sahen, lächelten sie.
Die Frau des Kapitäns wußte nicht, wo er war. Sie ging zu ihrer Nachbarin und fragte sie: »Ist er weggegangen? Wo kann er sein? Was hat er gesagt?«
Die Nachbarin zuckte mit ihren Schultern.
Gegenüber vom Wirtshaus ›Zum grünen Baum‹ stand ein schönes altes Fachwerkhaus, das abgebrochen wurde. Der Kapitän beobachtete die Abbrucharbeiten durchs Fenster. An einem Spezialkran hing eine große Kugel aus Eisen, die so lange gegen das Gemäuer des Fachwerkhauses schwang, bis es zusammenbrach. Vier Nonnen gingen am Fenster vorbei, gleichmäßig, zufrieden, geräuschlos. Plötzlich huschten sie wie aufgescheuchte Pinguine quer über die Straße. Reifen quietschten. Ein Auto bremste scharf. Die schwarzen Trachten der Nonnen flatterten im Wind. Der Kapitän winkte den Wirt an seinen Tisch, bezahlte die Schnäpse, die er getrunken hatte, setzte seine Kapitänsmütze auf und ging.

Die Kirchenglocke schlug acht, als der Kapitän nach Hause kam. Es war schon dunkel. Seine Frau stand am Fenster und schaute hinaus auf die beleuchtete Straße.
»Ich habe es mir anders überlegt«, sagte der Kapitän zu seiner Frau. »Ich fahre doch wieder zur See.«
»Ach ja«, sagte seine Frau.

Wolf Biermann
Das Märchen vom kleinen Herrn Moritz, der eine Glatze kriegte

Es war einmal ein kleiner älterer Herr, der hieß Herr Moritz und hatte sehr große Schuhe und einen schwarzen Mantel dazu und einen langen schwarzen Regenschirmstock, und damit ging er oft spazieren.
Als nun der lange Winter kam, der längste Winter auf der Welt in Berlin, da wurden die Menschen allmählich böse.
Die Autofahrer *schimpften,* weil die Straßen so glatt waren, daß die Autos ausrutschten. Die Verkehrspolizisten *schimpften,* weil sie immer auf der kalten Straße rumstehen mußten. Die Verkäuferinnen *schimpften,* weil ihre Verkaufsläden so kalt waren. Die Männer von der Müllabfuhr *schimpften,* weil der Schnee gar nicht alle wurde. Der Milchmann *schimpfte,* weil ihm die Milch in den Milchkannen zu Eis gefror. Die Kinder *schimpften,* weil ihnen die Ohren ganz rot gefroren waren, und die Hunde *bellten* vor Wut über die Kälte schon gar nicht mehr, sondern zitterten nur noch und klapperten mit den Zähnen vor Kälte, und das sah auch sehr böse aus.
An einem solchen kalten Schneetag ging Herr Moritz mit seinem blauen Hut spazieren, und er dachte: »Wie böse die Menschen alle sind, es wird höchste Zeit, daß wieder Sommer wird und Blumen wachsen.«
Und als er so durch die schimpfenden Leute in der Markthalle ging, wuchsen ganz schnell und ganz viel Krokusse, Tulpen und Maiglöckchen und Rosen und Nelken, auch Löwenzahn und Margeriten auf seinem Kopf. Er merkte es aber erst gar nicht, und dabei war schon längst sein Hut vom Kopf hochgegangen, weil die Blumen immer mehr wurden und auch immer länger.
Da blieb vor ihm eine Frau stehn und sagte: »Oh, Ihnen wachsen aber schöne Blumen auf dem Kopf!«

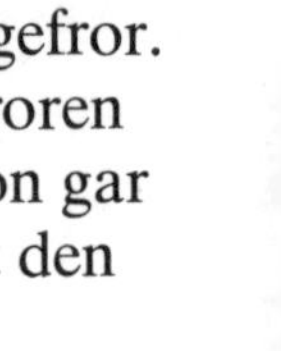

»Mir Blumen auf dem Kopf!« sagte Herr Moritz, »so was gibt es gar nicht!«
»Doch! Schauen Sie hier in das Schaufenster, Sie können sich darin spiegeln. Darf ich eine Blume abpflücken?«
Und Herr Moritz sah im Schaufensterspiegelbild, daß wirklich Blumen auf seinem Kopf wuchsen, bunte und große, vielerlei Art, und er sagte: »Aber bitte, wenn Sie eine wollen ...«
»Ich möchte gerne eine kleine Rose«, sagte die Frau und pflückte sich eine.
»Und ich eine Nelke für meinen Bruder«, sagte ein kleines Mädchen, und Herr Moritz bückte sich, damit das Mädchen ihm auf den Kopf langen konnte. Er brauchte sich aber nicht so sehr tief zu bücken, denn er war etwas kleiner als andere Männer. Und viele Leute kamen und brachen sich Blumen vom Kopf des kleinen Herrn Moritz, und es tat ihm nicht weh, und die Blumen wuchsen immer gleich nach, und es kribbelte so schön am Kopf, als ob ihn jemand freundlich streichelte, und Herr Moritz war froh, daß er den Leuten mitten im kalten Winter Blumen geben konnte. Immer mehr Menschen kamen zusammen und lachten und wunderten sich und brachen sich Blumen vom Kopf des kleinen Herrn Moritz, und keiner, der eine Blume erwischt hatte, sagte an diesem Tag noch ein böses Wort.
Aber da kam auf einmal auch der Polizist Max Kunkel. Max Kunkel war schon seit zehn Jahren in der Markthalle als Markthallenpolizist tätig, aber so was hatte er noch nicht gesehn! Mann mit Blumen auf dem Kopf! Er drängelte sich durch die vielen lauten Menschen, und als er vor dem kleinen Herrn Moritz stand, schrie er: »Wo gibt's denn so was! Blumen auf dem Kopf, mein Herr! Zeigen Sie doch mal bitte sofort Ihren Personalausweis!«
Und der kleine Herr Moritz suchte und suchte und sagte verzweifelt: »Ich habe ihn doch immer bei mir gehabt, ich hab ihn doch in der Tasche gehabt!«
Und je mehr er suchte, um so mehr verschwanden die Blumen auf seinem Kopf.

»Aha«, sagte der Polizist Max Kunkel, »Blumen auf dem Kopf haben Sie, aber keinen Ausweis in der Tasche!«
Und Herr Moritz suchte immer ängstlicher seinen Ausweis und war ganz rot vor Verlegenheit, und je mehr er suchte – auch im Jackenfutter –, um so mehr schrumpften die Blumen zusammen, und der Hut ging allmählich wieder runter auf den Kopf! In seiner Verzweiflung nahm Herr Moritz seinen Hut ab, und siehe da, unter dem Hut lag in der abgegriffenen Gummihülle der Personalausweis. Aber was noch!? Die Haare waren alle weg! Kein Haar mehr auf dem Kopf hatte der kleine Herr Moritz. Er strich sich verlegen über den kahlen Kopf und setzte dann schnell den Hut drauf.
»Na, da ist ja der Ausweis«, sagte der Polizist Max Kunkel freundlich, »und Blumen haben Sie ja wohl auch nicht mehr auf dem Kopf, wie?!«
»Nein …«, sagte Herr Moritz und steckte schnell seinen Ausweis ein und lief, so schnell man auf den glatten Straßen laufen konnte, nach Hause. Dort stand er lange vor dem Spiegel und sagte zu sich: »Jetzt hast du eine Glatze, Herr Moritz!«

Peter Bichsel
Ein Tisch ist ein Tisch

Ich will von einem alten Mann erzählen, von einem Mann, der kein Wort mehr sagt, ein müdes Gesicht hat, zu müd zum Lächeln und zu müd, um böse zu sein. Er wohnt in einer kleinen Stadt, am Ende der Straße, nahe der Kreuzung. Es lohnt sich fast nicht, ihn zu beschreiben, kaum etwas unterscheidet ihn von andern. Er trägt einen grauen Hut, graue Hosen, einen grauen Rock und im Winter den langen grauen Mantel, und er hat einen dünnen Hals, dessen Haut trocken und runzelig ist, die weißen Hemdkragen sind ihm viel zu weit.

Im obersten Stock des Hauses hat er sein Zimmer, vielleicht war er verheiratet und hatte Kinder, vielleicht wohnte er früher in einer andern Stadt. Bestimmt war er einmal ein Kind, aber das war zu einer Zeit, wo die Kinder wie Erwachsene angezogen waren. Man sieht sie so im Fotoalbum der Großmutter. In seinem Zimmer sind zwei Stühle, ein Tisch, ein Teppich, ein Bett und ein Schrank. Auf einem kleinen Tisch steht ein Wecker, daneben liegen alte Zeitungen und das Fotoalbum, an der Wand hängen ein Spiegel und ein Bild.

Der alte Mann machte morgens einen Spaziergang und nachmittags einen Spaziergang, sprach ein paar Worte mit seinem Nachbarn, und abends saß er an seinem Tisch.

Das änderte sich nie, auch sonntags war das so.

Und wenn der Mann am Tisch saß, hörte er den Wecker ticken, immer den Wecker ticken.

Dann gab es einmal einen besonderen Tag, einen Tag mit Sonne, nicht zu heiß, nicht zu kalt, mit Vogelgezwitscher, mit freundlichen Leuten, mit Kindern, die spielten – und das Besondere war, daß das alles dem Mann plötzlich gefiel.

Er lächelte.

»Jetzt wird sich alles ändern«, dachte er.
Er öffnete den obersten Hemdknopf, nahm den Hut in die Hand, beschleunigte seinen Gang, wippte sogar beim Gehen ein bißchen in den Knien und freute sich. Er kam in seine Straße, nickte den Kindern zu, ging vor sein Haus, stieg die Treppe hoch, nahm die Schlüssel aus der Tasche, freute sich über ihr Klingeln und schloß sein Zimmer auf.
Aber im Zimmer war alles gleich, ein Tisch, zwei Stühle, ein Bett. Und wie er sich hinsetzte, hörte er wieder das Ticken, und alle Freude war vorbei, denn nichts änderte sich.
Und den Mann überkam eine große Wut.
Er sah im Spiegel sein Gesicht rot anlaufen, sah, wie er die Augen zukniff; dann verkrampfte er seine Hände zu Fäusten, hob sie und schlug mit ihnen auf die Tischplatte, erst nur einen Schlag, dann noch einen, und dann begann er auf den Tisch zu trommeln und schrie dazu immer wieder: »Es muß sich ändern, es muß sich ändern!«
Und man hörte den Wecker nicht mehr.
Und dann begannen seine Hände zu schmerzen, seine Stimme versagte, dann hörte man den Wecker wieder, und nichts änderte sich.
»Immer derselbe Tisch«, sagte der Mann, »dieselben Stühle, das Bett, das Bild. Und dem Tisch sage ich Tisch, dem Bild sage ich Bild, das Bett heißt Bett, und den Stuhl nennt man Stuhl. Warum denn eigentlich?« Die Franzosen sagen dem Bett ›li‹, dem Tisch ›tabl‹, nennen das Bild ›tablo‹ und den Stuhl ›schäs‹, und sie verstehen sich. Und die Chinesen verstehen sich auch.
»Weshalb heißt das Bett nicht Bild«, dachte der Mann und lächelte, dann lachte er, lachte, bis die Nachbarn an die Wand klopften und »Ruhe« riefen.
»Jetzt ändert es sich«, rief er, und er sagte von nun an dem Bett ›Bild‹.
»Ich bin müde, ich will ins Bild«, sagte er, und morgens blieb er oft lange im Bild liegen und überlegte, wie er nun dem Stuhl sagen wolle, und er nannte den Stuhl ›Wecker‹.

Er stand also auf, zog sich an, setzte sich auf den Wecker und stützte die Arme auf den Tisch. Aber der Tisch hieß jetzt nicht mehr Tisch, er hieß jetzt Teppich. Am Morgen verließ also der Mann das Bild, zog sich an, setzte sich an den Teppich auf den Wecker und überlegte, wem er wie sagen könnte.

Dem Bett sagte er Bild.
Dem Tisch sagte er Teppich.
Dem Stuhl sagte er Wecker.
Der Zeitung sagte er Bett.
Dem Spiegel sagte er Stuhl.
Dem Wecker sagte er Fotoalbum.
Dem Schrank sagte er Zeitung.
Dem Teppich sagte er Schrank.
Dem Bild sagte er Tisch.
Und dem Fotoalbum sagte er Spiegel.

Also:

Am Morgen blieb der alte Mann lange im Bild liegen, um neun läutete das Fotoalbum, der Mann stand auf und stellte sich auf den Schrank, damit er nicht an die Füße fror, dann nahm er seine Kleider aus der Zeitung, zog sich an, schaute in den Stuhl an der Wand, setzte sich dann auf den Wecker an den Teppich und blätterte den Spiegel durch, bis er den Tisch seiner Mutter fand.

Vielleicht findet ihr das lustig. Der Mann fand es sogar sehr lustig, und er übte den ganzen Tag und prägte sich die neuen Wörter ein. Jetzt wurde alles umbenannt: Er war ein Morgen und der Morgen ein Mann.

Wenn es euch Spaß macht, könnt ihr die Geschichte selbst weiterschreiben. Und dann könnt ihr, so wie es der Mann machte, auch die andern Wörter austauschen:

läuten heißt stellen,
frieren heißt schauen,
liegen heißt läuten,
stehen heißt frieren,
stellen heißt blättern.

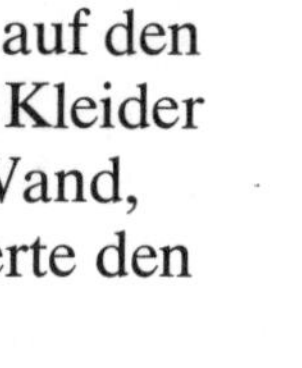

So daß es dann heißt:
Am Mann blieb der alte Fuß lange im Bild läuten, um neun stellte das Fotoalbum, der Fuß fror auf und blätterte sich auf den Schrank, damit er nicht an die Morgen schaute.
Der alte Mann kaufte sich blaue Schulhefte und schrieb sie mit den neuen Wörtern voll, und er hatte viel zu tun damit, und man sah ihn nur noch selten auf der Straße.
Dann lernte er für alle Dinge die neuen Bezeichnungen und vergaß dabei mehr und mehr die richtigen. Er hatte jetzt eine neue Sprache, die ihm ganz allein gehörte.
Hie und da träumte er schon in der neuen Sprache, und dann übersetzte er die Lieder aus seiner Schulzeit in seine Sprache, und er sang sie leise vor sich hin.
Aber bald fiel ihm auch das Übersetzen schwer, er hatte seine alte Sprache fast vergessen, und er mußte die richtigen Wörter in seinen blauen Heften suchen.
Und es machte ihm Angst, mit den Leuten zu sprechen. Er mußte lange nachdenken, wie die Leute den Dingen sagen.

Seinem Bild sagen die Leute Bett.
Seinem Teppich sagen die Leute Tisch.
Seinem Wecker sagen die Leute Stuhl.
Seinem Bett sagen die Leute Zeitung.
Seinem Stuhl sagen die Leute Spiegel.
Seinem Fotoalbum sagen die Leute Wecker.
Seiner Zeitung sagen die Leute Schrank.
Seinem Schrank sagen die Leute Teppich.
Seinem Tisch sagen die Leute Bild.
Seinem Spiegel sagen die Leute Fotoalbum.

Und es kam so weit, daß der Mann lachen mußte, wenn er die Leute reden hörte.
Er mußte lachen, wenn er hörte, wie jemand sagte:
»Gehen Sie morgen auch zum Fußballspiel?« Oder wenn jemand sagte: »Jetzt regnet es schon zwei Monate lang.« Oder wenn jemand sagte: »Ich habe einen Onkel

in Amerika.« Er mußte lachen, weil er all das nicht verstand.

Aber eine lustige Geschichte ist das nicht.
Sie hat traurig angefangen und hört traurig auf.
Der alte Mann im grauen Mantel konnte die Leute nicht mehr verstehen, das war nicht so schlimm.
Viel schlimmer war, sie konnten ihn nicht mehr verstehen.
Und deshalb sagte er nichts mehr.
Er schwieg,
sprach nur noch mit sich selbst,
grüßte nicht einmal mehr.

Thomas Bernhard

Viktor Halbnarr
Ein Wintermärchen

ber einen Mann, müßt ihr euch vorstellen, der Viktor Halbnarr hieß und keine Beine mehr hatte, stolperte ich gestern nacht auf dem Weg durch den Hochwald. Noch dazu hatte ich es gestern besonders eilig, denn ich bin ja neben meiner Vorliebe für das Nichtstun auch noch Arzt: Ein gesunder Mensch auf der einen Seite des Hochwalds, in Traich, hatte mich zu einem mit ihm verwandten kranken auf der anderen Seite des Hochwalds, nach Föding, gerufen, zu einem, der plötzlich an einer Kopfkrankheit litt, deren entsetzliche Wirkungen zwar in den medizinischen Büchern stehen, deren Ursachen sich aber kein Mensch erklären kann. Kurz und gut, ich habe zu dem Patienten laufen wollen, durch den Hochwald, durch den tiefen Schnee, versteht sich, unter Anwendung meiner vorzüglichsten Durchdenschneewatekünste, um auf einmal und, wie man sich denken kann, erschrocken, mitten im Hochwald über den Viktor Halbnarr zu stolpern.

»Viktor Halbnarr«, so hatte sich der, über den ich gestolpert war und den ich vorher in meinem ganzen Leben nicht ein einziges Mal gesehen hatte, vorgestellt.

»Die Lokomotive hat sie mir vom Körper heruntergerissen!« rief der Mann in dem Augenblick, in welchem ich feststellte, daß er keine Beine mehr hatte, aus, und zwar so, als hätte der Unglückliche das Unglück gerade erst hinter sich. Aber da fiel mir ein, daß durch den Hochwald ja gar kein Zug fährt, es führen keine Geleise durch den Hochwald, und daß ich ja auch kein Schreien gehört hatte, nichts Menschliches, und »natürlich«, sagte der Viktor Halbnarr, »ist das Unglück schon acht Jahre aus!« Er liege mitten im Hochwald mitten auf der Straße, weil seine beiden Beine, seine Holzbeine, »vielleicht, weil ich einmal versucht

habe, schneller als sonst zu laufen«, sagte der Viktor Halbnarr, plötzlich zusammengebrochen seien. »Ich habe auf einmal vergessen, daß ich Holzbeine habe, keine eigenen, ich habe geglaubt, daß ich wieder eigene Beine habe!« Er sei froh, daß ein Mensch aufgetaucht sei, nämlich ich. Ich sei ihm außerdem, selbst in der Finsternis, sympathisch, meiner Stimme wegen, meiner Schritte. »Ich wäre«, sagte der Viktor Halbnarr zu mir, »wenn Sie nicht gekommen wären, unweigerlich eines entsetzlichen Todes gestorben. Sie wissen ja, der entsetzlichste Tod ist der, der eintritt, wenn man erfriert.«
Als ich sagte, daß ich Arzt sei, war der Mann, dessen Name, nicht dessen Unglück und dessen augenblicklicher Zustand mich, das muß ich zugeben, am allermeisten beschäftigte (man denke, er hieß Halbnarr!), in einem noch viel größeren Maße glücklich, als wenn ich gesagt hätte, ich sei Spengler oder Installateur oder Bäcker oder Bauer. Als ich ihn fragte, wie er denn in den selbst für den Gesündesten unter Umständen tödlichen Hochwald, noch dazu zwischen elf und zwölf in der Nacht, hereinkomme, meinte er, daß er, und zwar erst eine Stunde zuvor, mit einem Mühlenbesitzer aus Traich, der ihm seit Jahren nur vom Hören, nicht vom Sehen bekannt sei, also in Traich, auf der einen Seite des Hochwalds, eine Wette abgeschlossen habe. Der Traicher Mühlenbesitzer habe mit ihm um ganze achthundert Schilling (das ist der Wert des besten Paars Juchtenstiefel von unserem besten Schuhmacher, das er, Halbnarr, sich schon seit zehn Jahren wünscht) gewettet, daß er, Halbnarr, wenn er um Punkt elf in Traich abgehe, nicht vor zwölf in Föding sei. In einer Stunde komme er mit seinen Holzbeinen nicht durch den Hochwald; nicht im Winter; nicht in einem solchen Winter; nicht in einer derartig kalten Nacht. Er, Halbnarr, habe selbst nicht geglaubt, bis zwölf in Föding zu sein, wäre aber doch (»Ich Unsinniger!«), weil man ja nichts unversucht, keine gute Gelegenheit, sich zu verbessern, ungenützt vorbeigehen lassen solle, wie ausgemacht um elf von Traich abgelaufen. Der Mühlenbesitzer habe ihm einen ent-

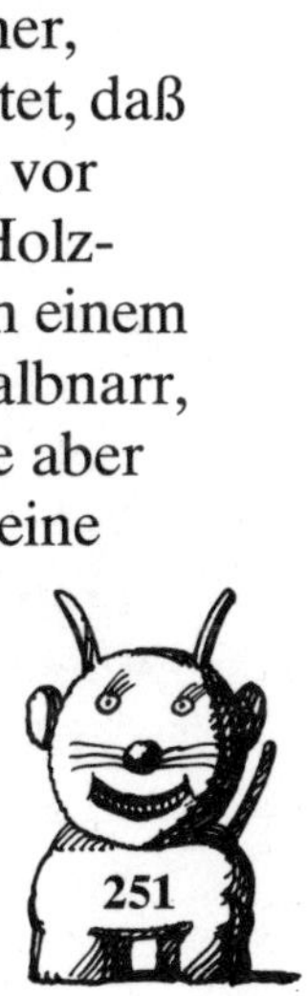

setzlichen Tod, nämlich den schon erwähnten des Erfrierens, vorausgesagt (»Wie recht der Mühlenbesitzer beinahe gehabt hätte!«). Nun, er, Halbnarr, habe zwar, meinte er, die Wette verloren, aber erfrieren müsse er, dank meiner, nicht. Noch dazu habe er das Glück, aus seiner fürchterlichen Lage, die, das bemerkte er ausdrücklich, wie alles auf der Welt ihre lächerliche Seite habe, »von einem Arzt«, von einem »Vertreter der Hohen Medizin«, von einem regelrechten Doktor gerettet zu werden.
Ich hob ihn auf und klopfte ihm den meisten Schnee ab und stellte fest, daß seine beiden Holzbeine tatsächlich in der Mitte, wie eben zwei Holzbeine, abgebrochen waren. Kurz entschlossen hob ich den Mann, weil ich ja raschest zu meinem Patienten mußte, auf meine Schultern. Besser wäre gewesen, ich hätte ihn ohne Holzbeine tragen können, aber wir konnten beide die Schnallen, die eingefroren waren, nicht öffnen. Die zerbrochenen Holzbeine waren ihm an den Oberschenkeln angefroren, und ich dachte, der Mann muß fürchterliche Schmerzen haben, auch von seinem Erschrecken über den nahenden Tod geschwächt sein. Aber weil ein solcher Mensch große Schmerzen gewohnt ist (die ist man gewohnt, wenn man keine Beine mehr hat, keine eigenen, solche aus Knochen und Fleisch und Blut, wenn man nurmehr noch künstliche hat), jammerte er nicht, er flennte nicht, er heulte nicht, er schrie nicht, er beklagte sich überhaupt nicht. Nein, im Gegenteil, er war ja glücklich, gerettet zu sein, wie ich ihn geschultert und an den beiden zerbrochenen Holzbeinen, die ich mir fest übers Kreuz an den Brustkorb zu drücken getraute, gepackt hatte und so, wie mir vorkam, nicht nur verdoppelt, sondern, was das Gewicht, das ich jetzt zu tragen hatte, betrifft, verdreifacht, verfünffacht, verzehnfacht, vorwärts, so rasch als möglich aus dem Hochwald hinaus nach Föding zu kommen. Daß er, Halbnarr, noch vor zwölf in Föding sein und damit die Wette mit dem Mühlenbesitzer, der verabredungsgemäß nach einem Umweg mit seinem Wagen schon in Föding auf Halbnarr wartete, gewinnen werde, dachte er nicht. Er getraute sich solches nicht zu

denken, ich aber hatte plötzlich nach einem Blick auf die Uhr, nämlich genau um halb zwölf, das Gefühl, ich, und auf meinem Rücken also auch Halbnarr, wir zwei könnten um zwölf in Föding sein, und so lief ich, der ich sowieso in Anbetracht des auf mich wartenden Patienten schnell genug durch den Hochwald gelaufen war, noch schneller, immer noch schneller durch den Hochwald, mit dem Mann auf dem Rücken, der, wie alle ohne Beine, recht fett und weich war und dessen zerbrochene Holzbeine abwechselnd ächzten und knisterten und quietschten und der sich vor lauter Angst über meine Schnelligkeit kein Wort mehr zu sagen getraute. Nur als wir schon aus dem Hochwald waren, kurz vor den Lichtern von Föding, sagte er: »Ist das nicht Föding?« Und ich antwortete: »Ja, Föding, Föding, ja!« Und er fragte, ob es schon zwölf sei, ich darauf: »Nein, nicht, es hat auch noch nicht geschlagen.« Während ich lief, als ob ich ohnmächtig gewesen wäre, meinte der Halbnarr, daß ausgemacht sei, sich mit dem Mühlenbesitzer nicht nur in Föding, sondern »vor der Kirchtür in Föding« zu treffen. »Vor der Kirchtür? Das trifft sich gut«, sagte ich, »denn gleich daneben wartet mein Patient auf mich!« Und im Laufen sagte ich noch, gerade als wir auf dem Kirchenplatz angekommen waren, »es ist noch nicht zwölf!«, und ich stürzte vor die Kirchentür, und tatsächlich stand ein Mann davor, groß, schwarz, und ich dachte, dem wirfst du, so, daß es dem Fallenden ja nicht weh tut, den Viktor Halbnarr vor die Füße. Ich tat's, und die Glocke schlug zwölf. Da lag der Halbnarr schon vor den Füßen des Mühlenbesitzers und streckte mit vollem Recht seine Hände nach dem Geld aus.

Recht erstaunt über das Ganze, aber endlich doch, zog dann, nachdem ich mich dem Mühlenbesitzer vorgestellt und ihn angeherrscht hatte, der große schwarze Mühlenbesitzer seine große schwarze Brieftasche, mehr weil er Angst hatte, weniger weil er einsah, daß er die Wette verloren hatte, und blätterte dem auf dem Boden liegenden Viktor Halbnarr acht Hundertschillingscheine in die Hand.

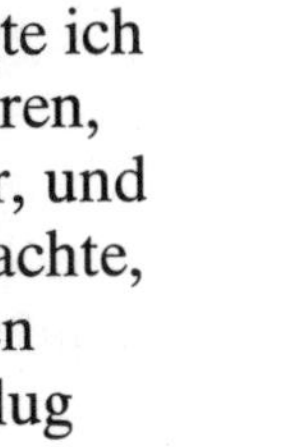

»Gewettet ist gewettet«, sagte der Mühlenbesitzer, der mit der Möglichkeit, daß den Viktor Halbnarr mitten im Hochwald einer aufklauben könne und mit ihm nach Föding rennen, nicht gerechnet hatte. Er habe, sagte der Mühlenbesitzer, nicht einen Groschen mehr auf das Leben des Viktor Halbnarr gegeben. Ihn habe es gewundert, daß einer überhaupt in eine solche Wette eingehen kann. »Ich habe den Halbnarr schon tot gesehen!« sagte der Mühlenbesitzer, und dann: »Ach ja, die Ärzte! Wirklich, in alles pfuschen die Ärzte hinein!« und war verschwunden.
Den Halbnarr schulterte ich und nahm ihn auf meinen auch noch rechtzeitigen Krankenbesuch mit. Nachher bat ich im nahen Gasthaus für Halbnarr um ein Bett für die restliche Nacht, das ich im voraus bezahlte.
Wir kamen überein, uns mit uns nicht mehr zu beschäftigen. Unsere Verabschiedung benützte Halbnarr merkwürdigerweise dazu, mir zu danken. Für was? frage ich mich, und ich dachte, unseren Kontrakt gänzlich außer acht lassend, auf dem Nachhauseweg, daß er jetzt zwar die Wette, also achthundert Schilling, also ein Paar von den besten Juchtenstiefeln von unserem besten Schuhmacher, gewonnen, aber seine Holzbeine verloren hat. Die kosten ihn zweieinhalbtausend. Was für ein Mensch, dachte ich im Hochwald, der mir auf diesem Heimweg so zusetzte, daß ich glaubte, ich müsse umkommen, ist der Halbnarr? Ist der verrückt?

Nachwort

Die vorliegende Anthologie versammelt Erzählungen, Texte und Gedichte von Autoren, die in der Regel nicht als Kinderbuchautoren bekannt geworden sind. Dahinter steckt die Idee – wie bereits in »Dichter erzählen Kindern« –, daß es eine Trennung von Kinder-Literatur und Erwachsenen-Literatur nicht gibt. Es gibt gute Literatur, und es gibt schlechte. Hemingway fällt mir ein, der Mark Twains »Huckleberry Finn« für einen der größten amerikanischen Romane gehalten hätte, vorausgesetzt, er wäre mit der Gefangennahme Jims, des »Niggers«, beendet und dann nicht doch noch zu einem guten Ende weitergetrieben worden.

Das gute Ende, der befriedigende Schluß, die Hoffnung, die man nach Hause tragen kann, scheint so etwas wie ein Kennzeichen der für Kinder gedachten Literatur zu sein. Ich fühle mich solchen Erwartungen gegenüber nicht verpflichtet. Es gibt Geschichten, die nicht aufgehen.

Erzählungen, Texte, Gedichte – diese Dreiteilung markiert auch Unsicherheit: Wo hört die Erzählung auf, ab wann nennen wir das Ding Text, ab wann Gedicht.

Die Leser (und Zuhörer) dieses Buches, die Kinder, können auf Unterscheidungen dieser Art verzichten. Für sie wird unterm Strich nur zählen, welcher Beitrag ihnen Freude bereitet hat. Ich glaube, daß sie auch auf Nachworte verzichten können. Nachworte in Kinderbüchern sind für die Erwachsenen geschrieben: Zur Kunst, damit sie handlich wird, noch ein Stück Theorie, dem Buch auf der Stelle die pädagogische Nutzanwendung mitliefern – das käme mir vor, als traute man der eigenen Sammlung nicht, als wollte man erst sich selbst und dann

den erwachsenen Käufer von der Richtigkeit seines Konzepts überzeugen.

Damit hier kein Mißverständnis auftaucht: Die theoretische Beschäftigung mit Literatur – auch der, die Kinder erreicht – ist dringend notwendig. Daß sie aber als Appendix einer Literatursammlung auftaucht, halte ich für eine offensichtliche Unterschätzung der Leser.

Ich bin sicher: Wäre mir, als ich zwölf war, ein Buch in die Hände gefallen, in dem mir oder meinen Eltern erklärt worden wäre, warum gerade dieses Buch dazu beitragen soll, mich zu einem nützlichen Menschen zu erziehen – ich hätte es verstimmt in die Ecke geschmissen und wäre zu Tom Prox und Billy Jenkins zurückgekehrt.

Und machen wir uns nichts vor: Dieses Nützlichkeitsdenken, wonach literarische Unternehmungen sich in irgendeiner Form – und das möglichst schnell – auszuzahlen haben, ist auch in dem sogenannten neuen Kinderbuch deutlich zu spüren. Irgend etwas soll einem immer beigebogen werden. Der moralische Zeigefinger wurde durch den pädagogischen ersetzt, und fehlt auch der mal, so können wir sicher sein, daß gerade das als pädagogische Großtat verkauft wird. Es wird entschieden zuviel geredet. Die Sekundärliteratur ist fertig, bevor die primäre geschrieben ist. Absichtserklärungen lösen einander ab. Fragen werden gestellt, die sich von selbst beantworten, so die, ob das Kinderbuch nun vollendetes Kunstwerk sein sollte oder nicht. Mit der Antwort geht's einem wie mit dem Grogrezept: Wasser muß nicht, Zucker kann, Rum sollte – vollendet muß nicht, Werk kann, Kunst sollte. Ich bin für die Kunst. Totgesagt wurde die Kunst nur in Zeiten, in denen keine hervorgebracht wurde.

Um die Erwartungen nicht zu hoch zu schrauben: Auch dieses Buch enthält nicht nur Kunst, wie könnte das auch sein. Trotzdem wurde angestrebt, nur Beiträge aufzunehmen, die literarischen Kriterien auch gerecht werden.

42 Autoren sind in diesem Buch vertreten, 12 von ihnen

waren mit ihren Beiträgen bereits in »Dichter erzählen Kindern« zu finden. Der Verlag hat sich entschlossen, sie ins »Einhorn« zu übernehmen.
Den Autoren, die für dieses Buch geschrieben haben, danke ich für ihre Unterstützung. Ich habe das letzte Jahr in Rom gelebt: Die Entfernung, die Unzuverlässigkeit der italienischen Post etc. haben die Zusammenarbeit – das gilt auch für die mit dem Verlag – sicherlich erschwert und zum verspäteten Erscheinen des Buches beigetragen.
Gert Loschütz

Inhalt

Inhalt

Inhalt